马克思 Karl Marx
恩格斯 Friedrich Engels
珍闻录

胡志刚 / 编著

前　言

全世界无产阶级的伟大革命导师马克思和恩格斯，已经逝世一百多年了。他们的一生是伟大的一生，革命的一生，是为人类社会创立科学共产主义理想的一生。他们科学地阐述了资本主义必然灭亡，社会主义必然胜利的规律，把人类最美好的共产主义理论从空想变成了科学，从而为世界被压迫、被剥削的人民指出了彻底解放的道路，并为人类指明了实现共产主义社会的伟大目标，在人类认识史上缔造了一次空前的伟大革命。

当然，马克思和恩格斯不仅是携手并肩，共同密切合作40年之久的伟大理论家，而且他们也是伟大的革命家。他们在资本主义制度下，顶逆风、战恶浪，历经坎坷曲折，百折不挠地同各国反动政府和形形色色的机会主义分子进行了顽强不屈的英勇斗争。

本书的编著工作者在长达十年的时间内，反复认真地阅读了有关马克思和恩格斯及其亲属、战友的有关生活、学习、工作、斗争、著述的实际材料，从中选择了近三百个生动具体的事例，作为马克思和恩格斯的珍闻录，大体上以发生、发展的时间顺序向广大读者精心推荐。这些事例真实地描绘了马克思和恩格斯当时的具体生活环境；叙述了他们青年时期刻苦学习知识以及高尚的为人处事和感情真挚的恋爱婚姻状况；记录了他们科学世界观形成的时间和标志；醒目地展示了他们一生历次参加革命实践活动的景观；记录了他们的性格特点和多种业余爱好；记录了他们及其家庭的一些有趣的生活轶事；记录了他们创建国际共产主义组织的实践过程；记录了他们阐述的哲学、政治经济学和科学社会主义革命理论的主要观点；记录了他们屡次遭到多国反动政府的残酷迫害的境遇；记录了他们历次与各种机会主义代表人物的斗争实况；记录了他们多年相互关心体贴、工作密切配合的革命友谊；记录了他们撰写《共产党宣言》、《法兰西内战》、《哥达纲领批判》、《资本论》等具有重大历史意义的革命理论著作；记录了他们对世界上第一次向资产阶级成功夺取政权的法国"巴黎公社"的指导、支持和帮助的事实；记录了全世界人民为学习纪念他们所开展的一些重要活动。

总之，了解具体的马克思和恩格斯生活、工作和斗争实践的活动，对我们今天感受和学习马克思、恩格斯的人格魅力和革命精神，运用马克思主义指导中国特色社会主义事业的建设实践，都是很有意义的。展望当代，全世界许多国家的人民已经按照马克思和恩格斯的革命理论进行了汹涌澎湃的革命实践，以雷霆万钧之势取得了令人瞩目的胜利成果，并继续卓有成效地向前发展着。我们坚信，经过一代接一代人的不断努力，马克思和恩格斯为我们展望的共产主义伟大事业必将在全世界取得彻底胜利，最终成为真正的生动美好现实。

然而，书中对文章材料的取舍和文字的表达等方面难免有不妥之处，恳切期望广大读者对书中采用的珍闻提出建设性意见。

目　录

1818 年至 1841 年

马克思的诞生 ………………………………………… (2)
恩格斯的诞生 ………………………………………… (3)
马克思与燕妮是童年的朋友 ………………………… (4)
献给外祖父的贺年诗 ………………………………… (5)
具有语言方面的非凡才能 …………………………… (6)
为人类服务的伟大抱负 ……………………………… (7)
选择法学 ……………………………………………… (8)
马克思如饥似渴地学习 ……………………………… (9)
马克思巧妙的求爱方式 ……………………………… (10)
马克思青年时的爱情吟唱 …………………………… (11)
感情真挚的爱情诗篇 ………………………………… (13)
燕妮竭力打消马克思的猜忌 ………………………… (16)
马克思的父亲关心儿子的婚事 ……………………… (17)
优秀的中学肄业生 …………………………………… (18)
马克思上大学时的思绪诗 …………………………… (20)
用人类的优秀文化成果充实自己 …………………… (24)
万勿虚度时光 ………………………………………… (25)
恩格斯发表的第一篇政论文 ………………………… (26)
马克思转向攻读哲学的决心 ………………………… (28)
恩格斯对德国革命风暴的期待 ……………………… (29)

恩格斯多方面的业余爱好 …………………………………（30）
马克思大学毕业并获博士学位 ……………………………（31）
马克思把博士论文献给路德维希·冯·威斯特华伦先生 ……（32）
大学毕业后未获正式职业的忧虑 …………………………（33）
坚持献身于进步事业的道路 ………………………………（34）

1842 年至 1844 年

恩格斯的一年士兵生涯 ……………………………………（36）
恩格斯批判谢林 ……………………………………………（37）
马克思发表首篇政论性文章 ………………………………（39）
恩格斯青年时的宏大志向 …………………………………（40）
马克思发表《论离婚法草案》一文 ………………………（41）
《莱茵报》被查封 …………………………………………（42）
正义者同盟成立与发展 ……………………………………（43）
从实践中认识社会的弊端 …………………………………（44）
七年后的完婚 ………………………………………………（45）
马克思致信路德维希·费尔巴哈（一） …………………（46）
马克思致信路德维希·费尔巴哈（二） …………………（47）
马克思和恩格斯完成世界观的转变 ………………………（48）
创立辩证唯物主义 …………………………………………（49）
发表《政治经济学批判大纲》 ……………………………（51）
睿智的燕妮 …………………………………………………（52）
马克思家中的得力助手——琳蘅·德穆特 ………………（53）
马克思与海涅的交往 ………………………………………（54）
马克思与恩格斯早期的一次透彻交谈 ……………………（56）
马克思和恩格斯共同创作第一部著作 ……………………（58）
《神圣家族》序言 …………………………………………（59）

马克思高度评价恩格斯的著作 …………………………（60）

1845 年至 1847 年

马克思成为世界公民 ………………………………………（64）
恩格斯来自家庭的压力 ……………………………………（65）
马克思撰写《关于费尔巴哈的提纲》 ……………………（66）
引发哈哈大笑的著作 ………………………………………（67）
对金子的认识 ………………………………………………（68）
燕妮重视马克思的工作环境 ………………………………（69）
恩格斯爱上纺织女工 ………………………………………（70）
恩格斯早年召集三次讨论共产主义问题的集会 …………（71）
马克思和恩格斯共同到图书馆收集资料 …………………（72）
马克思和恩格斯组织创建第一个共产主义组织 …………（73）
维尔特讴歌玛丽的诗 ………………………………………（74）
清算哲学信仰的著作 ………………………………………（77）
恩格斯阐发共产主义科学定义 ……………………………（79）
《德意志—布鲁塞尔报》 …………………………………（80）
共产主义者同盟的建立 ……………………………………（81）
马克思和恩格斯共同参加同盟代表大会 …………………（83）
琳蘅与燕妮 …………………………………………………（83）
"摩尔"的由来 ………………………………………………（84）
科学社会主义的理论来源 …………………………………（85）

1848 年至 1850 年

《共产党宣言》的诞生和发表 ……………………………（88）
一位工人对马克思和恩格斯的印象 ………………………（90）
《共产党在德国的要求》的印发 …………………………（91）

马克思给《改革报》编辑的信 ……………………… (92)
马克思给《黎明报》编辑的信 ……………………… (94)
支持巴黎工人起义 …………………………………… (95)
一位裁缝工人的回忆 ………………………………… (96)
对《新莱茵报》的经济贡献 ………………………… (98)
恩格斯受到反动政府通缉 …………………………… (100)
恩格斯对当时战争结局的理解 ……………………… (100)
法庭上的雄辩驳斥 …………………………………… (102)
李卜克内西忆恩格斯 ………………………………… (103)
"我的生命的支柱" …………………………………… (104)
恩格斯论"皮蒙特军队的失败" ……………………… (105)
《中央委员会告共产主义者同盟书》发表 ………… (106)
《新莱茵报·政治经济评论》创刊 ………………… (108)
大英博物馆的常客 …………………………………… (109)
恩格斯作出的一个痛苦决定 ………………………… (110)
燕妮致魏德迈的信 …………………………………… (111)
一位警探的调查报告 ………………………………… (112)
马克思喜欢锻炼身体 ………………………………… (112)
红色的资本家 ………………………………………… (113)
恩格斯与马克思的友谊 ……………………………… (114)

1851 年至 1859 年

恩格斯刻苦钻研军事理论 …………………………… (118)
马克思夫人燕妮致信恩格斯 ………………………… (118)
警察秘密报告中的马克思 …………………………… (119)
一封倾诉流亡生活艰辛的信 ………………………… (120)
绿叶扶持红花 ………………………………………… (121)

马克思致魏德迈的信 …………………………… (122)

为科隆共产党人辩护 …………………………… (123)

解散共产主义者同盟 …………………………… (124)

一次惊险的活动 ………………………………… (125)

《中国革命和欧洲革命》一文节录 …………… (126)

快乐的圣诞节 …………………………………… (128)

马克思给工人议会的信 ………………………… (128)

小穆希去世带来的悲哀 ………………………… (130)

马克思在《人民报》创刊纪念会上的演说 …… (131)

思念信（节录） ………………………………… (133)

短促的喘息时间 ………………………………… (135)

马克思剖析英中冲突 …………………………… (135)

马克思抨击英国侵华的残暴行为 ……………… (136)

马克思关心恩格斯的健康 ……………………… (137)

马克思高度评价恩格斯《军队》一文 ………… (138)

"将军"的由来 ………………………………… (139)

顽强与疾病抗争 ………………………………… (140)

马克思对不平等条约的评论 …………………… (141)

恩格斯抨击俄国侵略中国的凶残 ……………… (142)

马克思致信恩格斯 ……………………………… (144)

马克思致信斐迪南·拉萨尔 …………………… (145)

《〈政治经济学批判〉序言》发表 …………… (146)

剩余价值学说的产生 …………………………… (148)

对达尔文科学巨著的高度重视 ………………… (149)

愉快的郊游 ……………………………………… (149)

1860 年至 1865 年

马克思的论战性著作发表 …………………………… （152）
敌人的攻击造成的伤害 ……………………………… （153）
恩格斯一封减轻母亲苦恼的信 ……………………… （154）
马克思高度评价恩格斯的军事才能 ………………… （156）
马克思喜欢小孩 ……………………………………… （157）
与拉萨尔主义的坚决斗争 …………………………… （158）
燕妮的一段凄凉回忆 ………………………………… （159）
马克思致信夫人燕妮（节录）……………………… （161）
威廉·沃尔弗逝世 …………………………………… （162）
劳拉致信恩格斯 ……………………………………… （163）
国际工人协会诞生 …………………………………… （163）
卡·马克思致美国总统阿伯拉罕·林肯 …………… （165）
马克思的自白 ………………………………………… （167）
喜欢诗文 ……………………………………………… （168）
爱读小说 ……………………………………………… （169）
马克思成为国际的灵魂 ……………………………… （169）
"为人类工作" ………………………………………… （170）
马克思的书房 ………………………………………… （172）
浓厚的艺术情趣 ……………………………………… （173）
对著作极为慎重 ……………………………………… （174）

1866 年至 1867 年

灵活的工作方法 ……………………………………… （178）
恩格斯忧虑马克思的健康 …………………………… （178）
畅所欲言的友谊通信 ………………………………… （180）

英国古典政治经济学的作用 …………………………（181）
马克思致信女儿劳拉 …………………………………（182）
马克思致信路·库格曼（节录）……………………（183）
《资本论》一卷脱稿 …………………………………（184）
恩格斯的肯定和赞扬 …………………………………（184）
幽默地看待女儿的玩笑 ………………………………（185）
马克思感谢恩格斯 ……………………………………（187）
巨著《资本论》第一卷问世 …………………………（187）
马克思将《资本论》第一卷献给威廉·沃尔弗 ……（188）
《资本论》第一卷第一版序言（节录）……………（189）
马克思高度评价中国的"三大发明" ………………（190）
马克思和恩格斯赞扬巴尔扎克 ………………………（192）
为《资本论》的迅速传播做工作 ……………………（193）

1868 年至 1872 年

恩格斯赞扬刻苦自学精神 ……………………………（196）
马克思致路·库格曼的信（节录）…………………（197）
马克思感到满意的一次国际会议 ……………………（198）
马克思年过半百学俄文 ………………………………（199）
马克思一家为恩格斯张罗住宅 ………………………（200）
注意解剖典型 …………………………………………（201）
热情讴歌"巴黎公社" ………………………………（202）
马克思给巴黎公社人员回信 …………………………（203）
马克思热情歌颂巴黎公社的丰功伟绩 ………………（205）
五月流血周 ……………………………………………（206）
《国际歌》诞生 ………………………………………（207）
起草《法兰西内战》 …………………………………（209）

马克思蔑视"密探" ……………………………………… (210)
马克思对敌人的诽谤和攻击泰然处之 ………………… (211)
马克思同《世界报》记者谈话简记 …………………… (212)
"雪中送炭" ……………………………………………… (214)
国际工人协会伦敦秘密代表会议 ……………………… (216)
恩格斯就《关于工人阶级的政治行动》的报告 ……… (217)
强调建立无产阶级政党的重要性 ……………………… (218)
马克思在庆祝国际成立七周年大会上发表讲话 ……… (219)
马克思关于工人阶级的政治行动的发言记录（节选） … (221)
小燕妮致库格曼的信 …………………………………… (222)
马克思致信弗·波尔特（节录） ……………………… (223)
恩格斯致信保尔·拉法格（节录） …………………… (224)
《资本论》第一卷法文版序言 ………………………… (225)
《共产党宣言》1872年德文版序言 …………………… (226)
马克思和恩格斯参加海牙代表大会 …………………… (228)
马克思在阿姆斯特丹群众大会上的演说 ……………… (229)
86岁老人的回忆 ………………………………………… (230)

1873年至1881年

马克思论自己的辩证方法 ……………………………… (234)
恩格斯谈拟写《自然辩证法》一书的构思 …………… (234)
恩格斯讲述马克思的病情和工作情况 ………………… (236)
恩格斯发表批判无政府主义的文章 …………………… (236)
内容丰富的《数学手稿》 ……………………………… (238)
遵从医嘱，立志戒烟 …………………………………… (239)
写作名著《哥达纲领批判》 …………………………… (239)
马克思致威廉·白拉克的信（节录） ………………… (241)

第一国际退出历史舞台 …………………………（243）
自然科学研究的伟大成果 ………………………（243）
恩格斯发表《反杜林论》…………………………（245）
恩格斯发表《卡尔·马克思》一文 ……………（246）
恩格斯补行婚礼 …………………………………（247）
简明扼要的口授理论 ……………………………（249）
倍倍尔对伦敦之行的回忆 ………………………（249）
影响深远的《历史学笔记》………………………（251）
严格的修辞家 ……………………………………（252）
最后的慰藉 ………………………………………（252）
"卡尔,我不行了" ………………………………（253）
恩格斯对燕妮的悼言 ……………………………（254）
马克思对爱人逝世的回忆 ………………………（256）
慈祥的外祖父 ……………………………………（257）
爱琳娜对父母的记忆 ……………………………（258）

1882 年至 1892 年

内容丰富的《人类学笔记》………………………（262）
燕妮的幽默 ………………………………………（263）
马克思致信女儿爱琳娜 …………………………（264）
最后一个噩耗 ……………………………………（265）
恩格斯对马克思大女儿燕妮的悼言 ……………（266）
马克思是"从事科学普及工作的惊人天才" ……（268）
恩格斯致信爱·伯恩施坦(节录)………………（269）
马克思在安乐椅上长眠 …………………………（270）
恩格斯致信威·李卜克内西 ……………………（271）
恩格斯给一位工人的信 …………………………（272）

恩格斯回顾马克思晚年身体状况 …………………… (272)
恩格斯对马克思的悼词 ………………………………… (275)
左尔格悼念马克思 ……………………………………… (277)
《社会主义从空想到科学的发展》出版 ……………… (278)
恩格斯极为重视马克思的遗稿 ………………………… (280)
为《共产党宣言》作序 ………………………………… (281)
恩格斯口述手稿 ………………………………………… (282)
为纪念马克思逝世一周年的文章 ……………………… (283)
"拉第二小提琴" ………………………………………… (284)
恩格斯阐述妇女解放问题 ……………………………… (285)
关怀培养年轻革命家 …………………………………… (286)
恩格斯阐明两个重要的文艺理论问题 ………………… (287)
《资本论》第二卷出版 ………………………………… (288)
《资本论》第二卷序言(节录) ………………………… (289)
"这个理论用他的名字命名是理所当然的" …………… (290)
给《纽约人民报》编辑部的声明 ……………………… (291)
"我们的理论是发展着的理论" ………………………… (291)
《路德维希·费尔巴哈和德国古典哲学的终结》
  1888年单行本序言 …………………………………… (292)
《国际歌》的谱曲者 …………………………………… (295)
巴黎国际社会主义工人代表大会(第二国际成立大会) …… (295)
恩格斯与"五一"国际劳动节 ………………………… (296)
相互倾慕的挚友 ………………………………………… (297)
学习!学习! …………………………………………… (298)
高尚的人格 ……………………………………………… (298)
恩格斯对琳蘅的沉痛哀悼 ……………………………… (299)
怀念琳蘅 ………………………………………………… (300)

爱琳娜忆恩格斯 ………………………………………（301）
小女儿的幸福回忆 ……………………………………（301）
马克思的墓 ……………………………………………（302）
恩格斯致信《柏林人民报》编辑部 …………………（303）
恩格斯"三项措施"的威力 …………………………（304）
难忘的周日聚会 ………………………………………（306）
恩格斯为《哥达纲领批判》写的序言 ………………（308）
恩格斯给法国工人的贺信 ……………………………（309）
爱琳娜描述恩格斯的作用 ……………………………（310）
劳拉·拉法格致信恩格斯 ……………………………（311）
恩格斯接受法国《闪电报》记者采访 ………………（313）

1893 年至 1956 年

对未来世界战争的科学分析和预见 …………………（316）
《欧洲能否裁军?》序言 ……………………………（317）
恩格斯的清醒认识 ……………………………………（318）
我不要求任何奖赏 ……………………………………（319）
第二国际第三次代表大会举行 ………………………（319）
恩格斯在苏黎世国际社会主义工人代表大会上的闭幕词 ……（320）
难忘的欧洲旅游 ………………………………………（322）
恩格斯对甲午中日战争后果的分析 …………………（324）
恩格斯为《资本论》第三卷写的序言（节录） ……（325）
提出建立工农联盟的理论 ……………………………（326）
《资本论》第三卷出版 ………………………………（327）
恩格斯晚年阅读的报纸 ………………………………（328）
恩格斯生命最后半年的工作计划 ……………………（329）
恩格斯的最后一封亲笔信 ……………………………（330）

恩格斯遗嘱的主要内容 ………………………………（331）
一盏智慧的明灯熄灭了 ………………………………（332）
李卜克内西对恩格斯的怀念 …………………………（333）
世界人民对恩格斯逝世的沉痛悼念 …………………（334）
革命导师恩格斯的追悼会 ……………………………（335）
"将骨灰沉入海底" ……………………………………（336）
列宁的遗憾和悼念 ……………………………………（337）
马克思的学说 …………………………………………（339）
列宁在马克思恩格斯纪念碑揭幕典礼上的讲话 ……（339）
列宁的《马克思恩格斯通信集》一文（节选） ……（340）
一座高大纪念碑的落成 ………………………………（342）

后　　记 ………………………………………………（343）

1818 年至 1841 年

马克思的诞生

1818年5月5日,全世界无产阶级的革命导师卡尔·马克思,诞生在德国莱茵省南部的一座名叫特利尔的小城里。特利尔是德国一座古老的小城市,地处德国的农业地区,工业不发达,当时共有人口1.2万多人。卡尔·马克思的父亲是犹太人,名叫亨利希·马克思,是当地一名很有声望的律师,母亲是个十分善良的家庭妇女,叫罕丽达·马克思。当时,这家的地址是特利尔城的布吕肯巷664号,他们住在一座两层的楼房里。

卡尔·马克思的诞生地——特利尔布吕肯巷664号(现为布吕肯街10号)。

在卡尔·马克思这辈人里,共有九个兄弟姊妹,其中四个男孩、五个女孩。卡尔·马克思有一个哥哥和一个姐姐,他排行第三。在这些小孩中,只有姐姐索菲娅、妹妹艾米莉、路易莎与卡尔·马克思活了下来,其他都夭折了。

恩格斯的诞生

1820年11月28日,弗里德里希·恩格斯诞生在德国普鲁士巴门市一个工厂主的家庭里,他作为长兄,下有三个弟弟和四个妹妹。巴门市和特利尔市一样在当时都属于德国的中小城市。

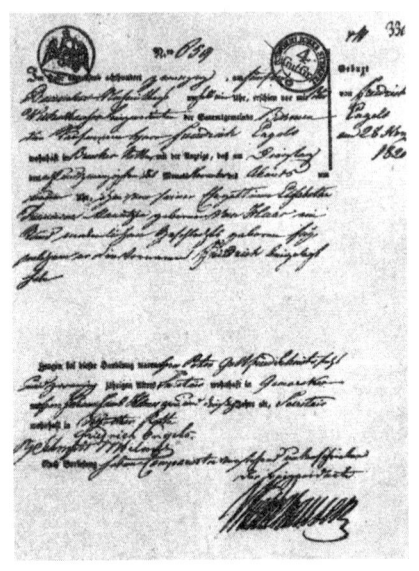

恩格斯的出生证和受洗礼的证明书。

恩格斯的祖父约翰·卡斯帕尔·恩格斯不仅是当地有名的企业主,而且还担任过市政府的顾问官,是巴门教区的创立者之一。恩格斯的祖母爱莉莎是一位很有教养的妇女。祖父祖母共有三个儿子,三兄弟共同经营长辈的产业。后来三兄弟分了家,各自独立经营。恩格斯的父亲担任过巴门教会学校的校长,基督教区的教会主持人,在巴门开设了一家弗里德里希·恩格斯股份公司。另外,他还和德国企业家彼得·欧门在英国的纺织中心曼彻斯特成立了欧门-恩格斯棉纱厂。恩格斯的母亲伊丽莎白·恩格斯出身于书香门第,具有较高的文化素养,爱好文学和音乐,心地善良、爽朗达观。她对头生子弗里德里希·恩格斯十分喜爱,多年来给予了他无微不至的关怀。

恩格斯的父亲老弗里德里希·恩格斯(1796—1860)和恩格斯的母亲伊丽莎白·恩格斯(1797—1873)。

马克思与燕妮是童年的朋友

在卡尔·马克思四岁时,他们全家搬到了路德维希·冯·威斯特华伦男爵家的附近,两家的关系处得非常好。男爵的女儿燕妮是

燕妮(1814—1881),出身贵族家庭。她和马克思两人童年时期经常接触,相互欣赏。

卡尔·马克思的姐姐索菲娅的好朋友,男爵的儿子埃德加尔与卡尔·马克思的关系很好。当时,卡尔·马克思与燕妮常在一起玩。

卡尔·马克思是个顽皮而幽默的孩子,燕妮是个非常美丽而恬静的小姑娘。两人童年时期经常接触,相互欣赏、喜欢,关系处得十分友好。同时他们在具有民主、自由精神的父辈们的影响下,思想解放,憎恨普鲁士政府的专制统治,对劳动人民的悲惨命运充满了同情心。就是在这样的情况下,两个人在童年时期就建立了很好的友谊。

献给外祖父的贺年诗

恩格斯的外祖父格哈特·伯恩哈德·哈尔,是一位慈祥而又博学多才的老人,他十分喜爱聪明好学的外孙恩格斯。老人除了经常给外孙辅导作业,传授知识外,还给他讲过许许多多古希腊神话和德国民间流传的英雄人物的故事。这对童年和少年时代的恩格斯产生了重大影响,恩格斯对外祖父有着十分深厚的感情。1833年新年来临之际,13岁的恩格斯写了一首充满真挚感情的贺年诗

恩格斯家族族徽

献给外祖父,表达了对老人深深的热爱和祝愿。诗这样写道:

我亲爱的外祖父,您待我们总是那样亲切慈祥,
每当事情不顺利,您总是给我们指点帮忙;
您给我们讲过多少动听的故事,
从克尔基昂、提修斯到百眼哨兵阿尔古斯,

从明诺托尔、阿莉阿德尼和投海而死的爱琴，
到金羊毛、约逊和亚尔古船英雄，
您讲过强悍的海格立斯，以及同他一道的丹纳士和卡德摩斯，
我记不住您一共给我们讲了多少！
外祖父，祝您新年幸福，
长寿，愉快，无忧无虑，
愿您吉祥如意，万事亨通——
这是爱您的孙儿衷心的祝愿。

具有语言方面的非凡才能

　　1834年秋天，恩格斯的父亲把儿子送到毗邻的爱北斐特去上理科中学。爱北斐特理科中学的前身是一所在1592年创立的文科中学，当时是普鲁士最好的学校之一。

　　该校的课程除宗教、历史、地理、数学、物理、博物学、唱歌和绘画外，单是语言课程就有希伯来语、拉丁语、希腊语、德语。在校期间，恩格斯不仅是一个非常专心听课的学生，而且在语言方面表现出非凡才能，一般无须多下工夫就能满足外语课教师的要求。当时，像李维、西赛罗和维吉尔的著作都远比语法练习更能吸引他。阅读欧里庇德斯的悲剧或柏拉图的《克里顿对话篇》所花的时间也远比做语法练习所花的时间要多。对此，恩格斯的老师这样证明说："该生能轻而易举地掌握课文全部内容的整体联系并明确地理解其思路，同时能熟练地把本学科语言的作品译为本国语言。"

为人类服务的伟大抱负

1835年8月，17岁的马克思参加了中学毕业考试。其中考试的作文题目是：《青年在选择职业时的考虑》。当时马克思认为，选择职业对于青年来说是一件重大的事情，一个青年应当选择最能为人类服务、最能实现人类幸福的职业。在他看来，只有给最大多数的人们带来幸福的人，自己才是最幸福的人。所以他在文章中写道："如果一个人只是只为自己而劳动，他也许能够成为著名的学者、伟大的哲人、卓越的诗人，然而他永远不能成为完美的、真正伟大的人物。"文章

马克思1835年8月写的中学毕业作文《青年在选择职业时的考虑》的第1页。

还说："如果我们选择了最能为人类而工作的职业，那么，重担就不能把我们压倒，因为这是为大家作出的牺牲；那时我们所享受的就不是可怜的、有限的、自私的乐趣，我们的幸福将属于千百万人，我们的事业将悄然无声地存在下去，但是它会永远发挥作用，而面对我们的骨灰，高尚的人们将洒下热泪。"这些话语说明，马克思已经具有了为人类服务的伟大抱负。

教师看了这篇文章后十分惊异，一方面认为文章写得挺好，另

一方面又觉得其说法有些夸张。因此,教师在毕业证书上对马克思的作文只写了这样的评语:思想丰富,理解深刻。

选择法学

1835年秋天,马克思考上波恩大学,但所选专业则是法学。当初选择法学,在很大程度上是听从于父命。

马克思的父亲亨利希·马克思是著名的犹太律法学家,马克思的祖父列维·马克思也是特利尔城里的一位著名犹太律法学家。

在这样的前提下,再加上父亲的愿望,马克思的专业也就自然选择了法律。但法学虽然是一门比较具体的学科,却对马克思从事社会科学的研究打下了必要的基础。对此,马克思从来没有因为当初选择了法学专业而感到后悔。

波恩大学全景。1835年秋天,马克思考上波恩大学。

马克思如饥似渴地学习

1835年和1836年,马克思为了更好地理解现实问题,在法律学和哲学的领域漫游,阅读了历史上大量的法学著作和古典哲学著作。这些课程,有些是通过学校听课,有些则是自学的。下面,就是马克思当年肄业证书上的一些记载:

1. 法学全书,普盖教授讲授,十分勤勉和用心。

2.《法学阶梯》,伯金教授讲授,十分勤勉和经常用心。

3. 罗马法史,瓦尔特教授讲授,同上。

4. 希腊罗马神话,韦尔克教授讲授,极为勤勉和用心。

5. 荷马问题,冯·施勒格尔教授讲授,勤勉和用心。

马克思画像(1836年)

6. 近代艺术史,道尔顿教授讲授,勤勉和用心。

上述记载不难看出,马克思在波恩大学期间,主要是选修法学课程,哲学则是自学的。这充分说明马克思从学生时代起,对各种知识的学习始终是如饥似渴的。

后来,马克思的父亲又把他转到当时更有名气的柏林大学。到柏林一年后,马克思在给父亲的信中是这样谈到一年的学习生活的:"生活中往往会有这样的时机,它好像是表示过去一段时间结束的界标,但同时又指出生活的新方向。在这样的转变时机,我们

1836年10月,马克思转到当时更有名气的柏林大学法律系学习。他的学习兴趣非常广泛,不仅进修刑法、罗马法和人类学,还钻研文学艺术、历史、外国语,等等。

感到必须用思想的锐利目光去观察今昔,以便认清自己的实际状况。……个人在这样的时机是富于抒情的,因为每一变化,既是绝笔,又是新的伟大诗篇——它力图使辉煌的、仍然融合在一起的色彩具有持久的形式——的序曲。"此话表明马克思在学习文化期间,逐步开始钻研黑格尔哲学,并加入青年黑格尔派的"博士俱乐部"。

马克思巧妙的求爱方式

在数年的恋爱生涯中,马克思和燕妮经受了各种考验,充分证明他们的爱情是十分珍贵有趣的。一次,马克思和燕妮又相约会面了。马克思根据多年与燕妮的难忘交往滋生的倾心爱恋之情,决心这次一定要向对方表露自己的爱情。然而，当他们相见时，双方却显得十分胆怯。二人相对而坐，都想让对方先开口，气氛很沉闷。对坐中，马克思敏捷地想出了一个方法，便开玩笑似地对燕妮说：

"我交了一个朋友，准备结婚，不知道她同意不同意？"

燕妮听后，深感诧异：

"你有女朋友了？"

"是的，认识已经很久了。"

继之，马克思又讲道：

燕妮家

"我这里有张她的照片，你想看看吗？"

燕妮痛苦地点头表示同意。

马克思马上取出一只漂亮的小木匣递给燕妮。

燕妮双手颤抖着打开小木匣，立即兴奋地看着马克思笑了，非常甜蜜地扑倒在马克思的怀里，双方沉浸在十分美好的幸福之中。

小木匣里原来放着一面镜子，"照片"就是燕妮本人。

马克思青年时的爱情吟唱

马克思和燕妮从1836年订婚到1843年6月19日结婚，经历了七年的等待。这期间，马克思写下了许多爱情诗篇，诗中，马克思用他的全部热情和想象力向燕妮倾吐自己的心声，既有他赢得爱情后的欢乐和幸福，又有得不到燕妮音信时的忧虑和悲伤。当马克思为猜忌所苦恼时，他吟唱道：

正当我在尘世，
心里燃起热望，
燕妮，你是天国女王，
怎能同我结成姻缘？

没有比我的痛苦更大的痛苦，
忧伤也是绵绵无尽期，
燕妮，要是你还对我钟情，
别忘却那个歌手孤零零！

他不敢怀抱希望，
只听从命运安排，
他会爱的只是你，
也只能为你歌唱。

他是多么心满意足，
又搏斗得疲惫不堪。
他越是感到幸福，
也就越加痛苦难捱。

一旦我眼前突然浮现，
燕妮的心已见异思迁，
激昂的七弦琴会响起，
为你弹奏的最后一曲。

在别人豪华的宴席上，
在灯火辉煌的婚礼中，

七弦琴会被摔得粉碎,
歌手啊也会肝肠寸断。

感情真挚的爱情诗篇

在柏林大学学习期间,马克思与燕妮订婚不久,像所有年轻的恋人一样,沉溺在一个"新的世界、爱情的世界"里。马克思由于远离"无限美好的燕妮",内心很不平静。于是,他把自己对恋人的爱慕和思念之情,倾注在1836年至1837年献给燕妮的《诗歌集》中。保存下来的诗歌集使我们清楚看到,这些诗感情真挚,情操高尚,字里行间洋溢着青春的激情。其中,一篇《致燕妮》诗这样写道:

(一)

不数书页,我能把你的名字
填满千万本书卷,
愿在其中燃起思想的火焰,
涌出意志和行动的喷泉,
显露生活的永恒面目,
和呈现整个诗的世界,
还有取之不尽的太空光焰,
上苍的喜悦和人世的悲哀。

在掷带星的骰子时我会朗诵
燕妮的名字;天上和风把它
吹送给我,像吹来幸福信息。
我将永远反复歌唱燕妮

——到所有的人都知道：
燕妮的名字本身就是爱情！

（二）

言词是什么?！为了虚幻，为了说谎！
它们是否能表达感情的庄重?！
而我的爱情是泰坦神，
它能把巍峨群山毁灭尽！
啊，言词！精神宝藏的骗子！
一切被他们变得渺小和欺凌：
什么东西害怕傲慢的眼神，
他们喜爱坚持夸耀自矜。

燕妮！假如我控制了巨雷之声，
假如我掌握了天体间的辞令，
那么我在整个世界的空间，
就以明亮的闪电般文字，
向你传达着爱慕之情，
让世界永远牢记住你！

（三）

燕妮，发笑吧，你惊奇：
为什么我的所有的诗篇
是一个标题：《致燕妮》？
要知道世上只有你一人
对于我，是灵感的源泉，
希望之光，慰藉的天仙，
它彻底照耀着我的心灵。
你的名字显得灿烂辉煌！

燕妮的名字每个字母响亮，
它的每个声响都迷住听觉，
以金弦季塔尔的尖细声响，
它的音调随处在向我歌唱，
好像迷人童话的慈祥仙人，
仿佛春夜里的月亮在摇荡。

（四）
燕妮，即使大地盘旋回翔，
你比太阳和天空更光亮。
任凭世人把我无限责难，
只要你对我爱，我一切甘当。

思念比永恒的宇宙要久常，
比太空的殿宇还高昂，
比幻想之国还更加美丽，
焦急的心灵——深过海洋。

思念无边，无穷无尽，
你给我留下来的形象——
像似神灵塑造的一样，
使我永远把你记在心上。

你值得思念，但思念一词
无力表达我热烈的心肠；
可以说，思念似火在燃烧，
在我的心中永远永远激荡。

燕妮竭力打消马克思的猜忌

自从1836年夏天马克思与燕妮举行秘密订婚仪式后,由于当时各种条件的限制,两人在精神上和心理上经历了长时期的煎熬。由于燕妮在特利尔城是个非常富有教养、品貌俱佳的姑娘,使在外读书的马克思自然常常为猜忌心理所折磨。为此,燕妮就竭力打消马克思对她的猜忌,她在给马克思的信中诉说道:"告诉我,你怎能怀疑我的忠诚?唉,卡尔,让旁的什么人超过你吧!我并不是不承认其他人的优秀品德,并不认为你是举世无双的,但是,卡尔,我是这么爱你,非言语所能表达,我怎么还能在别人身上找到任何一点值得爱的东西呢?唉,亲爱的卡尔,在你面前,我任何时候,在任何事情上从来都是白璧无疵的,可是,你仍然不信任我。不过,真奇怪,竟然有人向你提起一个没人认识的、在特利尔几乎没人知道的人……"

燕妮的父亲——路德维希·冯·威斯特华伦(1770—1842)

马克思的父亲关心儿子的婚事

1836年,18岁的马克思从波恩大学回故乡度假时,向燕妮求婚,燕妮拒绝了许多人的追求,答应了马克思。但燕妮在自己家庭没赞成之前,一直不敢同马克思通信。为此,马克思离开她后一直闷闷不乐,仅仅在1836年10月至12月期间,就给燕妮写了三部爱情诗集:《爱之书》第一部、《爱之书》第二部和《歌之书》,以此寄托他对燕妮的相思之情。对此,马克思的父亲对儿子的婚事感到十分自豪和欣慰。他在给儿子的信中毫不掩饰地流露出自己的喜悦:"亲爱的卡尔,你是幸福的,像你这样年纪的年轻人能得到这样的幸福是少有的。在你刚踏上人生的一个重要历程的时候就找到了朋友,而且是一个比你年长又比你老练的可敬的朋友。要善于珍惜这种幸福。友谊就这一字眼的真正的经典的含义来说,是生活中最美好的明珠,而在你这样的年纪,这种友谊则是生命的明珠。你能不能对这个朋友信守不渝,永远做个无愧于她的人,这将是对你的性格、你的才智和心肠,尤其是对你的道德的最好考验。"

燕妮的母亲——卡罗琳·冯·威斯特华伦(1779—1856)

同时,马克思的父亲对自己儿子的教诲是多方面的,在儿子和燕妮秘密订婚后,他非常高兴,并告诫儿子说:"对一个男子汉来说,再没有比他对一个弱女子承担的义务更为神圣的义务了。……如果你经过深思熟虑后,真的坚持你原来的主意,那你就该马上像一个堂堂男子汉那样行事。这丝毫也不会妨碍诗情的激发——为履行义务而产生的激情本来就是充满诗意的。"

以上事例说明,马克思的父亲时刻在关心着自己儿子的幸福和未来。

优秀的中学肄业生

由于恩格斯的父亲打算让儿子成为一个像自己一样的精明商人,过一种富裕而体面的生活,于是在恩格斯中学毕业的前一年,决定要他弃学经商。这样,年仅17岁的恩格斯自此告别了学生时代,步入社会。

但中学时代的恩格斯学习认真刻苦、聪慧活泼、多才多艺,给

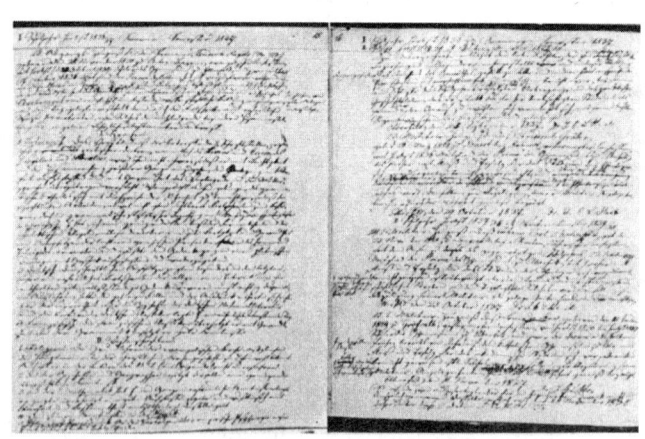

恩格斯的肄业证书

学校留下了良好的深刻印象，尤其是文学水平和写作能力的提高更为明显。他的中学肄业证书中这样评价道："作文，特别是最后一年，在全面发展方面获得可喜的进步；作文具有良好的、独立的思想，而且大都组织得当；叙述内容充实，表达近乎准确。恩格斯对德意志民族文学史和阅读德意志古典作家的著作表现了值得嘉许的兴趣。"同时，他在学习和掌握自然科学知识方面也表现出了理解力极强的特点。中学肄业证书中这样说：在历史和地理方面拥有相当明晰的知识。在数学方面，总的说来，恩格斯掌握的知识是令人满意的，理解力很强，善于清楚明确地表达自己的思想。他在物理学方面的知识与数学相似。在哲学基础知识方面，恩格斯有兴趣倾听实验心理学的课程，并有一定成效。

对诗歌，恩格斯也有着极大的兴趣，并有良好的进展。在写于1836年《我看到远方闪烁着光芒》的诗篇里，16岁的恩格斯热烈地赞扬了德意志文学名著中的英雄退尔、齐格弗里特、浮士德和阿基里斯。他们不畏强暴、追求光明与自由以及为人类而献身的精神，在恩格斯心灵深处引起了强烈的共鸣。他充满激情地写道：

　　我看到远方闪烁着光芒，
　　那是一个个美好的形象，
　　就像点点繁星穿透云雾，
　　放射出清纯淡远的柔光。
　　他们正向我一步步靠近，
　　我已经认出他们的模样，
　　我看到了射手退尔，
　　看到了齐格弗里特，也看见那条恶龙的凶相；
　　倔强的浮士德向我走来，
　　阿基里斯也已登台亮相，
　　还有高贵的勇士布尔昂，

率领着骑士们列队成行；
英雄唐·吉诃德随之出场，
——兄弟们，请不要笑——
他坐在高贵的骏马之上，
要周游世界，驰骋八方。
他们就是这样来而复去，
就像匆匆地走一个过场；
你能否羁留他们的身影？
能否阻止他们飞逝远方？
但愿这优美的诗中形象，
时常显现在你的身旁，
他们一旦亲切地向你靠近，
就会将你心中愁云一扫而光！

马克思上大学时的思绪诗

马克思在上大学期间，由于学习刻苦，认真钻研各种图书，精神世界充满了激情和深沉，有时用诗歌来宣泄自己的狂热情感。他在《狂歌》这首诗中，把自己比喻为小提琴手，抒发自己胸中沸腾的热血和头脑中激荡着的各种思绪：

狂　歌

一

小提琴手

小提琴手拨动琴弦，

柏林皇家图书馆（1833年）。马克思在上大学期间，认真钻研各种图书，有时用诗歌来宣泄自己的狂热情感。

淡褐色头发披垂额前，
腰间挂着长长的佩剑，
身穿宽大的皱褶衣衫。

"琴手呵琴手，你为何奏得如此激昂，
你为何横眉怒目环顾四方？
你为何热血奔流心潮汹涌？
要知道这样会拉断琴弓。"

"我哪里是拉琴，那是波涛澎湃的声音！
它冲向峭壁，浪花飞溅，声如雷鸣，
我要拉到胸膛迸裂，双目失明，
让灵魂带着琴韵沉入地狱的幽冥！"

"琴手呵，你冷嘲热讽把自己的心儿揉碎，

其实多亏英明的上帝你才把这门艺术学会，
你本该随提琴的声浪跃上云天，
去陪伴那灿烂的繁星欢舞蹁跹！"

"这是什么话！我要把血污的长剑举起，
一下子狠狠刺进你的灵魂里，
上帝对艺术一窍不通，毫不尊重，
艺术是从阴暗的地狱跃入我的心中，

"它使我心荡神迷、如痴如醉，
把这生机勃勃的艺术卖给我的是魔鬼。
魔鬼为我打着节拍，还用粉笔记下乐谱，
那是死亡进行曲，我只能狂奏不歇，

"琴声时而低沉压抑，时而明快纯洁，
直到弦上的琴弓拉得我心儿碎裂。"

小提琴手拨动琴弦，
淡褐色头发披垂额前，
胸间挂着长长的佩剑，
身穿宽大的皱褶衣衫。

二
夜　恋

他紧紧地把她搂在胸间，
阴郁地凝视着她的双眼；
"热烈的爱使你受尽熬煎，

你正在颤抖,颤抖在我的唇边!"

"你已经饮下了我的灵魂,
它成了你胸中的火焰,
发光吧,我心爱的明珠瑰宝,
发光吧,那青春的热血!"

"心爱的人儿,你脸色苍白,
你的话那样奇妙,令我吃惊,
你看,那大千世界歌声不绝,
正在太空中回旋运行!"

"走吧,亲爱的人儿,走吧,
灿烂的群星啊,闪射出炽烈的火光,
飞吧,往上飞吧,飞向穹苍,
让我们的灵魂一起放射光芒!"

他在她耳旁低声细语,
惊愕地环顾他的四边,
目光中迸出片片烈焰,
烧得他眼睛失去神采。

"亲爱的人儿,你把毒液吞饮,
你就得和我结伴同行,
沉沉夜幕已经降临,
再不见白日大放光明。"

> 他紧紧地把她搂在胸间,
> 她已停止呼吸在他怀中长眠,
> 内心深处的痛苦刺透了她,
> 她永远不会再睁开双眼。

用人类的优秀文化成果充实自己

1838年秋天,恩格斯按照父亲的意图到不来梅商行当实习生。不来梅是德国北部城市,位于威悉河下游。这是一个十分繁华的商业城市,德国最大的商港之一,与世界许多国家和地区有贸易往来。就是这个国际港口的城市,为具有语言天赋的恩格斯提供了学习各国语言的良机。

在工作中,恩格斯每天都要处理大量来自世界各国的用多种文字书写的商业信函,在港口接触各国操不同语言的商人和船员,十分有利于学习和掌握多种外语。更使恩格斯高兴的是,在这里有来自英国、法国、荷兰、西班牙、意大利等国的报刊和各种文学、政治、哲

恩格斯1840年所作的不来梅港速写。不来梅是德国北部城市,位于威悉河下游。

学书籍。由于在中学时代就奠定了较好的外语基础,这使他有了掌握多种外语的条件。于是他又买了许多有关语法的书籍,通过钻研,很快就掌握了多种外语。恩格斯在写给妹妹玛利亚的一封信中说,这时他已懂得了 25 种语言。在一封写给威廉·格雷培的信中,他曾使用了希腊文、拉丁文、英文、意大利文、西班牙文、葡萄牙文、法文、荷兰文以及德文等 9 种文字,同时他对各种语言的特点作了十分生动而形象的描述:优美的意大利语像风一样温柔流畅;西班牙语仿佛是林间的清风;葡萄牙语宛如拍击着鲜花盛开的海岸的细浪;法语仿佛是哗哗的小溪湍急地奔流;古老的英语是一座雄伟的勇士纪念碑;荷兰语如同烟斗里冒出的一缕香烟,使人感到舒适安逸;而德语听起来好似汹涌澎湃的拍岸浪潮,撞击着彼岸四季如春的珊瑚岛。凭借着外语工具,恩格斯如饥似渴地学习各种知识,努力用人类优秀的文化成果充实自己,从中汲取着智慧和力量。

万勿虚度时光

学生时代,马克思一直过着非常紧张和刻苦的学习生活。与同时代的一般大学生不同,他厌恶庸俗的礼节和应酬,不愿为了生活琐事而大费精神,不愿碌碌无为、虚度时光。他决心把全部精力用来占有人类所创造的一切有用知识:

我要占有
一切最美好的神赐。
我要大胆地钻研科学,
掌握音乐和艺术。

我要勇往直前,
永不休息,永不偷闲,
切莫呆呆地沉默不语,
无所希求,无所事事!

切莫无言和畏怯地
从低轭下面爬过,
要知道渴望、心愿和事业,
仍然会留在我们身边。

恩格斯发表的第一篇政论文

1839年3月至4月,恩格斯在"青年德意志"机关报《德意志电讯》上发表了两篇总标题为《乌珀河谷来信》的未署名文章。这两篇文章是根据他青少年时期在家乡乌珀河谷的亲身经历与观察而写的,这也是恩格斯公开发表的第一篇政论文。该文通过大量的实际材料,控诉了剥削制度的罪恶,揭露了虔诚主义的伪善。

恩格斯指出,在乌珀河谷这个德国工业最发达的地区,根本看不到健康的朝气蓬勃的生活景象。在这里你所能看到的是哼着最粗俗最下流的歌曲的醉汉;天蒙蒙亮就从自己的栖身之所——干草棚、马厩爬出来的那些颓废沮丧、没有固定住所和工资收入的人。工人们在低矮的房子里进行工作,吸进的煤烟和灰尘多于氧气,而且从六岁起就在这样的环境下生活,这就剥夺了他们的全部精力和生活乐趣。即使是从外地来的身强力壮的人,在这里也会被葬送掉。在乌珀河谷,除了生活工作的物质条件使人无法忍受,在精神上还受着宗教虔诚主义的毒害和束缚。工厂主们残酷地压榨剥削工人，虔诚主义则为他们所犯的罪行开脱和辩护。他们竭力宣扬唯命论，胡说富贵和贫贱是先天注定的，是上帝的安排，是不能违背的。因此，对待工人最狠、最坏的工厂主肯定就是虔诚主义者。这种粗暴的、丑恶的神秘主义阻碍和断送了人民精神的任何发展。来自物质和精神两个方面的压迫造成了乌珀河谷骇人听闻的悲惨结果："下层等级，特别是乌珀河谷的工厂工人，普遍处于可怕的贫困境地；梅毒和肺部疾病蔓延到难以置信的地步，

1839年恩格斯在《德意志电讯》上匿名发表了第一篇政论文章《乌珀河谷来信》，控诉了剥削制度的罪恶，揭露了虔诚主义的伪善。

光是埃尔伯费尔德一个地方，2500个学龄儿童中就有1200人失学，他们在工厂里长大——这只是便于厂主雇用童工而不再拿双倍的钱来雇用被童工代替的成年工人。"尽管广大下层劳动人民处于水深火热之中，但那些大腹便便的工厂主的良心还是感到轻松愉快，这些虔诚派教徒的灵魂决不至于因为一个儿童如何衰弱而下地狱，假如这个灵魂每个礼拜日到教堂去上两次，那就更没事了。

恩格斯的这篇政论文章，充满了战斗的激情和浓烈的批判精神，当时产生了强烈的社会反响。

马克思转向攻读哲学的决心

1839年，马克思完全由法学领域转向哲学领域。在埋头学习过程中，他被自由与必然、自我意识与实体的问题所困扰。于是，马克思决心要潜入到这一问题的源头——古代哲学中去，尽可能地把这一问题搞清楚。为此，他这样写道：

看吧，一双健壮的雄鹰的翅膀，
把一片巨大的乌云掀上天际，
乌云洒下火花，发出隆隆霹雳，
从清早就带着那夜间的深思。

在惊心动魄的雷鸣电闪中，
雄伟的思想急速地飞翔，
那恐怖的眼睛里血如泉涌，
浪潮拍打着天柱摇撼天宫。

天公在熟睡着的两口子身旁，
悄悄地将一把把火炬点旺，
火炮轰鸣，万古黑暗把世界埋葬，
乌云的呻吟声在田野上空回荡。

恩格斯对德国革命风暴的期待

年轻的时候，恩格斯发表了许多文章、诗篇，把批判的矛头指向封建专制制度，指向封建贵族的总代表——国王。他指出，所有身居王位的国君都是反动的，对反动的君主决不应抱有任何幻想，只有依靠革命才能实现民主和自由。他在《德意志的七月的日子》一诗中，表达了对德国革命风暴的期待。他充满革命豪情地写道：

  狂风卷起千堆浪，暴风雨袭来，狂烈凶猛！
  怒海波涛如人立，小舟逐浪，起伏颤动。
  旋风从莱茵河呼啸而来，把乌云聚集在天空，
  它摧裂橡树，扬起尘柱，推波助澜澎湃奔腾。
  我在颠簸的小舟中不由得想到你们——
  德意志各邦君主！
  忍辱负重的人民曾经肩负你们高踞的黄金宝座，
  胜利地走遍祖国大地，赶走了冒险的征服者；
  就在那时，你们胆大妄为，你们背弃了一切诺言。
  现在，暴风雨从法兰西向我们袭来，人民群众此伏彼起，
  你们的宝座如小舟在暴风雨中飘摇，你们的权杖即将落地。
  恩斯特·奥古斯特，你首当其冲，我愤怒的目光要盯住你：

你这愚顽的暴君践踏法律,听,暴风雨在咆哮!

瞧,人民怒目相视,剑将出鞘。

你说!你能安坐黄金宝座,正像我稳坐小船中,任其飘摇?

恩格斯多方面的业余爱好

在不来梅当办事员期间,恩格斯星期天常和朋友一起去郊外旅游。一般早晨出发,晚上回来。当时不来梅市有个规定,每天晚上7点半关闭城门,过时进城须缴进城税。为此,恩格斯因旅游晚归缴过好几次税款。

1834年恩格斯在古代史笔记上画的画。

除爱好旅游外,恩格斯还喜欢音乐,会谱曲子;善于绘画,尤其擅长画人物肖像、风景素描和漫画;他还积极参加体育活动,骑马、击剑和游泳等都是他喜爱的运动项目。

恩格斯一生才华出众,多才多艺。他那渊博的学识主要靠持之以恒的刻苦自学。平时,恩格斯虽惜时如金,但他认为,参加必要的业余活动,既可以开阔眼界,增长见识,又可得到娱乐和休息,使生活得到调节。这样才能以健康的体魄和充沛的精力去从事学习和工作。

马克思大学毕业并获博士学位

1841年3月30日,马克思通过了柏林大学的全部考试,取得了柏林大学的毕业证书。然后,他选择了耶拿大学作为申请博士学

1841年4月15日,耶拿大学在马克思缺席的情况下,授予他"哲学博士"学位。

位的大学。4月6日，马克思把自己完成了的博士学位论文《德谟克利特的自然哲学与伊壁鸠鲁的自然哲学的差别》寄给了耶拿大学哲学系主任瓦赫曼教授。4月15日，耶拿大学在马克思缺席的情况下，授予他博士学位。

马克思把博士论文献给路德维希·冯·威斯特华伦先生

知识渊博的路德维希·冯·威斯特华伦先生，曾是马克思家的邻居，后来成为马克思的岳父。

马克思少年时期，与路德维希·冯·威斯特华伦先生常有接触，深受他的喜爱，同时马克思也非常敬重和爱戴老人。这一老一少经常到附近的小山和树林散步，交谈学问，谈论对社会一些问题的看法。由于这段少年时的难忘经历，马克思终生都对路德维希·冯·威斯特华伦先生怀有非同寻常的感激之情。为此在1841年初，马克思以最热情洋溢的方式把自己的博士论文《德谟克利特的自然哲学与伊壁鸠鲁的自然哲学的差别》献给了他：

我敬爱的慈父般的朋友，请您原谅我把我所仰慕的您的名字放在一本微不足道的小册子的开头。我已完全没有耐心再等待另一个机会来向您略表我的一点敬爱之忱了。

但愿一切怀疑观念的人，都能像我一样幸运地景仰一位充满青春活力的老人。这位老人用真理所固有的热情和严肃性来欢迎时代的每一进步；他深怀着令人坚信不疑的、光明灿烂的理想主义，唯有这种理想主义才知道那能唤起世界上一切英才的真理；他从不在倒退着的幽灵所投下的阴影前面畏缩，也不被时代上空常见的浓云迷雾所吓倒,相反,他始终以神一般的精力和刚毅坚定的目光,透过一切风云变幻,看到那在世人心中燃烧着的九重天。您,我的父亲般的朋友,对于我始终是一个活生生的明显证据,证明理想主义不是幻想,而是真理。

身体的健康,我无需为您祈求。精神就是您所信赖的伟大神医。

大学毕业后未获正式职业的忧虑

1841年,马克思大学毕业后,他的个人目标没有实现——未获得一个正式的职业,原来想毕业后到大学任教的希望完全落了空。这种情况,给马克思及其家庭带来了许多忧虑。

首先,马克思大学毕业后没有一个具有像样收入和一定尊严的职业,给家里带来生活上的困难,没有对家庭承担自己应尽的责任。

其次,燕妮的家庭除其父亲威斯特华伦先生外,都对燕妮和

马克思的博士学位证书

马克思订婚表示不满。同时,马克思的母亲也感到对不住燕妮的家庭,觉得这样燕妮的家庭会看不起自己。

第三,由于马克思没有一个像样的职业,使燕妮本身承受了很

人的精神压力，因为燕妮在订婚后已经为马克思等了整整五个年头了。

坚持献身于进步事业的道路

1841年3月底，恩格斯结束了在不来梅的商业实习，回到了故乡巴门市。阔别两年多的故乡一切如旧，这使得恩格斯感到在这里生活比过去更加单调和乏味。由于人生态度和政治观点的不同，他与父亲的关系也更为紧张了。如何选择今后的生活道路这一严峻的课题又摆在了恩格斯的面前：是屈从父亲的意志，当一个商人和厂主，还是坚持自己的崇高政治理想，献身于争取自由和进步的事业？他毫不犹豫地选定了后者，决心矢志不移地走自己的路。

父亲了解儿子对从商的厌恶，打算慢慢感化他，在半年的时间里没有让他工作。恩格斯整天在自己的房间里埋头学习和写作，而不愿把时间浪费在与上层社会人士的往来上。他在写给寄宿在曼海姆大公女子中学学习的妹妹玛利亚的信中说："参加婚礼，探亲访友，是啊，我去了，在那里又吃又喝，而事后又把这些事议论一番，这根本不是我的作风，况且你也不习惯从我这里听到这种事。现在我几乎整天在楼上，坐在我的房间里读书，像蒸汽机车头的烟囱那样喷吐烟雾，把剑舞得呼呼响，想尽一切办法来消遣。"

1842 年至 1844 年

恩格斯的一年士兵生涯

1841年10月1日，21岁的恩格斯在德国柏林，正式向近卫军炮兵旅司令部报到，开始了为期一年的士兵生涯。

柏林当时共有15座兵营，恩格斯被编在库弗尔格班广场兵营，在第12近卫炮兵连当兵。按照普鲁士王国军队有关短期服役的规定，像恩格斯这样的一年制义务兵，制服和膳宿费要自理，并付一定的养马费和粮草费，这部分费用自然是由恩格斯的父亲支付。由于这一规定，也使一年制义务兵享有一定的特权，即可以"自选住处，公家付款"，并可以有一个勤务兵。

在军营里，恩格斯对军事训练十分感兴趣。当时，普鲁士军队的军事训练是十

恩格斯穿军装的自画像

分严格的，每天上午8点到11点半在广场操练队列，或者跪在沙地上练习射击。炮手还要手持又长又粗的大炮通条，围着大炮轮子不停地奔跑。夜间有时还有紧急集合或夜行军。由于训练成绩较好，半年后，恩格斯被提升为下士炮手，他穿的制服镶着金边和金带，衣领是蓝色红边。服役期满时，恩格斯得到了上尉连长冯·韦德尔签发的"服役期间品德和执勤均表现优异"的品行证书。

一年的军事训练和学习，对恩格斯来说是极为宝贵的经历。一年中，他掌握了十分丰富的军事科学知识，为他以后深入研究军事

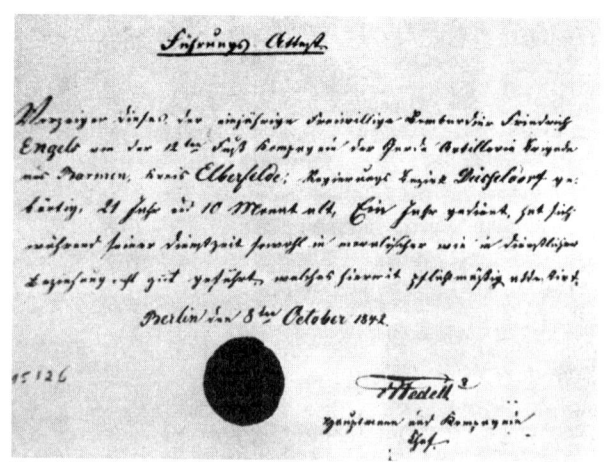

服役期满时，恩格斯得到了上尉连长签发的"服役期间品德和执勤均表现优异"的品行证书。

理论和军事史，成为马克思主义军事科学理论的创立者奠定了初步的基础。

恩格斯批判谢林

1841年和1842年，年轻的恩格斯写了三篇文章，有力地批判了资产阶级民主革命的死敌——谢林。

谢林（1775—1854），出生于德国牧师家庭。他15岁上大学，23岁当上教授，并成为当时盛行一时的"浪漫派"运动的哲学指导者和"自然哲学"的创始人。青年时期的谢林，富有革命朝气。他早期的著作较集中地体现和反映了德国资产阶级希望改变封建关系的革命要求。但从1809年起，谢林抛弃了先前激进的革命观点，堕落成为封建专制制度的辩护士；在哲学上他成为宗教神秘主义的

"天启哲学"的鼓吹者，成为资产阶级民主革命的死敌。

1841年11月15日，谢林在柏林大学进行讲演，对哲学家黑格尔进行了批驳。此时，正在服兵役的恩格斯也到场听了讲演。半个月内，恩格斯就以弗里德里希·奥斯瓦尔德的笔名，在《德意志电讯》上率先发表了《谢林论黑格尔》一文，这是批判谢林的第一篇文章，拉开了批判谢林主义的序幕。继之，在1841年底和1842年初，恩格斯又连续写作和出版了两本小册子：《谢林和启示——批判反动派扼杀自由哲学的最新企图》和《谢林——基督哲学家，或世俗智慧变为上帝智慧》。这两本小册子进一步发挥了《谢林论黑格尔》一文的思想。恩格斯指出，谢林对黑格尔的攻击和污蔑是徒劳的，是不能得逞的。"黑格尔哲学仍然活跃在讲坛上，文献中，年轻人当中。它知道，迄今为止对它的一切攻击，无损于它的一根毫毛；它镇定自若地继续沿着自己内在发展的道路前进。它的敌人日益愤怒并加紧活动，这就证明，它对国民的影响正在迅速增长，而谢林则使他的几乎所有的听众都感到不满。"

谢林（1775—1854），德国古典哲学的代表人物，客观唯心主义者。1841年11月，在柏林大学进行讲演时，对哲学家黑格尔进行了批驳。

尽管谢林当时依然是哲学上的一个庞然大物，恩格斯仍满怀战斗激情地说："我们将血战一场，无所畏惧地直视敌人冷酷的眼睛并且战斗到生命的最后一息！难道你们没有看见我们的旗帜在群山之巅飘扬吗？难道你们没有看见我们的同志的刀剑在闪闪发光，没有看见他们战盔的翎毛在悠悠颤动吗？他们来了，他们从四面八方

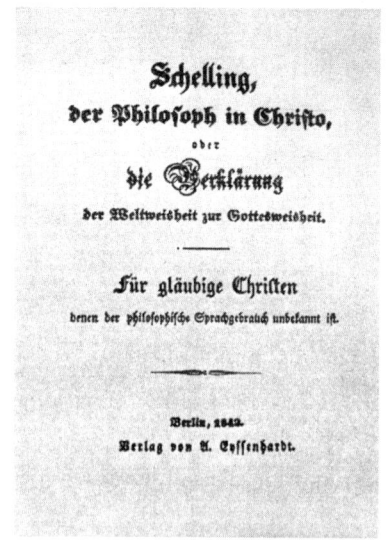 

恩格斯写的小册子《谢林和启示——批判反动派扼杀自由哲学的最新企图》的扉页。

恩格斯写的小册子《谢林——基督哲学家》的封面。

开来,在号角声中,他们唱着战歌从谷地,从群山向我们涌来。伟大的决定命运的日子,举行最后决战的日子临近了,胜利必将属于我们!"

1842年初,当谢林即将结束在柏林大学的讲演之际,恩格斯的三部论著就像三发射向谢林的重磅炮弹,使谢林遭到了沉重的打击。

马克思发表首篇政论性文章

1842年初,马克思发表了第一篇政论性的文章《评普鲁士最近的书报检查令》,揭露了新的书报检查令的虚伪性。因为新的书报检查令禁止人们批判宗教。当时宗教是普鲁士专制政府的精神支柱，不让批判宗教，等于不让批判普鲁士政府。

在这篇文章中，马克思抓住问题的本质，对书报检查令进行了理性的批判。他对这个法令讥讽道："你们赞美大自然令人赏心悦目的千姿百态和无穷无尽的丰富宝藏，你们并不要求玫瑰花散发出和紫罗兰一样的芳香，但你们为什么却要求世界上最丰富的东西——精神只能有一种存在形式呢？……每一滴露水在太阳的照耀下都闪现着无穷无尽的色彩。但是精神的太阳，无论它照耀着多少个体，无论它照耀什么事物，却只准产生一种色彩，就是官方的色彩！"

马克思的这篇政论性文章，对普鲁士政府的书报检查制度的批判可谓是入木三分，切中要害。但由于书报检查制度的存在，文章没有在杂志上发表，第二年进步人士卢格将此篇文章收集到《德国现代哲学和政论界轶文集》，在苏黎世的文学社出版。

恩格斯青年时的宏大志向

青年时期的恩格斯，非常刻苦地学习各种知识以充实和提高自己，并对自己有着十分清醒的认识。1842 年 7 月 28 日，他在致卢格的信中这样表达了自己的宏大志向：

"我还年轻，又是个哲学的自学者。为了使自己有一个信念，并且在必要时捍卫它，我所学的已经够了，但是要能有效地真正做到这一点，却是不够的。人们将会对我提出更多的要求，这是因为我是一个'兜售哲学的人'，不能靠博士文凭取得谈论哲学的权利。……迄今为止，我的写作活动，从主观上说纯粹是一些尝试，认为尝试的结果一定能告诉我，我的天赋是否允许我有成效地促进进步事业，是否允许我实际地参加当代的运动。我对尝试的结果已经可以表示满意了；现在我认为自己的义务是，通过研究（我要以更大的兴趣继续进行研究）去越来越多地掌握那些不是先天赋予一个人的东西。"

马克思发表《论离婚法草案》一文

1842年12月18日，马克思写了《论离婚法草案》一文，载于19日《莱茵报》第353号。该文节录如下：

《莱茵报》对于离婚法草案采取了完全独特的立场，可是直到现在为止，还没有任何方面向我们证明《莱茵报》的立场是没有根据的。《莱茵报》同意这一草案，因为它认为现行的普鲁士婚姻法是不合乎伦理的，目前离婚理由的繁多和轻率是不能容忍的，现行的诉讼程序是不符合这一命题的尊严的；而旧普鲁士的整个审判过程也是这样的。另一方面，《莱茵报》对新草案提出了下列几点主要的反对意见：（1）草案只是以简单的修订代替了改革，因而普鲁士邦法就被当作根本法保留了下来，这样便表现出非常显著的不彻底和无把握；（2）立法不是把婚姻看作一种伦理的制度，而是看作一种宗教的和教会的制度，因此，婚姻的世俗本质被忽略了；（3）草案所提出的诉讼程序缺点很多，而且是互相矛盾的各种因素的表面缀合；（4）应该承认，草案一方面具有同婚姻概念相抵触的警政一样的严厉性，而另一方面，对所谓合理的理由却又过分迁就；（5）草案的整个行文在逻辑的一贯性、准确性、鲜明性和观点的彻底性方面也有许多不如人意的地方。

……

最后，当有些方面责难实施严格的离婚法的地区（莱茵省也为属于这样的地区而自豪)是伪善的时候,我们只能称之为冒失行为。只有那些眼界没有超越自己周围的道德沦丧现象的人们,才敢于作出这样的指摘。例如,在莱茵省,人们就认为这种指摘是可笑的,或者最多把这些指摘看作是伦理关系的概念本身也可能消失,任何合乎伦理的事实都可能被理解为胡说和谎言的证明。这是那些并非为了尊重人而制定的法律的直接结果,这是一个缺点,这个缺点并不会由于人们从轻视人的物质本性转而轻视人的观念本性,要求盲目地服从超伦理的和超自然的权威而不是自觉地服从伦理的自然的力量消除。

《莱茵报》被查封

被锁链锁住的普罗米修斯(用来比喻《莱茵报》被查封。19世纪40年代石版画)。

1843年初,普鲁士官方作出了查封《莱茵报》的决定。这个决定给报纸提出的罪名是:该报的反对派倾向显然是散布对教会和国家的现成秩序的仇恨,煽动不满情绪,恶意诽谤国家行政机关,等等。

马克思担任《莱茵报》的编辑和主编以来,对封建专制统治下的劳动人民的生活状况有了更深切的了解。由于能够经常亲自听到周围居民因贫困压在头上而发出的悲惨的呼声,由此而引发的巨大同情心促使他下决心在报纸上为穷人说话,进而把改善穷苦人的悲惨命运作为自己的历史使命。为此，他在该报上先后撰写了关于林木盗窃案、葡萄酒酿造事件等文章，完全是为了老百姓的切身利益而与政府的有关法令、条文相对抗。在这种情况下，马克思和他的《莱茵报》越来越遭到政府人士的憎恨，马克思则被视为该报

《莱茵报》的葬仪。这是当时讽喻《莱茵报》被查封的石版画。

的灵魂和理论的源泉。同时，《莱茵报》刊登了一些讨论社会主义和共产主义问题的文章，开始探讨如何从根本上改变劳动人民的生活状况问题。

由于与官方的冲突日益加剧，马克思被迫退出编辑部，并在1843年3月18日的《莱茵报》上公开刊登了一份声明，以向社会表明自己辞职的原因：

> 本人因现行书报检查制度的关系，自即日起，退出《莱茵报》编辑部，特此声明。
>
> 马克思博士
> 1843年3月17日于科隆

正义者同盟成立与发展

正义者同盟是"共产主义者同盟"的前身，是1836年成立于

巴黎的德国流亡工人和手工业者的秘密革命团体，是德国工人的第一个政治组织。其纲领是建立财产公有的新社会；组织结构是由5—10人组成基层支部，若干基层支部联合为区部，各区部归同盟人民议事会领导；口号是"人人皆兄弟"。

同盟曾参加了由"四季社"发动的1839年5月12日巴黎起义。起义失败后，同盟一度陷入瘫痪。1846年起，同盟活动中心移往伦敦，活动范围扩大到英、法、德、瑞士等国。其成员除德国工人外，还吸收部分别国工人。沙佩尔、鲍威尔、莫尔等是同盟的主要负责人，从而使同盟成为当时国际工人运动中一个较为先进的组织。但同盟也存在严重的缺点，曾先后受到魏特林空想共产主义、真正的社会主义等错误思潮的影响。在纲领和章程方面有浓厚的空想和密谋的性质。它主张以少数革命者的密谋活动来推翻反动统治，直接在德国建立共产主义社会。

自1843年起，马克思和恩格斯先后结识了同盟的主要领导人，并在思想上政治上给予同盟很大帮助。1846年5月，正义者同盟正式与马克思和恩格斯创建的布鲁塞尔共产主义通讯委员会建立了关系，并逐步坚信马克思和恩格斯提出的科学共产主义理论的正确性。

从实践中认识社会的弊端

自1843年3月，马克思担任主编工作的《莱茵报》被普鲁士政府查封后，他对现实社会有了更透彻的了解，对普鲁士的专制政府有着深切的痛恨。

经过一年多时间的社会实践，马克思已经初步认识到现实社会不幸的根源在于"工商业的制度，人们的私有制和剥削制度正在比人口的繁殖不知快多少倍地引起现今社会内部的分裂,这种分裂,旧制度是无法医治的,因为它根本就不医治,不创造,它只是在享乐而已。受难的人在思考,在思考的人又横遭压迫,这些人的存在是必然会使那饱食终日,醉生梦死的庸俗动物世界坐卧不安的"。

七年后的完婚

1843年6月19日,马克思和燕妮进行了结婚登记,成为正式夫妻。结婚初期,最初几个月马克思是在岳母家度过的,当然也是他一生中最为宁静和幸福的几个月。

马克思与燕妮的完婚,时间整整过了七年时间,因为他们早在1836

新婚前后的燕妮

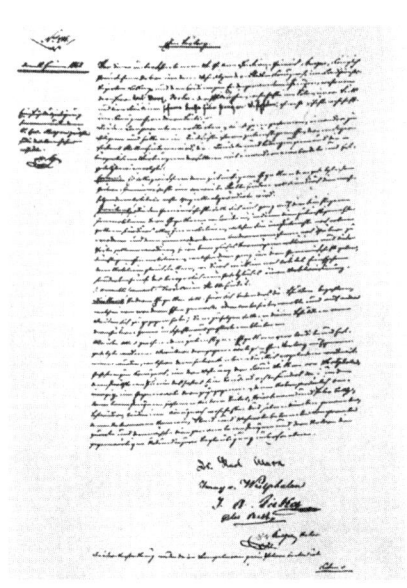

马克思和燕妮的婚约(1843年6月12日)

年夏天就举行了秘密的订婚仪式。这七年时间两人感到都不轻松。

从马克思家庭来说,自从父亲去世后,母亲不能理解他的志向,用更加求实的生活方式要求他,并因此产生了隔阂。马克思的母亲同时认为燕妮一家对自己的家庭成员不够尊重。这些都给马克思带来了烦恼。

对燕妮来说,这七年时间更是艰难,有度日如年的感觉。一方面燕妮受到上层社会和她的家庭成员给她施加的压力;另一方面与马克思之间产生的误会和猜忌,更给她在精神上和心理上带来了难以想象的煎熬。

马克思与燕妮的完婚,使马克思一生中有了一位最得力的伴侣,他们共同为完成人类的一项伟大的事业奋斗了光辉的一生。

马克思致信路德维希·费尔巴哈(一)

1843年10月3日,马克思在克罗茨纳赫致信路德维希·费尔巴哈。该信节录如下:

阁下:

几个月前卢格博士曾顺路把我们的《德法年鉴》出版计划告诉了您,同时征得了您的同意参加撰稿工作。现在事情已安排妥当,印刷和出版地点选在巴黎,第一期月刊应在11月底以前出版。

在去巴黎以前(再过几天就动身),我不能不用书信方式到您那里去作一次短游,因为我没有机会亲自去拜访您了。

您是第一批宣布必须实现德法科学联盟的著作家之一。因此,您必然也是旨在实现联盟事业的第一批支持者之一。而现在要轮流发表德国和法国著作家的著作。巴黎的优秀作者们已经表示同意。我们十分高兴从您那里得到稿件，而您手头想必也有一些现成的东西。

从您的《基督教的本质》第二版序言中，我几乎可以有把握地得出结论：您正在写关于谢林的详尽著作，或者至少是打算就这个吹牛大王再写些什么东西。可以想见，这会成为很好的第一炮。

……

如果您认为方便的话，我满怀信心地盼望着您的文章。我的地址是："巴黎田鼠路23号莫伊勒先生转马克思博士"。我的妻子虽然没有同您见过面，但向您问好。您想象不到，您在妇女中有多少信徒。

您的博士　马克思

马克思致信路德维希·费尔巴哈（二）

1844年8月11日，马克思在法国巴黎田鼠路38号写信给路德维希·费尔巴哈。该信节录如下：

阁下：

我趁此机会冒昧地给您寄上一篇我的文章，在文章中可以看到我的法哲学批判的某些成分。这一批判我已经写完，但后来又重新作了修改，以便使它通俗易懂。我并不认为这篇文章有特殊的意义，但我能有机会表示我对您的极崇高的敬

路德维希·费尔巴哈（1804—1872），德国杰出的唯物主义哲学家、古典哲学的主要代表人物。费尔巴哈的唯物主义是马克思主义哲学的来源之一。

《基督教的本质》一书的封面

意和爱戴（请允许我用这个字眼），我感到很高兴。您的两部著作《未来哲学》和《信仰的本质》尽管篇幅不大，但它们的意义，却无论如何要超过目前德国的全部著作。

在这些著作中，您（我不知道是否有意地）给社会主义提供了哲学基础，而共产主义者也就立刻这样理解了您的著作。建立在人们的现实差别基础上的人与人的统一，从抽象的天上下降到现实的地上的人类概念——如果不是社会的概念，那是什么呢！

您的著作《基督教的本质》正在译为两种文字：英文和法文；二者都即将完成付印。前者将在曼彻斯特出版（译文由恩格斯审阅），后者将在巴黎出版（它是由法国人盖里埃博士和德国共产主义者艾韦贝克在一个法国修辞家帮助之下翻译的）。

马克思和恩格斯完成世界观的转变

1844年，马克思与阿·卢格编辑在法国巴黎出版杂志《德法年鉴》，在出版的创刊号上，刊载了马克思和恩格斯的著作。其中，刊载了马克思的《论犹太人问题》和《〈黑格尔法哲学批判〉导言》，恩格斯的文章是《英国状况》和《政治经济学批判大纲》等。

《政治经济学批判大纲》这篇文章给了马克思很大的启发，对于他后来转向政治经济学的研究，有直接的促进作用。文章的内容表明，恩格斯不仅解脱了黑格尔哲学对自己的束缚，而且也摆脱了费尔巴哈的人本主义的影响。他把改造现实社会的希望寄托于对现实社会的研究之中，他通过自己对英国资本主义发展的历史和现状的了解，认为工人阶级的状况随着资本主义的发展而日益恶化，这完全是由于资本主义的经济制度造成的。因此，他首先开始了对政治经济学的研究和批判，试图从中寻找到批判资本主义经济制度的突破口。

《德法年鉴》上的文章标志着马克思和恩格斯伟大友谊的开端，也标志着马克思和恩格斯世界观转变的完成。从此以后，马克思和恩格斯就不再只是具有自由、民主、进步倾向的激进派人士，而是为了无产阶级的解放事业而奋斗的无产阶级革命家了。

马克思和卢格合办的《德法年鉴》。《德法年鉴》上的文章标志着马克思和恩格斯伟大友谊的开端，也标志着马克思和恩格斯世界观转变的完成。

创立辩证唯物主义

德国的古典哲学，是马克思和恩格斯世界观转变的理论来源，代表人物主要是费尔巴哈（1804—1872）和黑格尔（1770—1831）。其中，费尔巴哈曾是青年黑格尔派的成员之一，但不久，对黑格尔思辨哲学的批判使得费尔巴哈成为青年黑格尔派的第一个叛逆者。他第一个站出来，不仅公开地举起了反对宗教神学的旗帜，而且举起了反对黑格尔唯心主义哲学体系的旗帜。

在费尔巴哈的影响下，马克思开始对黑格尔哲学进行批判，力图使人们对事物的认识不再从抽象的原则出发、不再从事物的概念出发，而是从自然的、现实的、感性的事物出发；与此相应不再用抽象的原则解释事物，而是用现实的事物说明抽象的原则。于是，这就使黑格尔的哲学来了个彻底的颠倒。

马克思由黑格尔的唯心主义哲学转向费尔巴哈的唯物主义哲学，并不仅仅是出于偶然，也就是说并不仅仅是由于费尔巴哈站出来首先亮起了叛逆的旗帜。但是费尔巴哈的叛逆对于马克思最后从黑格尔的唯心主义哲学体系中解脱出来，起到了一个契机的作用。

马克思虽然很快便成为费尔巴哈的崇拜者，但他与费尔巴哈还是有所区别的。与费尔巴哈不同的是马克思曾经是黑格尔哲学的信徒，对黑格尔哲学有着深入的研究，黑格尔哲学的辩证方法在一定意义上已经成为马克思自己的思维方法，因此，当他为费尔巴哈的唯物主义哲学所折服、所倾倒时，他所批判的只是黑格尔哲学的唯心主义体系。对于黑格尔哲学中的辩证方法，马克思不仅没有加以批判，甚至把它吸收过来，使之成为自己的思维方法。

总之，黑格尔和费尔巴哈，是德国的两位古典哲学家。马克思和恩格斯正是摒弃了黑格尔哲学的唯心主义外壳，批判地吸取其辩证法中的"合理内核"，进行革命的改造，创立了唯物辩证法。同时，马克思和恩格斯摒弃了费尔巴哈哲学的唯心主义外壳，吸取了他的唯物主义的"基本内核"，创立了科学的辩证唯物主义。

发表《政治经济学批判大纲》

《政治经济学批判大纲》是恩格斯最早的经济学论文，也是马克思主义政治经济学的第一部开创性的著作。该文写于1843年底至1844年1月，发表在1844年出版的《德法年鉴》创刊号上。

恩格斯于1842年到曼彻斯特后，目睹了资本主义大生产高度发展的实况及其后果，使他认识到要彻底否定资本主义制度，

恩格斯（19世纪40年代）

仅靠抽象理论和人道主义的批判是无济于事的，必须从经济问题的研究入手，寻找资本主义社会的内在运动规律。为此他集中精力阅读了资产阶级经济学家斯密、李嘉图等人的著作，联系英国资本主义经济发展的实际，研究了政治经济学问题，写了《政治经济学批判大纲》一文。

这篇文章，恩格斯对资产阶级政治经济学的产生、发展及其实质作了深入考察，认为资产阶级政治经济学的产生正是资本主义经济迅速发展的自然结果，是资产阶级物质利益在理论上的集中表现；指出英国古典政治经济学探索了资本主义经济的某些规律，使经济学的水平达到一个新的高度，具有一定的历史进步意义，然

而其实质仍然是保护、完善和巩固资本主义私有制。恩格斯认为只有消灭私有制，才能结束一切不合理的现象。恩格斯通过对资本主义经济的分析、批判，得出了社会主义革命不可避免的科学结论。对此，马克思称赞《政治经济学批判大纲》是"批判经济学范畴的天才大纲"，对马克思早期的经济学研究产生了重大影响。

睿智的燕妮

燕妮是马克思一生中最忠实的伴侣。

燕妮是马克思一生中最忠实的伴侣。燕妮生长在一个德意志的贵族家庭并接受贵族教育，但她却具有强烈的平等思想。在与人相处中，社会地位的差别是不存在的。穿着做工服的工人在她家吃饭，饭桌上受到殷勤而亲切的款待是常事。为此，那些受到她那样朴实真诚和亲切招待的人们，没有一个会想到这位女主人是阿盖尔公爵的女系后裔，她的哥哥曾经做过普鲁士国王的内政大臣。

燕妮有一种明彻而光辉的智慧。她给朋友们的那些手写出来的信，乃是一个活跃而独创的心灵的真正杰作。为此，接到她信的人都把收到她信的日子视为节日。海涅这位作家，十分敬仰燕妮，夸赞她的睿智。当马克思夫妇滞居巴黎时,他是他们家里的一个常客。

马克思对夫人燕妮的才智与批判力也非常敬佩,他把自己的一切手稿都交给她看,并且非常重视她的意见。

马克思家中的得力助手
——琳蘅·德穆特

在马克思的家庭成员中,有一位极为重要的成员,这就是家庭的主妇和管家琳蘅·德穆特。她出身农家,当她很小时,在燕妮出嫁前许多年,她就成为燕妮的女仆了。因琳蘅与燕妮关系一直十分要好,她在燕妮出嫁后不愿离开。琳蘅如此热爱马克思的家,以致完全忘记了自己的家。她伴随马克思夫妇在欧洲各地飘荡,分担了他们所遇到的各种困难和不幸。

琳蘅是一个料理家务的能手,善于应付最艰难的情况。由于她有条有理、节俭机智,他们家从未贫困得无法维持,至少没有缺少过必要的东西。琳蘅什么事都会做——做饭烧菜,料理家务,给孩子们穿戴,剪裁衣衫,以及同马克思夫人一起缝纫。在她所照管的这个家里,她同时是主妇又是管家。

琳蘅·德穆特(1823—1890),她伴随马克思夫妇在欧洲各地飘荡,分担了他们所遇到的各种困难和不幸。

孩子们像爱母亲一样地爱她,在她们的眼里她有母亲的尊严,因此她自然也以母亲的关怀来回答她们。燕妮把她当作一个亲近的朋友。而马克思本人对她也非常亲切,他喜欢与她下棋,并且常被她击败。

琳蘅对于马克思一家的爱是热烈的。在她看来,他们所做的一切都是对的,而且不能不是好的,任何对于马克思的非难,她都觉得是对她自己的非难。所有与马克思家有密切关系的人,她都像母亲一样地保护他们。她比马克思夫妇活得长,在马克思逝世后,她把她对马克思家的照顾和关怀,又转移到她年轻时就认识了的恩格斯家里。

马克思与海涅的交往

亨利希·海涅(1797—1856),德国进步诗人。

在马克思接触过的众多朋友中,有一位世界著名诗人——海涅。

亨利希·海涅(1797—1856),为德国进步诗人。他生于德国一个犹太商人家庭,曾在哥廷根大学获法学博士学位。从事创作初期,受浪漫派的影响,他写过抒情诗歌。后来由于广泛接触社会实际,开始走上批判现实主义的创作道路。自从 1843 年结识马克思之后,在创作道路上受到了马克思的直接影响和热心帮助,双方建立了很好的友情。

马克思是个诗歌爱好者,为此,亨利希·海涅常常到马克思家里,将自己写的新诗读给马克思及其家人听。有时，马克思与海涅一起讨论一首诗的创造，反复推敲、反复诵读，直到双方都感到满意为止。受马克思的影响，海涅在作品中增加了社会问题的主题，猛烈抨击普鲁士反动统治制度，得到马克思和恩格斯的高度赞扬。在《职工之歌》这首诗中，海涅吟唱出了纺织工人的悲愤和对普鲁士专制制度的憎恨：

贫苦的职工

悲愤的眼睛里没有一滴泪，
他们坐在织机前咬牙切齿，
古老的德意志，我们在织你的尸布，
我们要织进去三重的诅咒。
我们织啊，我们织！

一咒那既瞎又聋的上帝，
我们怀着孩子般的虔诚向他祈求，
我们的希望和期待都落了空，
他竟然把我们欺骗和愚弄——
我们织啊，我们织！

二咒那富人的国王，
我们的呼号打不动他的心肠，
他把我们的最后一文钱榨光，
还要叫我们像牲口一样在刀下命亡。
我们织啊，我们织！

三咒那虚伪的祖国，
这里只有骗子和恶棍才过幸福的生活，
这里只有腐朽和尸臭；

古老的德意志，我们在织你的尸布——
　　我们织啊，我们织！

　海涅由于和马克思相识，逐步改变了自己对共产主义的看法，由对共产主义的蔑视转向了对共产主义的赞美。马克思非常欣赏海涅的天才，海涅也非常钦佩马克思那机智的头脑和坚强的毅力，他把马克思看作是领袖般的人物。海涅与马克思之间有着心灵上的沟通和默契，每当海涅感到受了委屈和受到伤害时，他总是跑到马克思那儿寻求安慰，马克思的幽默和燕妮的快乐性情总是能够给海涅带来巨大的宽慰。

马克思与恩格斯早期的一次透彻交谈

　1844年8月的一个晚上，马克思在法国巴黎一个叫雷让斯的咖啡馆里，亲切地会见了来访的年仅24岁的恩格斯。这次相会是马克思和恩格斯第二次会面了，他们通过在《德法年鉴》上各自发表的文章，已经有了更深的了解，都迫切希望进一步交换彼此的思想并在一起共同探讨一些问题。

　经过初步的交谈，他们发现彼此几乎是在各自独立的思考和研究中，通过不同的研究方法得到了共同的结论。这时，马克思和恩格斯都已经把寻找改造现实社会的物质力量的视线转向了在现实社会中受剥削、受压迫的无产阶级，他们都已经开始或正在开始到政治经济学中去寻找现实社会的解答，并且都把"消灭私有制、消灭竞争和利益对立的办法"作为结束人类堕落现象的根本途径。

　发现彼此有如此多的共同点，显然增加了两人继续进行理论研究和政治斗争的信心。他们越谈越有劲，马克思邀请恩格斯到自己

巴黎雷让斯咖啡馆。马克思和恩格斯曾在这里会晤。

的家中继续交谈,这样,他们就有了大量时间交换彼此的想法。随着交谈的不断深入,他们发现彼此在很多问题上都是不谋而合的,于是,渐渐地在两人的头脑中萌发了携起手来共同开创无产阶级解放事业的念头。

恩格斯在巴黎逗留了十天,在这期间,马克思和他进行了透彻的交谈,从此,这两位伟人便结下了毕生的友谊。在漫长的岁月中,两个人能够在不同的环境和条件下取得如此之多的共识,而且后来在他们终生的事业中,无论是遇到什么样的艰难险阻,无论是遇到什么样的挫折和不幸,他们的友谊始终是坚不可摧的。后来,恩格斯在给马克思的信中说道:"我还从来没有一次像在你家里度过的十天那样感到心情愉快,感到自己真正是人。"

马克思和恩格斯共同创作第一部著作

《神圣家族》是马克思和恩格斯共同创作的第一部著作。本书写于1844年9月至11月间,当时马克思只有26岁,恩格斯24岁,此书于1845年2月在法兰克福出版。

1844年8月,恩格斯到法国巴黎拜访了马克思。由于两人观点完全一致,便开始了一生意义深远的合作。当时,青年黑格尔派日益蜕化,通过鲍威尔主编的《文学总汇报》,全力鼓吹自我意识的唯心主义哲学,反对马克思和恩格斯在《德法年鉴》上的观点。对此,两人决定一道写一本书,将自己与青年黑格尔派及其伙伴的思想借还击鲍威尔的机会来一次总清算,从思想上同他们彻底划清界限。于是,他们共同拟定了全书大纲,分配了各自负责的章节,合写了序言。书名原是《对批判的批判所作的批判,驳布鲁诺·鲍威尔及其伙伴》,在排印过程中,马克思加上了《神圣家族》的标题。借用意大利画家曼泰尼雅一幅关于圣母圣徒的宗教画的题目,来讽刺鲍威尔一伙。马克思和恩格斯通过对主观意志至上的思辨哲学的批判,证明了社会生活和物质利益决定人们思想的原理;通过对黑格尔唯心史观的剖析,提出了人民群众是历史的创造者的观点;通过对资本主义社会阶级结构的研究,论证了无产阶级的历史作用。

总之,马克思和恩格斯通过共同创作的第一部著作,把自己从思想上与鲍威尔兄弟及其一伙区别开来,并且基本上理清了自己的思路,为他们之间以后的默契合作打下了良好的基础。

《神圣家族》序言

1844年9月至11月,马克思和恩格斯合著了《神圣家族》一书。该书序言如下:

在德国,对真正的人道主义说来,没有比唯灵论即思辨唯心主义更危险的敌人了。它用"自我意识"即"精神"代替现实的个体的人,并且同福音传播者一道教诲说:"精神创造众生,肉体则软弱无能。"显而易见,这种超脱肉体的精神只是在自己的想象中才具有精神力量。鲍威尔的批判中为我们所驳斥的东西,正是以漫画的形式再现出来的思辨。我们认为这种思辨是基督教德意志原则的最完备的表现,这种原则的最终目的就是要通过变"批判"本身为某种超经验的力量的办法使自己得以确立。

我们的叙述主要是针对布鲁诺·鲍威尔的《文学总汇报》(我们手边有该杂志的前八期),因为在该报中鲍威尔的批判以及整个德国思辨的全部谰言达到了顶点。批判的批判(即《文学报》的批判)愈是用哲学把现实歪曲得令人捧腹,那就对我们愈有教益。法赫尔和施里加二人便是例子。对《文学报》所暴露的材料加

布鲁诺·鲍威尔(1809—1882),德国唯心主义哲学家,著名的青年黑格尔分子。

以考察，就能帮助广大读者识破思辨哲学的幻想。这也就是我们写作本书的目的。

我们的叙述方法自然要取决于对象本身的性质。批判的批判在各方面都低于德国的理论发展水平。因此，假如我们在这里没有进而对这一发展本身加以探讨，那是由于我们所研究的对象的本质所致。

同时，批判的批判使我们不得不用现在所达到的成果本身来同它作一个简单的对比。

因此，我们先发表这部论战性的著作，再各自分头在自己的著作里叙述自己的肯定的观点，以及对现代哲学和社会学的肯定的见解。

恩格斯、马克思
1844 年 9 月于巴黎

马克思高度评价恩格斯的著作

恩格斯在 1844 年《德法年鉴》上发表的《政治经济学批判大纲》，受到了马克思的高度重视，也对马克思产生了巨大影响。

马克思认真研读了恩格斯的《政治经济学批判大纲》，并作了详细的要点摘录。可以说，这篇论文成了马克思毕生矢志研究政治经济学的出发点。为此，马克思在著名的《1844 年经济学哲学手稿》的序言中高度评价了恩格斯的这篇文章，认为这是一本在经济科学方面内容丰富和具有独创见解的著作。在马克思《1844 年经济

学哲学手稿》这部极为重要的早期著作中，有许多重要观点显然受到了恩格斯的启发和影响。直到马克思后来成为最卓越的经济学大师后，他仍不止一次地肯定过恩格斯的这本著作。在《政治经济学批判大纲》序言中，马克思称赞恩格斯的这本著作是"批判经济学范畴的天才大纲"。在《资本论》这部政治经济学旷世巨著中，马克思也多次引用过恩格斯的这部著作。

当然，尽管恩格斯的这部著作有许多优点，受到了马克思的高度重视和良好评价，但它毕竟是恩格斯早期思想转变过程中的一部著作，带有一些不成熟的特征。后来当许多人建议恩格斯再版这部著作时，他谦虚地说："虽然我至今对自己的这第一本社会科学方面的著作还有点自豪，但是我清楚地知道，它现在已经完全陈旧了，不仅缺点很多，而且错误也很多。我担心，它引起的误解会比带来的好处多。"

1845 年至 1847 年

马克思成为世界公民

1845年初,由于马克思不断发表进步的理论文章,法国政府在普鲁士政府的强烈要求下,将马克思等驱逐出境,马克思来到比利时的布鲁塞尔。这是马克思走上革命生涯以后第一次被资产阶级政府驱逐出境。但是,普鲁士政府把马克思从巴黎赶到比利时仍不罢休,他们紧追不舍,继续向比利时当局提出驱逐马克思的要求。他们的这一无理要求,使得马克思非常气愤。为了杜绝普鲁士政府有任何借口继续迫害他,马克思不得不于1845年12月1日宣布脱离普鲁士国籍。自此以后,由于马克思不愿加入任何外国国籍,他实际上

马克思一家在布鲁塞尔住过的两所房子。左图:同盟路5—7号;右图:奥尔良路42号。

从这时起，就是一个没有国籍的世界公民了。但马克思为了世界工人阶级的解放，为了科学共产主义的理论研究，带着全家大小不断地从一个地方到另一个地方，过着颠沛流离的流亡生涯。对此，马克思这样坚定地说："我是世界的公民，我走到哪儿就在哪儿工作。"

恩格斯来自家庭的压力

由于恩格斯在19世纪40年代经常参加共产主义者的各种活动和集会，并成为主要的组织者和宣传者，他不仅受到普鲁士政府和地方当局的强烈反对，而且也受到了来自家庭的激烈反对。1845年3月17日，恩格斯在给马克思的信中详细地谈到了自己与父亲之间的冲突。恩格斯说：

> 告诉你，我现在过的完全是不堪忍受的生活。由于集会的事情和本地的一些共产主义者（我自然与他们时有交往）的"行为不检"，又使我的老头爆发了宗教狂热病。我宣布绝对不再搞生意经，他气得就更厉害了，而我公开以共产主义者的身份出面讲话就更引起了他那本来就已十分道地的资产阶级狂热。我的处境你现在可以想象得到。由于两星期左右我就要离开，我也不想挑动争吵了。我闷着头忍受一切。他们对此却不习惯，因而更增长了他们的气焰。我接到的信，他们在给我之前，都从各方面嗅遍了。因为他们知道全都是共产主义者的来信，所以每一次都摆出一副宗教徒的难受面孔，叫人看了简直要发狂。我往外走，是那种面孔。我坐在自己房间里工作——当然是从事共产主义的工作，这他们知道——也是那种面孔。吃也好，喝也好，睡觉也好，放个屁也好，我都不能不在鼻子

底下碰见那种令人讨厌的圣徒的面孔。不管我做什么——不管外出或在家，沉默或讲话，读书或写字，笑或不笑，我的老头总是摆出那种难看之极的哭丧相。而且我的老头又这样愚蠢，他把共产主义和自由主义都看成是"革命的"；例如，不管我怎样争辩，硬要我对英国资产阶级在议会里的丑事永久负责！此外，这里现在正是家中的敬神季节。一星期前，我的弟弟和妹妹（鲁道夫·恩格斯和海德维希·恩格斯）二人接受坚信礼，今天全体亲族都要吃圣餐——圣体发生了效力，今天早上那种难受的面孔到处出现了。而且祸不单行，昨天晚上我和赫斯在埃尔伯费尔德宣传共产主义直到深夜两点。由于我的晚归，今天自然又都板起面孔暗示我大概是去妓院了。最后终于鼓足了气，问我，昨天晚上到哪里去了。"在赫斯那里。""在赫斯那里！天呀！"停顿片刻，脸上露出了难以形容的基督教的绝望神情。"看你交了些什么朋友！"接着就是叹息，等等。简直叫人发疯。对我的"灵魂"进行的这种基督教式的征讨是多么刁恶，你是无法想象的。而我的老头如果还发现有《批判的批判》，他就能把我赶出大门。

这样，在反动当局和家庭的双重压力下，恩格斯再次离开了家乡巴门。

马克思撰写《关于费尔巴哈的提纲》

《关于费尔巴哈的提纲》，是马克思于1845年春天在比利时的布鲁塞尔撰写的，当时他写在自己1844年至1847年的笔记本中。

马克思在《提纲》中揭露了费尔巴哈和他以前所有的唯物主义的

根本缺点是它们消极直观的性质、不了解革命实践的意义，强调指出了革命实践在认识和改造世界中的决定作用；批判了费尔巴哈把人看作抽象的人的观点，指出"人的本质……是一切社会关系的总和"。

引发哈哈大笑的著作

马克思和恩格斯合写于 1845 年 9 月至 1846 年夏初的著作《德意志意识形态》一书，是一部充满了诙谐、幽默和讥讽的著作，充满了年轻人的活力，证明他们精力旺盛、充满激情，在对争论对手进行讽刺挖苦时，不免带有青年人的三分淘气，他们两人常常为了自己的得意段落和句子兴奋得哈哈大笑。

1845 年春，马克思和恩格斯移居布鲁塞尔后，关注着日益发展的欧洲革命形势，同一些工人组织保持着联系，同时继续进行着建立科学共产主义体系的理论研究。这时，青年黑格尔派首领鲍威尔和青年黑格尔派分子、无政府主义思想家施蒂纳，在《维干德季刊》1845 年第三卷上，著文批判马克思和恩格斯，并再次宣扬他们所谓的社会主义理论。马克思和恩格斯决定撰写一部专

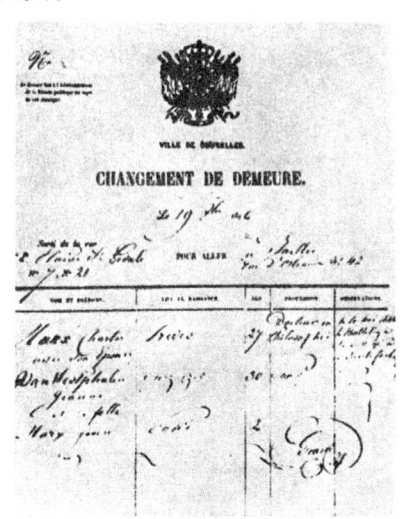

马克思在布鲁塞尔的户口登记卡

著来全面驳斥鲍威尔和施蒂纳的错误观点。结果他们经过近一年的紧密合作和勤奋著述，基本完成了预定计划，写成本书。

在书中，马克思和恩格斯论证了历史唯物主义的一系列基本原理，指出了费尔巴哈唯物主义的局限性，完成了对青年黑格尔派的最后批判，揭露了"真正的社会主义"的反动实质。本书首次确立了"唯物主义历史观"的科学概念，奠定了科学共产主义的哲学基础，标志着马克思主义第一个伟大发现的初步完成。在马克思逝世后，恩格斯在整理马克思的文稿时，将其中最有趣的部分读给马克思的小女儿和海伦·德穆特听。海伦·德穆特说："现在我才明白为什么在布鲁塞尔的时候，你们两人天天晚上这样哈哈大笑，使得家里人都不能入睡。"

对金子的认识

在资本主义社会，如何看待金钱，马克思和恩格斯对此具有十分深刻的认识，他们在《德意志意识形态》中指出：

……金钱是财产的最一般的形式，它与个人的独特性很少有共同点，它甚至还直接与个人的独特性相对立，关于这一点，莎士比亚要比我们那些满口理论的小资产者知道得更清楚：

"金子，只要一点儿，

就可以使黑变成白，

丑变成美，

错变成对，

卑贱变成高贵，

懦夫变成勇士，

老朽的变成朝气勃勃！

啊！这个闪闪发光的骗子手……

它使人拜倒于多年不愈的脓疮之前；
它使年老色衰的孀妇得到丈夫；
那身染毒疮的人，连医院也感到讨厌而要把他逐出门，
但它能使他散发芬芳，像三春天气一样的娇艳！……
……你，我们看得见的神，
你可使性格全异的人接近，
使他们接吻！……"

燕妮重视马克思的工作环境

在马克思的一生中，由于经常被驱逐和生活上极为贫困，马克思常因面临着寻找新的住处和搬家等生活上的琐事而一筹莫展。

面对这种困难的局面，马克思的夫人燕妮非常重视这项工作，尤其是马克思的书房和工作房间。每次搬家，燕妮首先想到的就是马克思需要一个安静的读书环境，因为燕妮一直把马克思的工作看得比什么都重要。有时由于缺钱，变卖和典当家中的贵重物品是常事，燕妮从家里继承下来的一些金银什物便成为当铺里的常客。

当燕妮即将生二女儿劳拉时，她最关心的却是不要打扰马克思的工作。那时，由于燕妮母亲病重，她带着大女儿小燕妮回特利尔探望母亲，她从特利尔给马克思的信中写道："我把楼上的大事清理一下，我再搬到楼下来。你可以睡在你现在的工作室里，在大客厅里布置你的书房。这样蛮好，下面孩子的闹声就完全隔开了，你在楼上不至受到干扰……"

恩格斯爱上纺织女工

19世纪40年代初期,在英国曼彻斯特的工厂区里,有位风度翩翩的英俊青年,他在一位普通纺织女工的陪伴下,经常深入车间厂房,走访工人的家庭。这位青年就是恩格斯,那位女工就是恩格斯的恋人玛丽·白恩士。

恩格斯论家庭之富裕,经商之需要,完全可以像一般的纨绔子弟那样,物色一个"门当户对",以出入上层社会为荣的资产阶级阔小姐来做妻子。但恩格斯并没有作这样的选择。1842年,他从德国来到曼彻斯特之后,就认识了这位纯朴无华的姑娘。玛丽·白恩士是爱尔兰人,在一家纺织厂做工,比恩格斯小一岁,性格爽朗,热情大方,具有革命觉悟。她作为被压迫民族的后裔,时时关心本民族人民争取自由的斗争;她是工人的女儿,强烈反对资本家的剥削和压迫,积极参加工人们为改善劳动和生活条件而进行的斗争。玛丽的革命精神像磁铁一样吸住了恩格斯,唤起了他对受尽掠夺和压迫的爱尔兰人民的深切同情,坚定了他要同工人们交往,专心致力于研究工人状况的决心。

在玛丽的带领和陪同下,恩格斯花了22个月的时间,全面考察了工人们的劳动和生活状况。对资产阶级的社交和宴会,他往往拒绝参加,却愿意同玛丽一起参加工人们的活动和集会。在玛丽的帮助下,24岁的恩格斯就写出了《英国工人阶级状况》这部科学社会主义的杰出作品。

1845年,恩格斯决定同这位出身低微,一无所有的女工共同生活。出于对宗教传统的反抗和对资产阶级道德法规的蔑视,恩格斯和玛丽没有举行什么婚礼仪式，就结成了终身伴侣。由于二人志同道合，婚后一直过着幸福美满的生活。

恩格斯早年召集三次讨论共产主义问题的集会

1845年2月8日、15日和22日，恩格斯在家乡德国的埃尔伯费尔德组织召集了三次讨论共产主义问题的集会。第一次会议的参加者有40人，第二次130人，第三次达200人。恩格斯在8日和15日的会议上发表了演说，在演说中，他为了能使听众接受自己的观点，便借助于当时影响极大的空想社会主义者对资本主义的揭露和批判以及自己在英国实际观察得来的材料，深刻地抨击了资本主义制度的弊端和罪恶，揭示了将使资本主义走向灭亡的内在矛盾，论证了共产主义取代资本主义的历史必然性。

演说中，恩格斯详细地论证了未来共产主义制度的现实性和优越性。他指出：未来建立在社会公有制基础上的共产主义社会，将消除现在造成贫困、愚昧和罪恶的根源，"在共产主义社会里，人和人的利益并不是彼此对立的，而是一致的，因而竞争就消失了。当然也就谈不到个别阶级的破产，更谈不到像现在那样的富人和穷人的阶级了。在生产和分配必要的生活资料的时候，就不会再发生私人占有的情形，每一个人都不必再单枪匹马地冒着风险企求发财致富，同样也就自然而然地不会再有商业危机了。在共产主义社会里，无论生产和消费都很容易估计。既然知道每一个人平均需要多少物品，那就容易算出一定数量的人需要多少物品；既然那时生产已经不掌握在个别私人企业主的手里，而是掌握在公社及其管理机构的手里,那也就不难按照需求来调节生产了。"

总之,恩格斯的讲演充满了许多天才的科学预见,但其中仍不难发现欧文空想社会主义某些影响的遗迹。但从资本主义经济的内在矛盾引出社会革命和共产主义的必然性,这无疑又是崭新的唯物史观的具体体现。

马克思和恩格斯共同到图书馆收集资料

为了深入进行科学理论研究,马克思欣然听从了恩格斯的建议,到英国这个当时最发达的资本主义国家去收集实际资料和政治经济学的学术成果。

于是,他们在1845年7月12日共同前赴英国,大约逗留了1

切特姆图书馆——欧洲历史最悠久的公共图书馆之一。马克思和恩格斯在1845年7月常来这里查阅资料和从事写作。

个多月的时间。在这期间,他们主要是在曼彻斯特著名的、也是欧洲历史最悠久的公共图书馆之一的切特姆图书馆里收集资料。在这里,恩格斯主要研究的是英国的历史和经济,做了大量的笔记。和马克思这位志同道合、思想一致的知己朋友一起从事研究工作,对恩格斯来说是十分幸福的事。对这段美好时光,直到24年以后恩格斯仍萦绕在心。1870年他在写给马克思的信中说:"最近几天我又坐在小楼凸窗处的方形斜面桌前勤奋地工作,这是我们24年前曾坐过的地方;我很喜欢这个位置,因为那里有彩色玻璃,阳光始终充足。图书馆馆员老琼斯还健在,但是很老了……"

马克思和恩格斯组织创建第一个共产主义组织

19世纪中叶,马克思和恩格斯为了扩大科学社会主义理论对各国工人运动的指导作用,把自己的理论与各国有组织的无产阶级政治运动结合起来,他们决定成立国际性的无产阶级政党组织。于

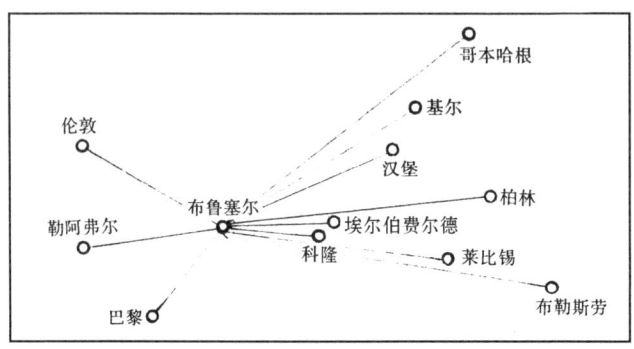

在马克思和恩格斯等人影响下,欧洲一些城市陆续建立了共产主义通讯委员会。

是，1846年2月，布鲁塞尔的政治流亡者成立了"布鲁塞尔共产主义通讯委员会"，此时侨居在比利时的马克思和恩格斯，还有比利时档案保管员菲力普·日果成为常务委员会委员。

布鲁塞尔共产主义通讯委员会成立后，它的活动范围不断扩大，逐渐与伦敦、巴黎、德国等地方的正义者同盟和各种社会进步组织建立了通讯联系，马克思和恩格斯自然是这个组织的核心成员。现在，他们能够通过这个组织，以通讯和组织理论研讨会等方式影响和指导各国的工人运动和共产主义运动。布鲁塞尔共产主义通讯委员会是马克思和恩格斯参与组织创建的第一个共产主义组织，从此以后，马克思和恩格斯逐渐成为有组织的国际共产主义运动的领导人。

维尔特讴歌玛丽的诗

恩格斯在英国曼彻斯特的时候，与德国青年诗人格奥尔格·维尔特建立了诚挚的友谊，两人经常一块亲切交谈，愉快游玩。

格奥尔格·维尔特（1822—1856），德国无产阶级诗人和政论家，共产主义者同盟盟员。由于和恩格斯交往密切，他与恩格斯的爱人玛丽也建立了亲密的友谊。

由于和恩格斯的诚挚友谊及密切交往，维尔特与恩格斯的爱人玛丽也建立了亲密的友谊，他被玛丽的乐观天性和火一般的热情所深深感染，并激发了他诗人的灵感。于是，他在1846年写了《颂玛丽》一诗，热情地讴歌她的勤劳善良和斗争精神。诗中写道：

玛丽，这年轻的女郎，
胸中充满沸腾的热血，
和潮水一起来自梯培雷里，
来自爱尔兰。
她轻盈地离船登岸，
水手们都同声惊叹：
"天哪！这位玛丽女郎，
真像野玫瑰含苞待放！"

她潇洒地走向市场，
一个过路人向她问安：
"天哪！这位玛丽女郎，
一双小脚多么漂亮！"
她乘车去利物浦，
黑亮的眼睛闪耀着勇敢的目光，
人们围着她的座位，
久久不愿离开她的身旁。

玛丽和潮水一起来自梯培雷里，
来自爱尔兰。
这位女郎放声高喊：
"谁买橘子，又甜又香！"
全城的人：黑人、波斯人、有色人、

犹太人和受过洗礼的人，
霎时间都来购买，
橘子真是又甜又香。

海上不见船帆，
码头无船出港，
一个痴情水手，
坐在船上遐想：
真想去利物浦一趟，
那里有位玛丽，
来自梯培雷里的年轻女郎，
正在卖橘，坐在椅上。

梅塞河畔的女郎，
人们对你情深意长。
海上有人为你倾倒，
陆地上更有人对你敬仰。
有一只小船，
桅樯折断，
船员不慎落水，
难忘橘子甜香。

她抗拒人们的无礼和粗暴，
被灼痛的双唇似在燃烧，
那些蓄着大胡子的顾客，
总爱聚在市场的这一角。
陌生人的亲吻使她愠怒，

她毫不宽恕,
她挣扎、叫喊、逃跑,
摆脱别人的拥抱。

收拾起挣来的钱钞,
这是金黄色水果换来的酬报,
虽然怒气未消,
还是急忙往家跑。
把钱锁牢,谨防被撬,
这时正月已来到。
赶快汇寄爱尔兰,
自己不留一分一毫。

"为了拯救我的同胞,
我向你们捐献钱钞,
起来,擦亮利剑和斧刀,
把胸中的宿怨燃烧!
但愿梯培雷里的三叶草,
长得比英国的蔷薇更繁茂,
请代替我玛丽,
向奥康奈尔先生问好!"

清算哲学信仰的著作

《德意志意识形态》这部马克思和恩格斯合著的书,是1845年和1846年合写的重要哲学著作。

恩格斯

在这部著作中,马克思和恩格斯批判了费尔巴哈的人本主义和唯心史观,清算了青年黑格尔派的唯心主义,揭露了"真正的社会主义"的资产阶级改良主义,系统地阐述了历史唯物主义和科学社会主义的一些基本原理。这部著作阐明了社会存在决定社会意识的原理;论证了社会生产在社会发展中的决定作用;指出了实现共产主义的历史必然性。正是这部著作奠定了唯物史观的基础。书中第一次使用"唯物主义历史观"这一术语,提出唯物主义历史观的前提是一些现实的个人,是他们的活动和他们的物质生活条件。阐述了物质生活条件,其中主要是物质资料的生产和再生产,是人类社会生存和发展的基础和根本条件。书中用"交往形式"、"交往关系"等术语来表示"生产关系",揭示了生产关系和生产力的矛盾运动,论述了生产力对生产关系的决定作用和生产关系对生产力的反作用,并通过生产关系各种历史形态的分析,简要阐述了历史上相继出现的各种经济形态的基本特征。文中把市民社会称作"全部历史的真正发源地和舞台",提出"不是意识决定生活,而是生活决定意识",论述了社会意识形态的实质及其产生和发展的规律。这部著作通过对社会历史的考察,论述了阶级的产生、划分和阶级斗争的历史状况是由生产决定的;国家是生产力和生产关系矛盾的产物,是阶级斗争的产物;揭示了革命的规律,指出"生产力和交往形式之间的矛盾,每一次都不免要爆发为革命";论述了无产阶级的历史使命,第一次提出了无产阶级革命应当首先夺取政权的思想。文中通过对资本主义经济发展的分析,阐述了共产主义必然胜利的科学根据,指出"我们所称为共产主义的是那种消灭现存状况的现实的运动。这个运动的条件是由现有的前提产生的"。

总之,《德意志意识形态》是马克思和恩格斯哲学思想形成的重要标志。

但是,这部著作在马克思和恩格斯生前未能出版。主要是他们在反动当局的巨大压力下,没能为这本篇幅巨大、内容极为丰富的巨著找到出版商。后来,马克思在《政治经济学批判》一书的序言中说道:"既然我们已经达到了我们的主要目的——自己弄清问题,我们就情愿让原稿留给老鼠的牙齿去批判了。"

马克思

恩格斯阐发共产主义科学定义

1846年8月,恩格斯受马克思和布鲁塞尔共产主义通讯委员会的委托,专程来到法国巴黎,开展反对"真正的社会主义者"的斗争,并且团结先进工人,筹建通讯委员会的巴黎组织。

"真正的社会主义"是在德国小资产阶级为数众多、历史悠久、密切依赖封建势力的特定历史条件下产生的一个小资产阶级社会主义流派。它在理论上鼓吹社会主义是一种超阶级的抽象的爱,意味着人性的重新恢复;在政治上既反对资本主义的发展,又害怕无产阶级力量的增长。卡尔·格律恩是"真正的社会主义"概念的命名者，他的思想主张在巴黎有很大的影响。

　　后来，由于格律恩退居幕后，斗争是在恩格斯和艾泽曼等几个格律恩分子之间展开的。恩格斯同他们进行了三次面对面的辩论。第一次是围绕着蒲鲁东—格律恩的协作社计划进行的，艾泽曼等人把它称之为无产阶级解放的唯一途径。恩格斯则论证了暴力革命在实现无产阶级解放过程中的极端必要性。第二次是关于共产主义的科学含义，恩格斯强调指出，共产主义的宗旨在于：（1）维护同资产者利益相反的无产者的利益；（2）用消灭私有制而代之以财产公有的手段来实现这一点；（3）除了进行暴力的民主的革命以外，不承认有实现这些目的的其他手段。第三次以 13 票对 2 票的表决结果，表示赞成和遵守恩格斯为共产主义规定的宗旨。在此基础上，恩格斯顺利地建立了两个共产主义小组。

《德意志—布鲁塞尔报》

　　该报是侨居布鲁塞尔的德国政治流亡者于 1847 年 1 月创办的德文报纸。1847 年 4 月，马克思开始为该报撰稿。9 月，马克思在该报上发表《"莱茵观察家"的共产主义》，恩格斯发表《诗歌和散文

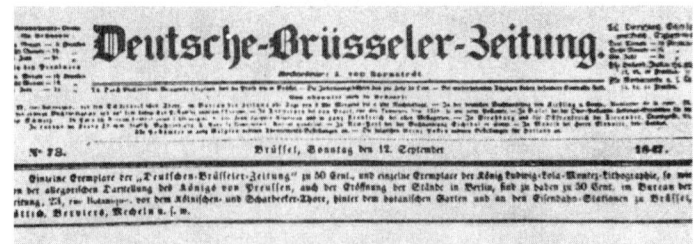

《德意志—布鲁塞尔报》

中的德国社会主义》。此后,马克思和恩格斯成了该报的经常撰稿人并掌握了该报的编辑工作,使它成了共产主义者同盟的机关报。

马克思和恩格斯在该报发表了许多文章,批判了"真正社会主义"、"基督教社会主义"等思潮,分析了革命前夕欧洲各国的形势和任务,提出了一系列关于民族问题的重要思想,宣传了国际主义原则。普鲁士政府对《德意志—布鲁塞尔报》十分仇视,要求比利时当局驱逐马克思出境。当比利时受到1848年二月革命影响,开始发生民众骚动时,比利时政府对该报和马克思进行迫害。2月底,报纸被迫停刊。

共产主义者同盟的建立

1845年至1846年间,整个欧洲陷入了经济困境,农业出现了严重的歉收,老牌资本主义国家英国出现了严重的经济危机,然后这一危机迅速由英国波及整个欧洲大陆。在这样的情况下,欧洲酝酿着新的革命风暴。

面对这种形势,1846年11月,正义者同盟的领导建议在第二年5月初召开一次代表大会。于是,正义者同盟的第一次代表大会于1847年6月2日至9日在伦敦举行,大会讨论了新的章程草案和新的纲领草案,草案中包含着马克思和恩格斯的重要思想。参加会议的共有十几位代表,恩格斯作为巴黎选派的代表参会,马克思本人由于筹集不到足够的旅费不能前来参加会议,但对整个大会提出了指导性意见。代表大会把恩格斯起草的《共产主义信条草案》作为纲领的基础,并在会后分送各地方支部讨论,然后再递交给下一次代表大会批准。

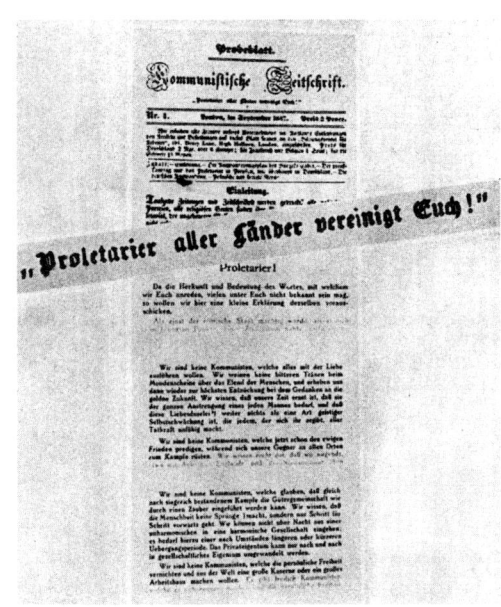

《共产主义杂志》是共产主义者同盟的机关刊物。在这个杂志上第一次出现马克思和恩格斯提出的战斗口号:"全世界无产者,联合起来!"

在这次会议上,正义者同盟改名为共产主义者同盟,同盟的目标更加明确了。大会的中心议题是讨论通过由恩格斯和沃尔弗起草的新章程草案。大会抛弃了"人人皆兄弟!"的旧口号,而代之以"全世界无产者,联合起来!"这一具有鲜明的阶级含义的新口号,这一新口号体现了无产阶级的国际主义原则。大会选举了中央机构的成员,沙佩尔为主席,马克思和恩格斯等为中央委员。

共产主义者同盟的建立标志着无产阶级政党的创建,这个政党不同于以往的组织,它是以一定的科学理论为基础的,马克思和恩格斯通过这一组织向各国无产阶级宣传自己的思想和主张。

大会结束以后,马克思和恩格斯就全力以赴地从事共产主义者同盟的工作,原共产主义通讯委员会并入了同盟。1847年8月5日,布鲁塞尔成立了共产主义者同盟的支部和区部委员会,马克思担任布鲁塞尔支部的同盟主席。

马克思和恩格斯共同参加同盟代表大会

1847年11月29日至12月8日，共产主义者同盟第二次代表大会在英国伦敦举行。参加会议的有来自德国、英国、法国、比利时、瑞士等国家的代表，马克思和恩格斯都积极参加了代表大会。

会上，中心议题是讨论同盟的纲领。马克思在会上充分展示了他的演说才能，他那严谨的逻辑论证和雄辩的说服力给人们留下了深刻的印象，树立起了无产阶级革命领袖的形象。同时，大会还委托马克思和恩格斯起草一份党的纲领。

这次大会批准了经过辩论之后再次修改的章程，明确宣布了同盟的目的是"推翻资产阶级政权，建立无产阶级统治，消灭旧的以阶级对立为基础的资产阶级社会和建立没有阶级、没有私有制的新社会"。代表们一致赞同马克思和恩格斯阐述的原理。

总之，共产主义者同盟第二次代表大会的顺利结束，表明无产阶级终于有了自己的政党组织，马克思和恩格斯进行了多年的理论研究成果已经转化为直接的政治实践，指导着无产阶级的革命运动。

琳蘅与燕妮

在马克思风风雨雨、颠沛流离的革命生涯中，有一位十分得力的家庭成员——海伦·德穆特。这位重要成员是在燕妮结婚时由燕妮的母亲送的，目的是为了减轻燕妮的劳累。由于海伦·德穆特与马克思的家人相处得非常好，家里人都亲切地叫她琳蘅。

在马克思家中，琳蘅始终忠实地照看和护卫着这个家庭。她确实一直把马克思的家庭当作自己的家庭，把马克思的孩子看作是自己的孩子，孩子们则把她看作是第二个母亲。琳蘅的一生不仅主要是和马克思一家一起度过的，还参与了马克思的事业，她常常帮助接待来访的革命者，参与他们的交谈，马克思也常常把自己的意见说给琳蘅听，然后再倾听琳蘅的反馈。当有人攻击马克思时，琳蘅表现得完全像一个卫士，她把马克思的荣誉看作是自己的荣誉。在马克思家里，她精心料理各种各样的家务，在这方面可以说是个总指挥。

家庭生活中最辛苦的人除了琳蘅，就是燕妮了。她既为孩子们所缠，又要处理一些家务，再就是为马克思整理手稿。这是因为马克思的手迹非常潦草，别人很难看懂他的字，要送去发排的文字，首先得由燕妮誊写一遍。在几十年的生涯中，燕妮就这样在丈夫和孩子们中间来回穿梭。

"摩尔"的由来

马克思在自己孩子们的眼里，是一个温和、慈祥、宽厚的父亲，因此，孩子们非常喜欢他。他在自己孩子们的眼里，是一个朋友，所以，他的孩子们不叫他父亲，而叫他"摩尔"。这是由于他的黑色面孔和乌黑的头发与胡须而给他取的绰号。

马克思的女儿们非常爱他，他对她们从来不摆父亲的架子。他从不命令她们，如果他希望她们做什么事，他只是请求她们帮一下忙，如果他不愿意她们做什么事，他也只是劝她们不要去做。

马克思和自己的孩子们常常一玩就是几个钟头。有时马克思扮成一匹出色的马,让孩子们骑在自己身上。恩格斯来到马克思家里,也常常和孩子们一起玩,有时由恩格斯带头,领着孩子们奔跑。

一般情况下,女儿们是不允许马克思礼拜天工作的,这一整天他都得听她们的指挥。天气好的时候,全家人去郊游,路过小酒店喝一点姜啤酒,再来一些涂乳酪的面包。当孩子们还很小的时候,他常给她们讲一些讲不完的故事来缩短路程,他一面走一面编,路长就把故事拉长,路短就把故事缩短,使听故事的孩子们忘记疲倦。马克思的故事充满了最大胆的想象,机智而幽默,它那离奇而荒诞的情节总是能够紧紧地抓住孩子们的心。

科学社会主义的理论来源

众人皆知,科学社会主义是马克思主义伟大真理的三个组成部分之一。其理论来源是欧洲19世纪初的空想社会主义,代表人物主要有三位,即圣西门、傅立叶和欧文。

圣西门(1760—1825),法国空想社会主义者。他出身于贵族家庭。他尖锐抨击资本主义制度,指出资本主义社会是充满罪恶和灾难的"是非颠倒的世界"。他渴望建立一个平等、幸福的新社会,设想了各种改革社会的方案。但他

昂利·圣西门,法国空想社会主义者。

不了解社会发展的真正动力,认为无产阶级无力解放自己,也不能领导和建立新社会,主张社会改造的责任应当由"最有教育"的企

业主、银行家、商人来担当,由他们掌握政权。不主张消灭私有制,反对暴力革命,幻想通过宣传、教育以及科学、道德的进步,实现他的理想社会。

傅立叶(1772—1837),法国空想社会主义者。他出身于商人家庭。他在许多著作中揭露和批判资本主义制度,探求改革社会的道路,拟订未来的理想社会计划;指出资本主义文明是"复活的奴隶制"、"社会地狱"、"贫困的温床";把理想社会的基层单位称"法郎吉",在那里,人们共同劳动、生活,男女平等,共同分享公共收入,实行免费教育。但他始终不了解资本主义制度的本质和发展规律,不了解无

沙尔·傅立叶,法国空想社会主义者。

产阶级的历史作用,幻想不废除私有制,通过宣传和教育来实现社会主义。

欧文(1771—1858),英国空想社会主义者。他出身于手工业者家庭。他一生致力于宣传空想社会主义思想,从事社会主义的各种试验。他同情无产阶级,但看不到无产阶级的伟大历史作用。他反对暴力革命和阶级斗争,把希望寄托在统治阶级的仁慈上,幻想由各国君主和统治者来实现他的理想计划。结果,所有的试验都失败了。1836年,他出版的《新道德世界书》,更完整系统地阐述和论证了自己的空想社会主义学说。

马克思和恩格斯正是科学地吸收了上述几位空想社会主义者学说中的合理部分,创立了科学社会主义理论。

罗伯特·欧文,英国空想社会主义者。

1848 年至 1850 年

《共产党宣言》的诞生和发表

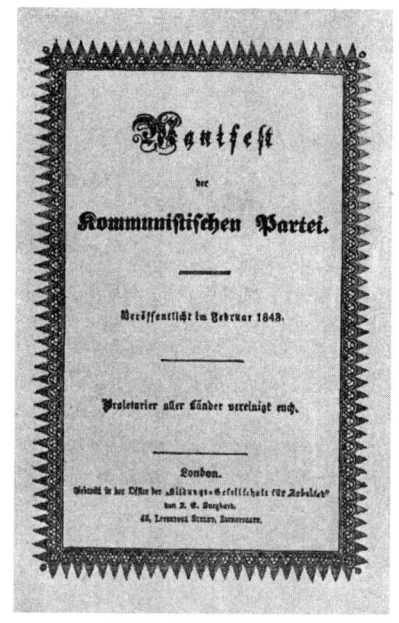

《共产党宣言》德文第一版封面

在共产主义者同盟召开的第二次代表大会上,大会委托马克思和恩格斯起草一份党的纲领。会后,马克思和恩格斯先后来到布鲁塞尔,为共产主义者同盟撰写纲领——《共产党宣言》。到1848年1月,《共产党宣言》的撰写工作全部完成。2月初,英国伦敦的中央委员会收到了这份划时代的宣言,并对宣言感到非常满意,没做任何修改就认可了,并很快得到印刷传播。

《共产党宣言》作为共产主义者同盟的纲领,它也是人类追求没有阶级、没有剥削、没有压迫的理想社会的一种行动纲领。但是,与人们以往的追求有所区别的是,《共产党宣言》以马克思和恩格斯对人类社会发展规律的研究为基础,科学地揭示了无产阶级消灭一切阶级剥削和阶级压迫的历史使命,揭示了以生产资料私有制为基础的资本主义社会必将为以生产资料公有制为基础的社会主义社会所取代的历史必然性。

《共产党宣言》是共产主义运动有史以来所出现的一部最科学、最具有历史意义的文件,它完整而系统地体现了马克思和恩格斯对共产主义运动本质的理解,这一理解又是建立在对人类社会发展规律的认识基础之上的。

中华人民共和国成立前我国翻译出版的《共产党宣言》的各种中文版本。

《共产党宣言》提出了完整的科学共产主义理论,论证了阶级和阶级斗争的原理,阐明了资本主义社会里无产阶级同资产阶级的斗争;论证了资本主义社会的基本矛盾,阐明了资本主义社会产生、发展和灭亡的客观规律;论证了无产阶级产生、发展及壮大的过程,阐明了无产阶级所担负的埋葬资本主义、建设共产主义的伟大历史使命;论证了无产阶级革命的道路,阐明了无产阶级必须用暴力推翻资产阶级,建立自己的政治统治的思想;论证了无产阶级政党的性质、特点和作用,阐明了党的战斗纲领和斗争策略。

总之,《共产党宣言》是马克思和恩格斯共同商讨创作的,充分说明他们对一些基本问题的看法已经完全达成了默契。

一位工人对马克思和恩格斯的印象

马克思主义的产生和传播,使工人阶级受到了极大的鼓舞,一位曾见过马克思和恩格斯的裁缝工人弗里德里希·列斯纳(1825—1910)这样回忆道:

在1847年11月底又召开了共产主义者同盟第二次代表大会。这次,卡尔·马克思也出席了大会。他和恩格斯分别从布鲁塞尔和巴黎来到伦敦,目的是要在同盟代表大会上捍卫科学共产主义的原理。

不久我们就听说代表大会一致赞同了马克思和恩格斯所阐述的原理,并且委托他俩起草宣言。后来,1848年初从布鲁塞尔送来了《共产党宣言》手稿。我把手稿送到印刷所,并从那里取得清样交给卡尔·沙佩尔校对。

中华人民共和国成立后我国翻译出版的《共产党宣言》的各种中文版本。

那是我生平第一次看到马克思和恩格斯。他俩给我的印象是永远不会磨灭的。

马克思当时还很年轻，约摸28岁到30岁之间。他中等身材，结实有力，肩宽额高，满头密密的黑发，目光炯炯，能洞察一切。就在那时他的尖刻的讽刺已足以使他的论敌丧胆了。马克思是天才的人民领袖。他发表的演说简洁而有条理，逻辑性很强；他决不浪费笔墨，一字一句都有深刻的涵义，都是整个论据中不可缺少的一环。在马克思身上嗅不到一点空想家的气息。我越是深刻地了解魏特林时期的共产主义和《共产党宣言》的共产主义之间的差别，就越是清楚地感到马克思是成熟的社会主义思想的代表。

弗里德里希·恩格斯是马克思的精神上的兄弟，一望而知是典型的日耳曼人。他体格匀称，举止灵活，有金黄色的头发和漂亮的胡子。他不大像一个学者，倒像一个年轻有为的近卫军上尉。恩格斯本人对科学共产主义的创立和传播作出了很大的贡献，但是常常强调他那不朽的朋友所起的作用。恩格斯是这样的人，只要我们对他的了解越深刻，我们也就会越敬爱他。

《共产党在德国的要求》的印发

1848年德国三月革命爆发后，共产主义者同盟中央委员会抓紧时机，委托马克思、恩格斯草拟一个德国革命中的政治纲领——《共产党在德国的要求》。这一文件提出了德国无产阶级在资产阶级民主革命中的具体的政治和经济要求，并制订了无产阶级如何继续进行这一革命的斗争纲领和策略，实际上是《共产党宣言》在德国当时具体情况下的运用。

　　这个政治纲领的草稿经中央委员会讨论通过后，于3月30日左右在巴黎印成传单，作为指示性文件连同《共产党宣言》一起分发给回德国参加革命的同盟盟员。并于4月初发表在《德意志总汇报》等民主派报纸上。1848年秋，政治纲领在科隆印成了传单，并由科隆工人联合会会员在莱茵省的许多地方散发。1848年底至1849年初，政治纲领在莱比锡印成小册子发行。总之，政治纲领从德国的社会政治经济状况出发，规定德国革命的基本任务是推翻封建专制制度，建立"一个统一的、不可分割的共和国"；提出了消灭封建压迫，废除农民所担负的一切封建义务，消灭反动贵族统治的经济基础的任务。

马克思给《改革报》编辑的信

　　1848年3月8日，马克思写给《改革报》编辑的信载于该报上。该信如下：

　　编辑先生！

　　　　比利时政府现在已经完全倒向支持神圣同盟政策的那一边去了。它的反动的怒火驱使它极端暴虐地对待德国民主主义者。如果不是这些针对我们的迫害激起了我们无比的愤怒，我们真要嘲笑罗日埃内阁，嘲笑它的可笑的处境——它怪罪一些德国人违背比利时人自己的愿望企图强迫他们接受共和国，但在我们所指的那桩事上，可鄙甚于可笑。

　　　　编辑先生，首先应该告诉您，几乎所有的布鲁塞尔报纸都是法国人编辑的，他们大多是为了躲避祖国对他们的可耻的惩罚而逃出来的。这些法国人在1833年曾出卖了比利时的独立，现在他们对保卫比利时的独立却表示无限关切。国王、大臣和他们的仆从利用这些报纸来加强这种看法：似乎比利时的具有共和精神的革命本来只是毫无意义地模仿法国的一切。而目前比利时境内已可感觉到的民主鼓动，则全是好激动的德国人搞出来的。

德国人绝不否认他们公开地和比利时民主主义者结成联盟，但他们这样做根本不是由于什么激动。但是在皇家检查官看来，这等于煽动工人反对资产者，等于挑拨比利时人不信任他们心爱的德籍国王，这就是德国人为法国的侵略打开比利时的大门。

3月3日傍晚5时，我接到了在24小时内离开比利时王国的命令。当天夜里，我就忙着准备出发，突然一个警官带着十名警察闯进了我的住宅，搜查了整个房间，最后以我没有身份证为借口，逮捕了我。且不说我在杜沙特尔先生把我逐出法国时发给我的完好无缺的身份证，我手中还有逐出比利时的命令，这还是几小时前才给我的。

编辑先生，我的被捕和遭到的粗暴对待甚至在奥地利都是难以想象的，否则我也不谈这些了。

我被捕后，我的妻子就立刻去找比利时民主协会主席若特兰先生，请他采取必要的措施。当她回到家里的时候，在门口碰见了警察，后者彬彬有礼地告诉她，如果她想和马克思先生谈话，请随他走。我的妻子马上就接受了这个建议。她被带到警察局，警官一开头就对她说，这里没有马克思先生，接着就粗暴地审问她，问她是什么人，为什么到若特兰先生那里去，她是否持有身份证。陪她一起去警察局的比利时民主主义者日果先生对警官提出这些荒谬而无理的问题表示愤怒，但警察禁止他说话，把他抓起来送到监狱里去。他们以游荡罪名，把我的妻子送进市政厅监狱，和妓女一起关在阴暗的牢房里。次日上午11时，一队宪兵在众目共睹之下把她送到侦讯室。不顾各方面的坚决抗议,把她拘留在禁闭室达2小时之久。她在那里忍受了严寒和宪兵的极其可恶的对待。

最后,当她站在侦讯员面前时,侦讯员对勤勉的警察就差没有把孩子们也一起逮捕表示惊奇。审讯只可能是纯粹形式主义的:我的妻子的全部罪名就是她虽然出身于普鲁士贵族,却赞成丈夫的民主信念。

关于这件令人愤怒的事情的全部细节,我不想再详谈了。只告诉你一点,当我们被释放时,24小时的限期已满,我们不得不立即离开,连最必需的东西也没有来得及带走。

布鲁塞尔民主协会副主席
卡尔·马克思

马克思给《黎明报》编辑的信

亲爱的先生!

由卡尔·马克思主编的一种新的日报《新莱茵报》,从6月1日起将在科隆城开始出版。这个报纸将在我们北方为《黎明报》在意大利所提出的那些民主原则而斗争。由此可见,我们对意大利和奥地利之间争执的问题将抱什么态度是用不着怀疑的。我们要捍卫意大利争取独立的事业,要和奥地利在意大利以及在德国和波兰的专制统治作誓死的斗争。我

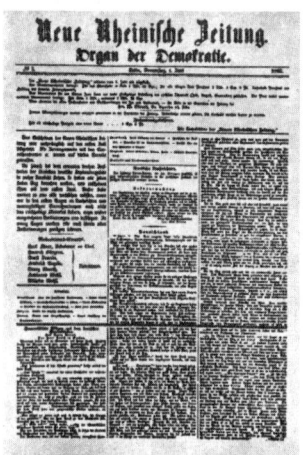

《新莱茵报》创刊号,1848年6月1日在科隆城开始出版。

们向意大利人民伸出兄弟之手，并且要向他们证明，德国人民绝不会参与那些在我国也经常反对自由的人们对你们所实行的压迫。我们要竭力使两国的伟大和自由的人民能够结成联盟并和睦相处；由于丑恶的政治制度，这两国人民至今还互抱敌意。因此，我们要求粗暴的奥地利丘八立刻撤出意大利，使意大利人民有可能按照自己的独立意志来选择他们所需要的政体。

为了让我们能够注视在意大利发生的事件，而你们能够评判我们是否忠实于自己的诺言，我们建议互相交换报纸；这样，我们就可以按期每天把《新莱茵报》寄给你们，而你们把《黎明报》寄给我们。我们殷切期望你们能同意这个建议，并且希望你们能尽速开始把《黎明报》寄给我们，以便在我们最初的几号报纸上就能够利用它的材料。

如果可能的话，请你们也寄一些其他的报道来。我们保证，在我们这方面，对于凡是有利于任何一个国家的民主事业的东西，我们都予以最大的注意。

致以

敬礼和兄弟般的情谊

《新莱茵报》编辑部
编辑　卡尔·马克思博士

以上这封信马克思写于1848年5月底，载于1848年6月29日《黎明报》第258号。

支持巴黎工人起义

1848年6月，法国巴黎无产阶级举行了革命起义，但由于同反动势力的力量对比悬殊，起义最终失败了。

这次起义爆发时，马克思和恩格斯积极支持和声援这一革命事件，充分体现了无产阶级国际主义的精神。恩格斯深深地为巴黎无产阶级大无畏的革命精神所激励，他密切关注着巴黎局势的发展，连续在《新莱茵报》上发表了四篇文章，对巴黎六月起义的性质和特点进行了深刻分析。他指出，这是无产阶级和资产阶级的第一次阶级大搏斗，是比任何一次革命都伟大的革命。他热情地赞扬了巴黎工人无比的英勇气概。在谈到起义第一天的战况时，他怀着钦佩的心情赞叹道："这是巴黎革命史上无与伦比的一个日子。巴黎工人孤军同武装的资产阶级、同别动队、同新组织起来的共和国近卫队、同常备军各兵种作战。他们无比英勇地坚持战斗。"

巴黎起义失败后，恩格斯愤怒地揭露了资产阶级令人发指地残酷镇压和凶残屠杀起义工人的罪行，号召人民控诉法国资产阶级的反革命暴行，声援和支持巴黎无产阶级的革命斗争。对巴黎无产者在起义中表现出来的胆略和自我牺牲精神，恩格斯再次给予了高度评价："工人在战斗中表现出来的那种英勇精神真是令人惊叹。三四万工人整整坚持了3天，来对付8万多士兵和10万国民自卫军，对付霰弹、榴弹和燃烧弹，对付那些不惜采用阿尔及利亚作战方法的将军们的'宝贵的'军事经验！工人被击溃了，并且大部分被残酷地消灭了。这次阵亡的战士不会受到像七月革命和二月革命的牺牲者所受到的那种尊敬；但是历史将给他们以特殊的地位，把他们看作是无产阶级第一次决战的牺牲者。"

一位裁缝工人的回忆

"1848年至1849年的革命风暴时期，我是作为一个共产主义者、一个为生产资料公有化和为全人类的兄弟合作而热心奋斗的战士度过的。"这段话是德国和国际工人运动活动家、裁缝工人弗里德里希·列斯纳写的回忆。他在《一八四八年前后》这篇回忆文章中这样写道：

> 我常常去访问马克思。对于任何一位值得信任的同志，马克思家的大门总是敞开着的。像其他许多同志一样，在他的家园里度过的时光使我毕生难忘。马克思的夫人给人的印象是非常深刻的。她是一位颀长的、非常漂亮而贤惠的妇女，对人和蔼可亲，雍容大方，所以大家感到同她在一起就像和自己的母亲或姊妹在一起一样。她以满腔热忱同情工人运动的伟大事业，同资产阶级斗争的每一个即使是最微小的成就都使她感到莫大的喜悦和欣慰。
>
> 马克思认为同工人晤谈具有莫大的意义。同时他找的是那些并非奉承而是真诚地对待他的人。他认为倾听工人们对于运动的意见对他说来非常重要。在任何时候他都愿意同工人们讨论重大的政治经济问题，并且他很快就能知道他们对这些问题的理解是否充分。他们对这些问题理解得越充分，他就越高兴。
>
> 在"国际"存在的期间，他总是一次也不放过总委员会的会议。会后，我们（马克思和总委员会大多数委员）常常走进一家小酒店，要一杯啤酒，随便谈谈。在回家的路上马克思常谈起一般的正常工作日，例如八小时工作制。马克思经常说："我们在为争取八小时工作制而斗争，可是我们自己的工作时间却往往两倍于此……"
>
> 马克思同一切真正的伟大人物一样，毫不自负。我已经说过，他向来注意倾听普通工人对工人运动的意见，因此，饭后他常来我家，找我一同去散步，和我谈各方面的问题。我当然尽量让他多讲话，因为对我说来，观察他的思想过程确是一件

乐事。我常常听得出神,很不愿意同他分手。

总之,他非常健谈,他可以把任何一个同他谈话的人紧紧地吸引住。他充满着幽默感,他的笑声是带有感染力的。无论我们的同志在哪方面取得了胜利,他都无限欣慰,并以此感染周围的一切人。

对《新莱茵报》的经济贡献

1848年,马克思和恩格斯在法国巴黎时,就考虑创办一份大型日报来传播革命思想,指导分散在各地的共产主义者同盟盟员开展革命斗争。4月11日到达科隆后,他们就把主要精力集中在办报的各种准备工作上。

1849年5月19日,《新莱茵报》用红色油墨印了最后一号。

为了克服资金不足的困难，马克思从他父亲的遗产里拿出几千塔勒现款，恩格斯则从他个人生活费中挤出几百塔勒来创办报纸。这样，《新莱茵报》于1848年6月1日在德国莱茵省科隆出版。主编是马克思，编委会成员有恩格斯、维尔特、德朗克、斐·沃尔弗、毕尔格尔斯、威廉·沃尔弗。自此，马克思和恩格斯等人在报纸上发表了大量文章。但该报的革命宣传作用却日益引起了

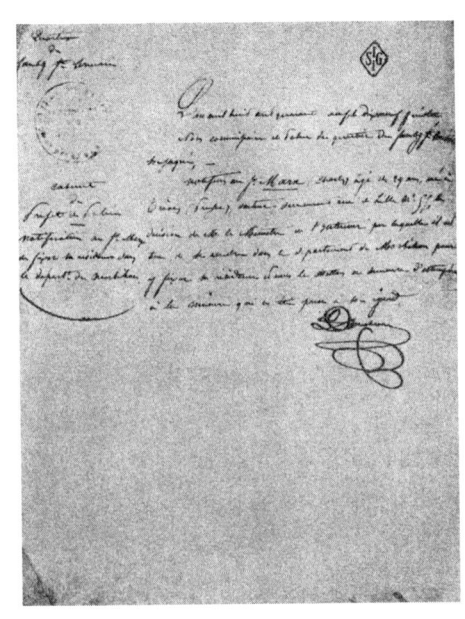

1849年8月16日，巴黎警察当局驱逐马克思的命令。

德国封建势力与大资产阶级的敌视和迫害。1849年5月，当《新莱茵报》被查封的时候，股东们早已退出报纸，一切重担都压在马克思的肩上。后来他不得不把自己的快速印刷机变卖掉，并且还借了一些钱，以支付房租和报纸工作人员的工资。

就在这种情况下，马克思被普鲁士政府驱逐出境了。为了筹集路费，他把家里最后一点值钱的东西——一套银餐具送到了当铺里，又把全部家具什物拍卖掉。当全家来到巴黎，但还没有安顿下来的时候，他又被法国政府驱逐出境了。于是，马克思一家又来到英国伦敦。

恩格斯受到反动政府通缉

1848年,恩格斯与马克思在莱茵省科隆操办《新莱茵报》期间,由于刊物办得具有明显的革命性质,故被反动政府极端仇视,并采取一系列恶毒措施,对编辑人员实行各种迫害。

9月30日,科隆的警察搜查恩格斯住宅时,既没有找到恩格斯,也没有发现可以陷罪于他的文件。在一群聚集在住宅门前的民众的嘲笑和大喝倒彩之下,枉费心机的司法官员和警察灰溜溜地走了。但检察官发出了通缉令。人们可以在报纸上读到这样的通缉告示:"兹根据本市检查官发布的通缉令,即请各有关机关和官员……密切注意查访"恩格斯。并要求一经发现,就立即逮捕,解交科隆。关于"相貌特征"是这样写的:"弗里德里希·恩格斯,阶层:商人;籍贯:巴门;宗教信仰:新教;年龄:27岁;身长:5英尺8英寸;头发和眉毛:棕色;前额:正常;眼睛:灰色;鼻和嘴:均称;牙齿:健全;胡须:褐色;下颚和脸:椭圆形;脸色:健康;身材:细长。"

在恩格斯逃亡期间,这一通缉令曾追踪发往他所到的几个欧洲国家。

恩格斯对当时战争结局的理解

1849年上半年,恩格斯和许多人民群众一道,参加了在巴登、普法尔茨等地爆发的维护帝国宪法的起义。后来，恩格斯在谈到当时体现社会主义思想的共产主义者同盟盟员参加维护宪法的斗争时写道：

> 报刊和各个民主团体对巴登起义中牺牲了的那些多少算是出身于有教养的阶级的人物，又写文章又作诗，歌颂备至。至于承担了战争全部重担、战死沙场的千千万万的工人，那些活活瘐死在拉施塔特牢房中的人们，以及目前身居异乡，在所有流亡者中间唯一在流放中受尽贫穷困苦的折磨的人们——关于这些人谁也没有提起过。工人受剥削，这是由来已久和非常习见的现象，所以我们的正牌的"民主派"先生们只可能把工人当作一种易燃物看待，把他们当作鼓动和剥削的对象，或者拿他们来做炮灰。我们的"民主派"愚蠢极了，浑身浸透了资产阶级气息，所以他们无法理解无产阶级的革命立场，无法理解工人阶级的未来。因此，对于真正的无产阶级品质他们也是仇视的。无产阶级所具有的这些品质是：自尊心非常强，决不肯对他们阿谀逢迎；眼光非常远大，决不肯被这些"民主派"先生们所利用，然而每次发生推翻现政权的运动的时候工人阶级总是拿起武器奔向前方，在任何革命运动中这些品质都直接体现着无产阶级的党。但是，如果所谓的民主派不想对这样工人的品质做出正确的估价，那么，无产阶级的党则有责任来表扬这些工人的功绩。科隆的约瑟夫·莫尔就是这些工人之中最优秀的一个。
>
> ……
>
> 无产阶级的党在巴登－普法尔茨军队里的力量相当强大，特别是在志愿队里，例如在我们这一队，在流亡者军团，等等。这个党敢于对一切其他党派这样说：无论哪个党派也无法对无产阶级的党的任何成员提出丝毫的责难。最坚定的共产主义者也是最勇敢的兵士。

法庭上的雄辩驳斥

1849年2月，普鲁士反动政府的司法当局以《新莱茵报》"侮辱检查长和诽谤宪兵"的罪名，把马克思和恩格斯押解到法庭受审讯。但是，马克思和恩格斯不但不为反动派的气势汹汹所吓倒，相反，利用这次审讯来揭露普鲁士政府实行反动政策的罪行。

在审讯那天，法庭的旁听席上座无虚席。在最高检察官和律师讲完以后，马克思开始发言。马克思义正辞严地指出，《新莱茵报》上的文章绝不是对检察长的侮辱，而只是对司法官的非法行为的揭露，这是完全有事实根据的。马克思在发言中对最高检察官和以他为代表的整个旧制度，对卑鄙的普鲁士官僚、老朽的军队、腐败的法庭都一一进行了猛烈的抨击。最后他庄严地声明：目前报刊的首要任务就是要摧毁现存政治制度的一切基础。恩格斯接着发言，他在讲话中也出色地证明，他的那篇所谓"侮辱当局"的文章完全与事实相符。恩格斯说：我们的罪行就是正确地指出了确凿的事实，并从中得出了正确的结论。结果，法官们被马克思和恩格斯的有力驳斥弄得哑口无言。

同时，马克思和恩格斯的发言博得了旁听席上公众的热烈欢呼。结果，法庭在马克思和恩格斯义正辞严的反驳下，没有理由也不敢判处他们有罪，只好宣告无罪，把他们释放了。

李卜克内西忆恩格斯

1849年深夏,威廉·李卜克内西第一次会见了恩格斯。通过会见交谈,恩格斯在李卜克内西的头脑中留下了难忘的深刻印象。后来,他在《忆恩格斯》的文章中谈道:

威廉·李卜克内西(1826—1900),德国和国际工人运动著名活动家。

> 当我和恩格斯会见时,立刻感到他是一个杰出的军事家。在和他闲谈中,我才知道《新莱茵报》所发表的那几篇关于匈牙利革命战争的文章原来是他写的。这些文章由于内容经常得到证实,因而大家都猜测是出于匈牙利军队某高级指挥官之手。其实,正像他自己笑着对我说的那样,除了所有的报纸都掌握的并且差不多完全得自奥国政府的那些材料外,他根本没有任何其他材料。而这个政府却大撒其谎,说它在匈牙利活像现在西班牙政府在古巴一样,总是"百战百胜"。在这种时候恩格斯的天才慧眼就对他大有帮助,他能够不理会那些空话。他的头脑就像爱克司光一样,大家知道爱克司光不会折射,因而任何时候也不会歪曲形象。在这种光线的帮助下,恩格斯放过那些对查明真相无用的非本质的因素,不让任何烟幕迷惑自己,不轻信任何虚构的情节,而根据可靠的事实来确定自己的见解。无论奥国的吹牛家吹

得多响,但仍不能掩盖某些事实,例如发生冲突的地点、战役开始及结束时军队的驻地、战斗的时间、军队的调动等等。而我们的恩格斯,就像居维叶一样,根据这些点滴材料,用他明察秋毫的目力加以分析,就能描绘出一幅关于战局的真实图画,利用这幅精密的战场地图,就能根据日期和地点作出数学般准确的结论,说明"百战百胜"的奥地利人日益向后挺进,而"屡战屡败"的匈牙利人则不断向前"退却"。这一切都极其符合实际情况:当奥军书面宣布在决定性战役中获胜并歼灭了匈牙利军队的次日,奥军就被逐出了匈牙利国境,而且溃不成军了……

恩格斯似乎生来就应该是一个军人,他能料事如神,随机应变,明察秋毫,当机立断,沉着冷静。稍后,他写了许多卓越的军事著作,并且得到(自然是匿名的)第一流职业军事家的好评。这些人根本料想不到小册子的匿名作者竟是一个十分"可疑的"叛乱者……

"我的生命的支柱"

由于交不起房费,女房东叫来了警察,把房客的床铺、衣物,甚至连孩子的摇篮、玩具都查封了。临走,警察威胁说:"限两个小时,再不交房钱,要把东西统统没收!"房客家的几个孩子吓得躲在角落里,偷偷地掉眼泪。见此,房客马克思只好冒雨去找新的住处。这时,药房、面包铺、牛奶铺的老板们也都起哄地来逼债了。房客女主人燕妮在债主面前万般无奈,只好把自己的床抬出去想卖掉来偿还欠债。但刚刚把床抬上车,警察又来了,说黄昏时搬运东西违犯法律,并诬蔑房客是存心要逃跑躲债。顿时,门口聚集了许多看热闹的人。这就是马克思家庭在1850年的一幕艰辛生活的写照。

当时，马克思已有好几个孩子。最小的一个男孩，由于饮食缺乏造成营养不良，有时孩子因饥饿，再加上患有剧烈的抽筋病，常把妈妈的奶头咬破，鲜血常常流进他抽搐的小嘴中，没过多久，这个小孩便病饿而死。

艰难困苦的生活，从没使燕妮动摇过她对马克思所从事的革命事业的坚定信念，相反，她在给魏德迈的信中自豪地说："您不要以为这些琐事的烦恼已把我压倒，我非常明白，我们在斗争中决不是孤独的。而且我的福气好，身旁有我亲爱的丈夫，我的生命的支柱。"

恩格斯论"皮蒙特军队的失败"

1849年3月至4月，恩格斯以《皮蒙特军队的失败》为题写了三篇文章，连载于《新莱茵报》。本文是其中的第二篇，论述了人民战争、群众起义是小国战胜大国、弱国战胜强国的唯一方法。该文节录如下：

根据来自意大利的最新消息，皮蒙特军队在诺瓦拉附近的失败，并不具有像拍往巴黎的急电中所说的那种决定性的意义。

皮蒙特军队遭到了失败，他们被截断了同都灵的联系，并败退到山中。不过如此而已。

如果皮蒙特是个共和国，如果都灵的政府是个革命的政府并有勇气采取革命的措施，那就什么也不会损失。但是，意大利的独立的丧失，将不是由于奥军的无敌，而是由于皮蒙特王室的怯懦。

奥军的胜利是靠什么取得的呢？是靠下述情况：由于拉莫里诺的叛变，皮蒙特军队中的两个师被切断了与其他三个师的联系，而陷于孤立的这三个师则被数量上占优势的奥军击溃了。这三个师现在正向瓦里斯阿尔卑斯山麓败退。

皮蒙特人一开始就铸下的一个大错误，就是他们只用正规军队来抵抗奥军，他们想进行最一般的、资产阶级式的、规规矩矩的战争。一个想争取自身独立的民族，不应该仅限于用一般的作战方法。群众起义，革命战争，到处组织游击队——这才是小民族制胜大民族，不够强大的军队抵抗比较强大和组织良好的军队的唯一方法。

……

诺瓦拉会战和皮蒙特军队在会战后的毫无作为证明，在人民必须竭尽全力来自救的紧要关头，束缚人民最厉害的莫过于君主制了。为了使意大利不致因君主制而灭亡，首先就必须使意大利的君主制灭亡。

《中央委员会告共产主义者同盟书》发表

1850年3月底，马克思和恩格斯在英国伦敦共同撰写了《中央委员会告共产主义者同盟书》。开始，这个作品秘密地散发于流亡国外的以及德国国内的盟员中。1851年这个文件由于几个盟员被捕而被普鲁士警察查获，刊登在德国资产阶级报纸《科隆日报》、《德勒斯顿新闻通报》上，后又转载于《十九世纪共产主义者的阴谋》一书中，这本书是由当时两个警官维尔穆特和施梯伯编写的，恩格斯称这两人是"两个最无耻的警棍"。1885年，这篇告同盟书经恩格斯校订，作为附录收入德文版马克思的《揭露科隆共产党人案件》一书。下面是《中央委员会告共产主义者同盟书》节录：

弟兄们！

在1848年和1849年这两个革命的年头中，同盟经受了双重考验。第一重考验是，它的成员到处都积极参加了运动，不论在报纸上、街垒中还是在战场上，都站在唯一坚决革命的阶级即无产阶级的最前列。同盟经受的另一重考验是，1847年各次代表大会和中央委员会的通告以及《共产党宣言》中阐述的同盟关于运动的观点，都已被证明是唯一正确的观点，这些文件中的各种预见都已完全被证实，而以前同盟仅仅秘密宣传的关于现代社会状况的见解，现在人人都在谈论，甚至在大庭广众之中公开宣扬。可是在同一个时候，同盟以前的坚强的组织却大大地涣散了。大部分直接参加过革命运动的成员，都认为秘密结社的时代已经过去，现在单单靠公开活动就够了。个别的区部和支部开始放松，甚至渐渐地中止自己同中央委员会的联系。结果，当德国民主派即小资产阶级的党派日益组织起来的时候，工人的政党却丧失了自己唯一巩固的支柱，至多也只是在某些地方为了当地的目的还保存着组织的形式，因此在一般的运动中就落到了完全受小资产阶级民主派控制和领导的地位。这种状况必须结束，工人的独立应该恢复。……

但是，为了要达到自己的最终胜利，首先还必须靠他们自己努力：他们应该认清自己的阶级利益，尽快采取自己独立政党的立场，一时一刻也不能因为听信民主派小资产者花言巧语而动摇对无产阶级政党的独立组织的信念。他们的战斗口号应该是：不断革命。

1850年3月于伦敦

《新莱茵报·政治经济评论》创刊

由马克思担任主编的《新莱茵报·政治经济评论》于1850年3月6日创刊,在汉堡出版,同盟盟员康拉德·施拉姆被任命为杂志经理。

1849年5月《新莱茵报》停刊后,马克思一直打算重新出版共产主义者同盟的机关刊物,认为这是巩固无产阶级政党的非常重要的方法。8月,马克思写信给流亡在瑞士的恩格斯,请他立刻到伦敦来,一同着手筹办一份德文杂志。10月6日,恩格斯应邀从热那亚乘帆船前往英国。该刊物从创刊至同年11月,共出版了六期,每期印数2000—3000份。该刊物是《新莱茵报》的继续,为共产主义者同盟的理论和政治的机关刊物。绝大部分文章(论文、短评、书评)是马克思和恩格斯写的,但也约请他们的支持者威·沃尔弗、约·魏德迈等人撰稿。1850年11月,杂志由于警察迫害和资金缺乏而停刊。

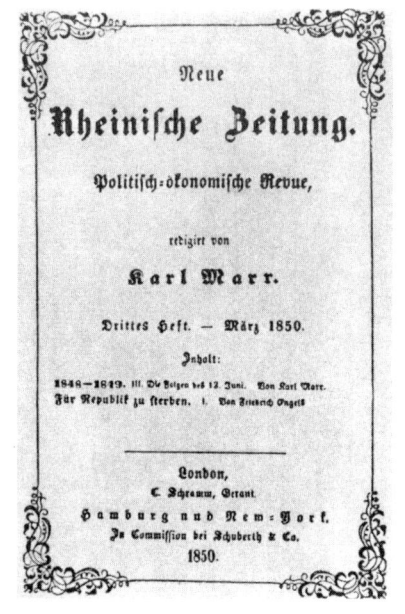

《新莱茵报·政治经济评论》第3期。它于1850年3月6日创刊,在汉堡出版。

大英博物馆的常客

1850年6月,马克思在艰难的情况下,十分高兴地在英国伦敦获得大英博物馆的阅览证,以后马克思就成了这里的常客,也就是说他的后半生的主要时间都消耗在大英博物馆里的学习研究上。

大英博物馆的前身是蒙塔古纪念馆,它从1759年改成博物馆,同时开始收藏英国历代国王的藏书。由于藏书不断增多,同时又由于收集了大批私人藏画,博物馆的监管委员会开始修建新馆,这项工程费时长达34年之久,终于构建成了规模宏大、结构雄伟的博物馆。

大英博物馆位于伦敦的布卢姆斯伯里区,离马克思家的住处——第恩街非常近,马克思从家里到博物馆只要步行穿过几条街

英国博物馆阅览室。在这里,马克思阅读和查阅了大量的文献和资料。

道就可以了。在这里,马克思阅读和查阅了大量的文献和资料,阅读了经济学说史上的几乎所有的重要著作,获得了大量的理性知识,并通过恩格斯经常提供的实践中的感性知识,研究和解剖资本主义社会的结构和功能。

正是这样,马克思不仅在博物馆里而且在家中常常通宵达旦地学习工作,写下了众多的笔记,成功研究创作了政治经济学的历史性名著——《资本论》,指出了实现共产主义的科学理论。

恩格斯作出的一个痛苦决定

1850年11月,恩格斯看到马克思一家人陷入了经济上的困境,在自己一时也没有别的谋生之路的情况下,作出了一个最痛苦的决定,到他父亲的公司去做商务工作,为自己和马克思的家庭获得一种谋生之路。但这一去就长达20年时间。

19世纪50年代曼彻斯特欧门-恩格斯公司。

在这 20 年中，最让恩格斯苦恼的是他用于研究科学理论和自然科学的时间受到了极大的限制，而他又是多么的热爱和擅长于这种研究，为了能够从经济上支持马克思，也为了他和马克思共同开创的事业，恩格斯在这方面作出了巨大的牺牲，他的这一牺牲只有马克思体验得最深，对此，马克思抱以深深的感激之情。

燕妮致魏德迈的信

约瑟夫·魏德迈（1818—1866），出生于德国官吏家庭，毕业于柏林陆军大学，是德国和美国工人运动著名活动家，马克思和恩格斯的朋友和战友。1850 年，在工作和生活条件极其困难的条件下，马克思的夫人燕妮写信给魏德迈说：

> 真正使我深感痛苦、于心不安的是，我的丈夫必须为这些小小的不幸操心，而能够帮助他的人又很少；他曾经那么乐于帮助别人，但他在这里却得不到任何援助。然而亲爱的魏德迈，请不要以为我们要向什么人提出要求。我丈夫向那些在思想上请教过他、求他帮过忙的人们只会要求一件事情，这就是为他的杂志付出更大的力量，积极地参加这一工作。我能够自豪而大胆地肯定这一点。这是他们应该为他做的一点小事情，做这点事谁也不会受到什么损失。我就是为这件事感到痛苦。但我的丈夫却不以为然。即使在情况最恶劣的时候，他也从来没有对未来失去信心，而总是保持着极好的兴致，当他看到我很愉快而亲爱的孩子们向母亲撒娇的时候，他就心满意足了。

一位警探的调查报告

1850年底,马克思一家在英国伦敦期间,过着极为艰辛的流亡生活。下面,我们可从当时一份普鲁士警探的调查报告中得到一些信息。警探在报告中说:

  马克思住在伦敦的一个最糟糕,因而也是房租最便宜的地区。他有两个房间,临街的那间是客厅,后面那间是卧室。在这一整套住房里没有一件家具是干净的和牢固的。一个旧货商人会对脱手这样一堆惊人的破烂货感到羞耻。

  当你走进马克思的房间,腾腾的烟雾刺得你双眼泪水直流,以至使你一时感到仿佛在洞穴中摸索徘徊;然而渐渐地,随着你对烟雾有所习惯,你就能够辨认出一些从四周的霾雾中显现出来的东西,每件东西都是脏的,布满灰尘,要坐下来竟成为一件十分危险的事情,这边一把椅子只有三条腿,那边一把椅子——孩子们正在上面做炊事游戏——倒有四条腿。这就是给客人坐的那把椅子,但是孩子们做的饭还没有收拾干净。如果你贸然坐下,你的这条裤子就别想要了。

我们从上面这位警探写的报告中,不难看到马克思一家令人心酸的贫苦生活状况。

马克思喜欢锻炼身体

"有健全的身体才有健全的精神。"这是马克思在给恩格斯的信中讲过的一句名言。

马克思在为人类服务思想的指导下，毕生进行着极度耗费精力的脑力劳动，长期坚持为无产阶级翻身解放创造科学理论。显然，马克思没有强健的身体是难以支撑他的繁重脑力劳动和那种艰难的生活条件的。据拉法格回忆，马克思身体的确很好，中等身材，肩宽，胸厚，四肢很匀称。马克思良好的身体状况，正是得力于他多年喜欢坚持锻炼身体。马克思在上学期间就坚持参加击剑、划船等活动，就是在他为革命四处奔波，甚至流亡到英国伦敦后，也还经常到一些武术馆参加击剑等活动。尤其值得一提的是，马克思特别喜欢散步，经常和朋友或家人一起到户外进行散步活动，有时一连走几个钟头；有的时候，他还和大家一起攀登小山，即锻炼了身体，又活跃了气氛。

红色的资本家

1848年到1849年的欧洲资产阶级革命随着大资产阶级与残余封建势力的妥协而告终之后，恩格斯重又回到了欧门－恩格斯公司，给公司经理欧门当助理。后来，随着业务能力的增强，恩格斯渐渐成为他父亲在公司的全权代表。

1861年，在父亲去世

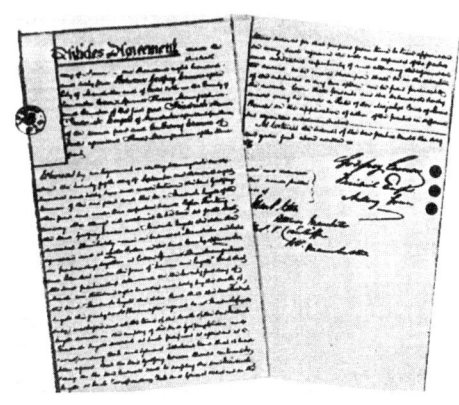

1864年，恩格斯与欧门－恩格斯公司签订的合同的第一页和最后一页。

后，恩格斯便正式成为公司的合办人，一跃而变为大股东，真正成为红色的资本家。

恩格斯在公司任职的 20 年时间里，扮演着双重角色，一方面为了公司的生存和发展，他必须设法为公司创造最大利润而尽一切努力，即便是从他个人想从公司所创造的尽可能多的利润中留下一部分，以便支援马克思和自己与马克思所共同创造的事业这个角度来说，也必须这么做；另一方面作为一个共产主义者，无论是从理论上还是从实践上来说，他都在努力为消灭资本家对工人的剥削而奋斗。

在晚年，恩格斯回忆自己这段生活经历时说："一个人自己可以当一个不错的交易所经纪人，同时又是社会主义者，并因此仇恨和蔑视交易所经纪人阶级。难道我什么时候会想到要为我曾经当过工厂股东这件事进行辩解吗？要是有人想要在这方面责难我，那他就会遭到惨重的失败。如果我有把握明天在交易所赚它一百万，从而能使欧洲和美洲党得到大批经费，我马上就会到交易所去。"

就是在这人生较长的一段时间里，马克思和恩格斯紧密合作，几乎每天通信，保存下来的信就达 1000 多封。正是这样，他们为世界无产阶级的解放和共产主义事业做出了巨大的贡献，并建立了令人赞叹的终身革命友谊。

恩格斯与马克思的友谊

在马克思及其家人的心目中，恩格斯也是家庭中的一员。对此，马克思的女儿们把恩格斯当作第二个父亲。在历史上，他俩的名字已经长时期连在一起，载入了史册。

马克思和恩格斯年轻时就在一起,并平行地发展起来,互相最真挚地倾吐了自己的思想和感情,参加了同一革命运动,只要可能便在一起并肩工作,共同为开创无产阶级革命事业奋斗。

环境迫使他们分离了将近20年。1848年革命失败后,恩格斯不得不到曼彻斯特去,而马克思则被迫留在伦敦。

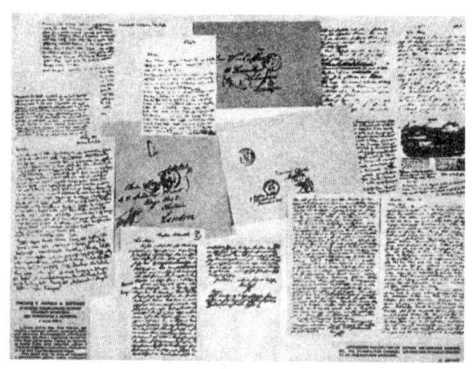

马克思和恩格斯的通信。环境迫使他们分离了将近20年的时间,但是他们始终保持着极其密切的联系。

虽然如此,但他们的精神生活仍然是相互沟通的,他们几乎每天都要通信,谈论当前的政治事件和科学问题,交换他们在科学上探讨的结果。马克思接到恩格斯信的时候,常常拿着信自言自语,好像恩格斯就在场似的:"嗯,不对,反正情况不是这样……""在这一点上你对了!"马克思的女儿爱琳娜回忆说:"但是特别使我忘不了的是:有时摩尔读着恩格斯的来信,笑得流出眼泪来。"恩格斯一脱离他在曼彻斯特的工作,就连忙跑到伦敦,住在离马克思家只要步行十分钟就可以到的地方。从1870年直到马克思逝世为止,他们几乎没有一天不见面,不是在这一个家里,就是在那一个家里。

当恩格斯来信说他要从曼彻斯特到伦敦来的时候,马克思一家都为此大大欢庆,老是在谈这件事。而当恩格斯来的那一天,马克思等得不耐烦,甚至工作不下去了。恩格斯到了以后,两个朋友抽着烟,谈了一个通宵,畅谈着他们分别以来所发生的一切事情。

马克思对恩格斯的意见比对其他任何人的意见都更加重视。因为马克思认为恩格斯是能够同他合作的人。为了说服恩格斯,为了使恩格斯赞成某一思想,马克思觉得费多大气力都值得。

马克思为自己有这样的朋友为荣。他曾非常愉快地向同事讲述恩格斯的德行和才智。为了把恩格斯介绍给一位同事,马克思甚至特意与同事一起到恩格斯所在的曼彻斯特去了一次。在马克思长时间的工作中,他十分敬佩恩格斯渊博的科学知识。

1851 年至 1859 年

恩格斯刻苦钻研军事理论

刻苦钻研军事科学理论，是恩格斯一生繁忙工作中的一个重要方面。1851年6月19日，恩格斯在写给约瑟夫·魏德迈的信中，比较详细地谈到了他进行军事理论研究的情况。他说：

"我自从迁来曼彻斯特以后，就开始啃军事，我在这里弄到的材料，至少对开端来说是足够了。军事在最近的运动中必将具有的重大意义，我往日的爱好，我在报纸上发表的匈牙利军事通讯，以及我在巴登的光荣的冒险经历——所有这些都促使我在这方面下工夫，我想在这方面要做到能够发表一定的理论见解而又不致太丢脸。"

恩格斯给魏德迈列出的自己需要研究的军事课题有：基本战术，筑城原理，野战工事和其他有关军事工程（如各种类型的桥梁等等），一般的军事科学史，由于武器及其使用方法的发展和改进而引起变化的历史，炮兵学，目前各个军事部门的概况，现代各种军队的差别，关于军队的组织、给养、医院以及任何一支军队所必需的装备方面的各种情况，现代战争史，军事地图学，等等，这些课题林林总总，可以说是囊括了军事科学的方方面面。

马克思夫人燕妮致信恩格斯

1852年1月16日，马克思夫人燕妮在英国伦敦给在曼彻斯特的恩格斯写信。该信如下：

亲爱的恩格斯先生：

您看，我现在还在履行秘书的职务。我的丈夫还没有完全复原。他的确病得很重。他打算明天稍微走动走动看。由于患病，他无法为美国写任何东西；可是他把弗莱里格拉特和皮佩尔动员起来了。给您寄上弗莱里格拉特的一首非常成功的诗。也让朋友维尔特看一看。或许也能使他跨上佩格斯。如果您不再需要《论坛报》，请把它寄来。下周您会收到克路斯的一封非常亲切的信。这封信现在不在鲁普斯手上。我们希望很快听到您的消息，现在请随便喝啤酒吧。

病人衷心问候您。

燕妮·马克思

警察秘密报告中的马克思

在19世纪50年代，马克思和恩格斯尽全力积极救援和帮助科隆案件的受害者，以多种方式向普鲁士政府诬蔑和陷害共产主义者同盟成员和工人群众的卑鄙行为进行斗争。

在整个事件的过程中，普鲁士政府的矛头始终是对着马克思和恩格斯及其追随者的。其中，柏林警察总监辛凯尔迪在1852年4月的秘密报告中写道："现在已有理由可以这样说马克思—恩格斯的党，它比一切流亡者、鼓动家和中央委员会高明得多，因为它无可辩驳地掌握了较大的知识和精神力量。马克思本人是著名的人物，大家知道，他脚趾尖里的精神财富比其余整个社团的人脑壳里的精神财富还要多。"

一封倾诉流亡生活艰辛的信

马克思和恩格斯是举世瞩目的战友和朋友，他们在长期的为无产阶级的革命事业奋斗中，相互之间建立了难能可贵的革命友情。下面是马克思于1852年9月8日，给恩格斯写的一封诉说流亡生活艰辛的信。信中说：

我的妻子病了，小燕妮病了，琳蘅患一种神经热。医生，我过去不能请，现在也不能请，因为我没有买药的钱。8—10天以来，家里吃的是面包和土豆，今天是否能够弄到这些，还成问题……

因此，我把向所有债权人付款的期限拖到了9月初，你知道，对他们的债务，总是一小部分一小部分偿还的。现在，四面八方都在袭击我了……

最好和最理想的是能够发生这样的事：女房东把我从房子里赶走。那时，我至少可以免付一笔22英镑的款子。但是，未必能够指望得到她这样大的恩典。此外，还有面包铺老板、牛奶商、茶叶商、蔬菜商，还有欠肉铺老板的旧账。怎样才能还清所有这些鬼账呢？

恩格斯接到信后，十分焦急，很快想办法寄去一部分英镑，帮助解决这燃眉之急。

绿叶扶持红花

在马克思的英语不是很熟练的时候，他为《纽约每日论坛报》写的文章还要请恩格斯帮忙翻译。为了及时完成翻译，恩格斯常常工作到深夜。白天在营业所长达十个小时的工作已经让恩格斯疲惫不堪，到了晚上又要全副精力扑到翻译工作上。长年累月如此，恩格斯也有体力不支的时候。但是，他总是尽自己的努力尽可能多地翻译一些东西。

1852年10月4日，恩格斯在信中对马克思说："要替你翻译全篇文章，我的身体不行。我是今天早晨收到文章的。整天在办事处，脑袋都忙昏了。今天晚上七八点喝完茶才把这篇东西读了一遍，然后动手翻译。现在是十一点半，我译到文章自然分段的地方，并把译好的这一部分寄给你，十二点文章必须送到邮局。因此，你将收到我尽自己力量所能做到的一切。"10月28日，恩格斯又写信告诉马克思："寄上一篇为德纳写的文章，这篇东西不能在别的地方断开。如果今天晚上我能整个译完，我将稍迟一点把其余部分付邮。现在把这一篇寄出，是为了使你至少及时收到哪怕一点东西。"

在相当长的一段时间内，恩格斯的晚上就是这样度过的。对此，恩格斯没有任何抱怨或要求。他认为，给朋友以尽可能的帮助和支持是自己应尽的责任和义务；况且，对马克思的帮助超越了一般的朋友之情，更重要的是，体现为对无产阶级革命事业最重要的理论家的爱护和支持。正是抱着这样的信念，恩格斯总是默默地、心甘情愿地去做绿叶以扶持红花。

马克思致魏德迈的信

1852年,由于流亡美国的共产主义者同盟盟员魏德迈在美国筹备出版马克思的《路易·波拿巴的雾月十八日》,马克思给他寄去了刚写完的该书第六章以及其他一些材料,同时写了信。基于德国激进派政论家、小资产阶级民主主义者海因岑在美国主办的《雅努斯》报上对马克思关于阶级斗争理论的攻击,说阶级斗争是"共产主义者无聊的捏造"。马克思在信中要魏德迈为《纽约民主主义者报》写几篇文章,继续加以驳斥。他指出,资产阶级的历史学家早已发现阶级斗争的存在,资产阶级经济学家并对此作过经济分析,"我所加上的新内容就是证明了下列几点:(1)阶级的存在仅仅同生产发展的一定历史阶段相联系;(2)阶级斗争必然导致无产阶级专政;(3)这个专政不过是达到消灭一切阶级和进入无阶级社会的过渡。"

在这封信中,马克思高度浓缩了他在《路易·波拿巴的雾月十八日》中已经阐述了的思想,即关于阶级斗争与国家政权的关系,无产阶级只有打碎现存的国家机器,才能以本阶级专政的形式掌握国家政权。但是这个专政与以往历史上一切政治权力不同,它的根本目的不是仅仅为了维护本阶级的利益,强化已有的阶级对立,而是为消灭一切阶级和进入人类的无阶级社会做准备。

为科隆共产党人辩护

1851年5月10日至1852年11月12日,普鲁士政府制造了卑鄙的科隆共产党人案件,共产主义者同盟的11名成员被普鲁士政府逮捕,送交法庭审讯,罪名是所谓"图谋叛国"。向法庭提出的所谓证据是普鲁士警探们伪造的共产主义者同盟中央委员会会议的"原本记录"和其他一些伪造文件。法庭根据伪造文件和虚假证词,判处7名被告三年至六年徒刑。

针对这一事件,马克思和恩格斯一道发表了《关于最近的科隆案件的最后声明》,并分别写了《揭露科隆共产党人案件》和《最近的科隆案件》的文章,对普鲁士当局的卑鄙手段进行了彻底揭露,对被残害的共产党人进行了充分辩护,从而使这一案件出现了有利于被告的转变。1852年10月28日,马克思夫人燕妮在致阿道夫·克路斯的信中写道:"想必您会注意《科隆日报》登载的关于共产党人的巨大案件。10月23日的开庭,使整个案件发生了惹人注目的、有利于被告的大转变,所以我们大家又都开始振奋起来。您可以想象到,'马克思派'在夜以继日地工作,脑袋和手脚一刻也闲不下来。"在揭露普鲁士当局诬蔑共产主义者同盟是颠覆政府的阴谋组织这一不实之词时,恩格斯深刻地说明了无产阶级政党的根本性质。他指出,作为先进的共产主义政党,共产主义者同盟以《共产党宣言》阐明的基本原则为指导,从来就不幻想在无论什么时候都能随心所欲地进行那种必须在实践中实现它的思想的革命。

解散共产主义者同盟

在马克思和恩格斯的指导下,正义者同盟及时用"共产主义者同盟"的新名称代替旧名称,并用"全世界无产者,联合起来!"的新口号代替了"人人皆兄弟!"的旧口号。自1847年6月2日至9日在英国伦敦召开第一次代表大会以来,做了大量极为重要的工作。

但是随着1848年革命失败,反动势力日益猖獗,欧洲各国的同盟支部也先后被迫停止了活动。在这种情况下,马克思和恩格斯认为,同盟已无法存在下去,再用过去的形式继续活动也不合适了。1852年11月17日,共产主义者同盟伦敦区部根据马克思的提议,通过了解散同盟地方组织的决议,同时宣布共产主义者同盟在大陆上继续存在也是没有意义的。这个决定标志着共产主义者同盟活动的结束。

然而,对于这个存在过的无产阶级的先进组织,马克思是感到非常自豪的,并作过很好的评价。他说:"如果我们考虑到那些'愚蠢的民主派'不会原谅我们的党比他们自己具有更高的才智和风格而进行恶毒的诽谤;如果我们熟悉同一时期的其他一切政党的历史;最后,如果我们问一下自己,究竟能够提出什么事实(不是福格特或捷列林格这样的人所提出的在法庭上可以驳倒的无耻诬蔑)来反对整个党,那么我们就可以得出结论说,我们的党在这个十九世纪由于它的纯洁无瑕而出类拔萃。"

一次惊险的活动

1852年11月18日,英国伦敦政府为一个公爵举行国葬。殡仪搞得非常富丽堂皇,为了同众多的人一起观看这次重大的活动,威廉·李卜克内西同马克思的女儿燕妮和劳拉共同前往。

当他们三人出发前,马克思的夫人燕妮对李卜克内西说:"您得千万当心孩子们呵!千万不要到人最多的地方去。"到了门口,琳蘅又追上几个人,嘱咐要千万当心。

对于这次活动,看热闹的人非常多,从清早起街上就热闹非凡,人山人海。

街道上,李卜克内西站在预先选定的一个街区的台阶上,两手各拉一个小孩的手。当殡仪队伍愈来愈近时,人海更是汹涌澎湃,孩子们显得十分兴奋,看着人山人海的行列一批一批地从面前经过,直到最后一个身穿绣金衣服的骑手消失为止。

这时,忽然从后面来了一个突如其来的推动,积在后面的人群使劲往前冲。大家都想赶上送殡行列。对此,李卜克内西用全力抵住,竭力保护孩子们,让这股巨流人群从旁边过去而不碰着她们。但这一切都是徒劳,人群自发的冲势非人力所能制止,正如同不坚固的帆船对付不了严冬后的流冰。见此,李卜克内西十分着急,只得死命地抱住两个孩子,同时想法脱出人海。此举刚见效,从右面又有一股人流猛烈地向他们涌来,把几个人推向河岸街,而千千万万汇集在这条交通要道上的人们都争先恐后地跟着行列走,想再饱饱眼福。李卜克内西想把孩子们抱起来放在肩上,但四周挤得太厉害。他死命抓住孩子们的手,人流带着他们走,忽然李卜克内西感到他和孩子们之间插入了一股力量，李卜克内西就紧紧抓住她们每个人的手臂，但是孩子们和李卜克内西之间出现的那股力量像一把楔子愈插愈深，把孩子们从李卜克内西手里拉走，李卜克内西必须放开她们，因为不然就会折断她们的手臂或使她们的手臂脱臼。

在这危险的关键时刻，李卜克内西下决心挤过去，争取找到两个孩子。于是李卜克内西像发了疯似地用胸膛和臂肘向前挤去。但是在这拥挤的人群里一个人就像一根随着漩涡转的麦秸。李卜克内西不停地挣扎着，但却一次又一次地被挤向一旁。最后，正当人群从四周紧紧地挤住他时，背后来了一个推动，这样李卜克内西就到了城门的那一边，并且脱出了这个可怕的异常拥挤的人海。李卜克内西四处奔忙找寻两个女孩，但哪儿也没有她们！正当他十分焦急的时候，突然听到两个孩子的响亮的叫声：

"图书馆！"（孩子们为李卜克内西起的绰号）

随后，两个孩子安然无恙，笑眯眯地站在了面前。李卜克内西亲切地紧紧把她们抱在自己的怀中。

于是，三个人得意洋洋地回到家。马克思夫妇和琳蘅欢天喜地给予迎接，因为他们听说这次活动挤死挤伤许多人。

《中国革命和欧洲革命》一文节录

1853年5月20日，马克思写的《中国革命和欧洲革命》一文作为社论载于6月14日的《纽约每日论坛报》上。这一评论文章，以辩证唯物主义和历史唯物主义的观点分析了中国社会的特点，无情地揭露和严厉谴责了帝国主义国家对中国的侵略和掠夺。该文节录如下：

中国的连绵不断的起义已延续了10年之久，现在汇合成一场惊心动魄的革命；不管引起这些起义的社会原因是什么，也不管这些原因是通过宗教的、王朝的还是民族的形式表现出来，推动这次大爆发的毫无疑问是英国的大炮，英国用大炮强迫中国输入名叫鸦片的麻醉剂。清王朝的声威一遇到英国的枪炮就扫地以尽，天朝帝国万世长存的迷信破了产，野蛮的、闭关自守的、与文明世界隔绝的状态被打破，开始同外界发生联系，这种联系从那时起就在加利福尼亚和澳大利亚黄金的吸引之下迅速地发展起来。同时，这个帝国的银币——它的血液——也开始流向英属东印度。

　　在1830年以前，中国人在对外贸易上经常是出超，白银是不断地从印度、英国和美国向中国输出。可是从1833年，特别是1840年以来，由中国向印度输出的白银，几乎使天朝帝国的银源有枯竭的危险。因此皇帝下诏严禁鸦片贸易，结果引起了比他的诏书更有力的反抗。除了这些直接的经济后果之外，和私贩鸦片有关的行贿受贿完全腐蚀了中国南方各省的国家官吏。正如皇帝通常被尊为全中国的君父一样，皇帝的官吏也都被认为对他们各自的管区维持着这种父权关系。可是，那些靠纵容私贩鸦片发了大财的官吏的贪污行为，却逐渐破坏着这一家长制权威——这个广大的国家机器的各部分间的唯一的精神联系。存在这种情况的地方，主要正是首先起义的南方各省。所以几乎不言而喻，随着鸦片日益成为中国人的统治者，皇帝及其周围墨守成规的大官们也就日益丧失自己的统治权。历史好像是首先要麻醉这个国家的人民，然后才能把他们从愚昧状态中唤醒似的。

快乐的圣诞节

1853年的圣诞节,是马克思全家在英国伦敦过的第一个快乐的节日。这时,每天残酷地折磨着马克思夫妇的烦恼由于马克思和《纽约每日论坛报》建立了联系而终止了。马克思和燕妮的孩子们几乎整个夏天都在户外的公园里蹦蹦跳跳,家里还有樱桃、杨梅及葡萄。甚至在圣诞节,朋友们给孩子们带来了许多可爱的礼物,如洋娃娃、玩具手枪、食具、鼓和喇叭等玩物。

马克思给工人议会的信

根据英国宪章派领袖琼斯的倡议,英国的第一次工人议会于1854年3月6日至18日在曼彻斯特举行,马克思作为名誉代表受到邀请。由于不能亲自出席,他便于3月9日给工人议会写了封信。该信如下:

非常遗憾,我不能,至少目前不能离开伦敦,因此不可能亲自来表达我在接到要我作为名誉代表参加工人议会的邀请时所感到的骄傲和感激的心情。召开这个议会的事实本身,证明世界历史上的新时代已经到来。这个不平常的事件的消息将会唤起欧美各地工人的希望。

在世界各国当中,大不列颠是资本专横和劳动被奴役达到了顶点的国家。在任何一个国家中,对于拥有整批产业军的百万富翁和勉强度日的雇佣奴隶之间的中间阶层，都没有消灭得这样彻底。这里已经没有欧洲大陆各国那样的几乎在同等程度上依靠自己的财产和自己的劳动的人数众多的农民和手工业者阶级。在大不列颠，财产同劳动已经完全分离。因此在其他任何一个国家中，组成现代社会的两个阶级之间的战争都没有这样巨大的规模，没有这样清晰可见的轮廓。

正因为这样，大不列颠的工人阶级最先准备好，并且最先负有使命来领导最终必然使劳动得到彻底解放的伟大运动。它所以如此，是因为它清楚地认识到自己的地位，数量上的极大优势，过去的艰苦斗争的经验和现在的精神力量。

大不列颠的千百万工人第一个奠定了新社会的真实基础——把自然界的破坏力变成了人类的生产力的现代工业。英国工人阶级以不懈的毅力、流血流汗、绞尽脑汁，为使劳动变成高尚的事业并把劳动生产率提高到能造成产品普遍丰富的水平创造了物质前提。

英国工人阶级既然创造了现代工业的无穷无尽的生产力，也就实现了解放劳动的第一个条件。现在它应当实现解放劳动的第二个条件。它应当把这些生产财富的力量从垄断组织无耻的枷锁下解放出来，使它们受生产者的集体监督，这些生产者直到今天还在听任自己劳动的产品本身转过来反对自己，变成压迫他们自己的工具。

工人阶级征服了自然，而现在它应当去征服人了。工人阶级有足够的力量来胜利地完成这个事业，但是需要把所有这些力量组织起来，在全国范围内把工人阶级组织起来——我认为这就是摆在工人议会面前的伟大而光荣的目标。

如果工人议会仍然忠于使它产生的那个思想，未来的历史学家将这样来写：1854年英国有两个议会——伦敦议会和曼彻斯特议会，即富人的议会和穷人的议会，但是真正的人只出席了工人的议会而没有出席老板们的议会。

忠实于你们的　卡尔·马克思

小穆希去世带来的悲哀

马克思的爱子埃德加尔·马克思生于1847年,1855年不幸夭折,这对马克思夫妇是一个很大的打击。

1855年4月6日,是马克思全家处于极端悲痛的日子。这一天,马克思和燕妮的8岁儿子埃德加尔在马克思的怀抱中死去了。这一悲痛之事给马克思全家带来了极度的悲哀。当时燕妮伏在死去的孩子身上痛哭,琳蘅在一旁呜咽,马克思的女儿小燕妮和劳拉拉着母亲的手低声哭泣。

马克思前两个孩子的死是在他们1岁左右还没知事的情况下发生的,而这次儿子的死是在已经8岁的时候。这个孩子在家人的心目中有着深刻而美好的印象,他自小聪明活泼,深得父母的宠爱,家里人还为他起了一个绰号,叫他"穆希"。小穆希有一双可爱的眼睛,聪明的脑瓜,从小就喜欢唱歌,家里常常回荡着他那童稚的歌声。孩子的葬礼之后,马克思沉浸在悲痛之中,他坐着将头深深地埋在自己的两手中间,久久不肯动弹。

小穆希的死去,使这个家庭笼罩在一片阴郁而压抑的气氛之中,两个女儿脸色苍白,她们不再嬉戏,不再唱歌,因为这个小团体少了一个主力军。燕妮已经完全被悲痛所压倒,而马克思自己自从参加儿子的葬礼以后就患上了严重的头痛症,这个家几乎要垮下来了。

燕妮在给一个亲戚的信中写道:"把我生活中的一切痛苦,一切悲伤加在一起,也不如我开始料到我亲爱的孩子得的是什么病时所感受的无法形容的悲痛。他是一个可爱的善良的天使。他是我心中的宠儿,就像他是每个看到他那美丽、光辉的容貌的人的宠儿一样。他是我亲爱的卡尔的全部快乐,全部骄傲,全部希望。这个孩子特别亲昵而温顺地依恋他,他在病中一直要他的查理(他总是这样诙谐地称呼卡尔)永远守着他,背他,抱他,把双手放在他的头上。卡尔也真的有这样的力量,在惶惶不安的六个星期中没有离开过他,日夜守在他身旁。"

马克思在《人民报》创刊纪念会上的演说

1856年4月14日,马克思被邀请作为伦敦的外国流亡革命人士的正式代表,出席为纪念宪章派报纸《人民报》创刊四周年而举行的宴会。他利用请他第一个讲话的机会,做了关于无产阶级的世界历史使命的演说。马克思参加《人民报》的创刊纪念会这件事明显地说明了科学共产主义奠基人同英国宪章派保持着联系,马克思和恩格斯极力想在思想上影响英国无产阶级并且帮助宪章运动的领袖,以使英国工人运动在新的、社会主义基础上复兴起来。下面是演说的全文:

那些所谓的1848年革命,只不过是些微不足道的事件,是欧洲社会干硬外壳上的一些细小的裂口和缝隙。但是它们却暴露出了外壳下面的一个无底深渊。在看来似乎坚硬的外表下面,现出了一片汪洋大海,只要它动荡起来,就能把由坚硬岩石构成的大陆撞得粉碎。它们吵吵嚷嚷、模模糊糊地宣布了无产阶级解放这个十九世纪的秘密,十九世纪革命的秘密。

的确,这个社会革命并不是1848年发明出来的新东西。蒸汽、电力和自动纺机甚至是比巴尔贝斯、拉斯拜尔和布朗基诸位公民更危险万分的革命家。但是,尽管我们生活在其中的大气把两万磅重的压力加在每一个人身上,你们可感觉得到吗?同样,欧洲社会在1848年以前也没有感觉到从四面八方包围着它、压抑着它的革命气氛。

这里有一件可以作为我们十九世纪特征的伟大事实,一件任何政党都不敢否认的事实。一方面产生了以往人类历史上任何一个时代都不能想象的工业和科学的力量。而另一方面却显露出衰颓的征象,这种衰颓远远超过罗马帝国末期那一切载诸史册的可怕情景。

在我们这个时代,每一种事物好像都包含有自己的反面。我们看到,机器具有减少人类劳动和使劳动更有成效的神奇力量,然而却引起了饥饿和过度的疲劳。新发现的财富的源泉,由于某种奇怪的、不可思议的魔力而变成贫困的根源。技术的胜利,似乎是以道德的败坏为代价换来的。随着人类愈益控制自然,个人却似乎愈益成为别人的奴隶或自身的卑劣行为的奴隶。甚至科学的纯洁光辉仿佛也只能在愚昧无知的黑暗背景上闪耀。我们的一切发现和进步,似乎结果是使物质力量具有理智生命,而人的生命则化为愚钝的物质力量。现代工业、科学与现代贫困、衰颓之间的这种对抗,我们时代的生产力与社会关系之间的这种对抗,是显而易见的、不可避免的和毋庸争辩的事实。有些党派可能为此痛哭流涕;另一些党派可能为了要摆脱现代冲突而希望抛开现代技术;还有一些党派可能以为工业上如此巨大的进步要以政治上同样巨大的倒退来补充。可是我们不会认错那个经常在一切矛盾中出现的狡狯的精灵。我们知道，要使社会的新生力量很好地发挥作用，就只能由新生的人来掌握它们，而这些新生的人就是工人。工人也同机器本身一样，是现代的产物。在那些使资产阶级、贵族和可怜的倒退预言家惊慌失措的现象当中，我们认出了我们的好朋友、好人儿罗宾，这个会迅速刨土的老田鼠、光荣的工兵——革命。英国工人是现代工业的头一个产儿。当然，他们在支援这种工业所引起的社会革命方面是不会落在最后的，这种革命意味着他们的本阶级在全世界的解放，这种革命同资本的统治和雇佣奴役制具有同样的普遍性质。我知道英国工人阶级从上一世纪中叶以来进行了多么英勇的斗争，这些斗争只是因为资产阶级历史家把它们掩盖起来和隐瞒不说才不为世人所熟悉。为了报复统治阶级的罪行，在中世纪的德国曾有过一种叫作"菲默法庭"的秘密法庭。如果某一所房子画上了一个红十字，大家就知道，这所房子的主人受到了"菲默法庭"的判决。现在，欧洲所有的房子都画上了神秘的红十字。历史本身就是审判官，而无产阶级就是执刑者。

思念信（节录）

1856年5月22日，马克思的夫人燕妮带着女儿燕妮、劳拉、爱琳娜，前往家乡特利尔看望年迈的母亲。这一行动使家里突然空了起来，马克思感到特别孤独。马克思和燕妮的爱情生活，是随着岁月的流逝和生活的磨难而日益向纵深发展的。他们的爱情既不是单调的，也不是简单的情意缠绵，而是有着共同的奋斗目标，在极其艰苦的道路上相互理解、相互体谅、相互照顾，结成了深厚的爱情。下面是马克思在燕妮探望母亲期间给燕妮的信。信中写道：

我的亲爱的：

我又给你写信了，因为我孤独，因为我感到难过，我经常在心里和你交谈，但你根本不知道，既听不到也不能回答我。你的照片纵然照得不高明，但对我却极有用，现在我才懂得，为什么"阴郁的圣母"，最丑陋的圣母像，能有狂热的崇拜者。无论如何，这些阴郁的圣母像中没有一张像你这张照片那样被吻过这么多次，被这样深情地看过并受到这样的崇拜；你这张照片即使不是阴郁的，至少也是郁闷的。

暂时的别离是有益的，因为经常的接触会显得单调，从而使事物间的差别消失。甚至宝塔在近处也显得不那么高，而日常生活琐事若接触密了就会过度地胀大。热情也是如此。日常的习惯由于亲近会完全吸引住一个人而表现为热情，只要它的直接对象在视野中消失，它也就不再存在。深挚的热情由于它的对象的亲近会表现为日常的习惯，而在别离的魔术般的影响下会壮大起来并重新具有它固有的力量。我的爱情就是如此。只要我们一为空间所分隔，我就立即明白，时间之于我的爱情正如阳光雨露之于植物——使其滋长。我对你的爱情，只要你远离我身边，就会显示出它的本来面目，像巨人一样的面目。在这爱情上集中了我的所有精力和全部感情。我又一次感到自己是一个真正的人，因为我感到了一种强烈的热情。

诚然，世间有许多女人，而且有些非常美丽。但是哪里还能找到一副容颜，它的每一个线条，甚至每一处皱纹，能引起我的生命中的最强烈而美好的回忆，甚至是我的无限的悲痛，我的无可挽回的损失，我都能从你的可爱的容颜中看出，而当我遍吻你那亲爱的面庞的时候，我也就能克制这种悲痛。

短促的喘息时间

1856年夏天,燕妮的母亲去世后,她获得了几百塔勒的遗产。这种情况,使得马克思一家在秋天从条件非常差的不利于健康的住处,搬到一个条件较好的住处(哈佛斯托克小山,梅特兰公园路,格拉弗顿巷9号)。燕妮在给一位女友的信中写道:

> 这里和我们先前住过的小破房子比起来,真像是公侯的府第,虽然房子里的一切陈设只花了四十英镑多一点……但是最初一段时间我在我们舒适的客厅里总觉得自己真是一个贵人。所有窗帘台布之类的东西和先前剩下来点缀排场的那些东西都被我们从当铺里赎了出来,而我又能满意地使用那些还是苏格兰旧制的织花麻布餐巾了。但是好景不长:这些东西很快又得一件件地送进当铺;不过当时的舒适生活总还使我们快活了一阵子。

马克思剖析英中冲突

1857年1月7日,马克思就英国和中国爆发的鸦片战争写了《英中冲突》一文,对战争予以深刻剖析,指出了英国负有鸦片战争爆发的全部责任。该文作为社论载于1857年1月23日《纽约每日论坛报》第4918号上。该文节录如下:

> 昨天早晨由"亚美利加号"轮船带到的邮件,有许多是关于英国人在广州同中国当局的冲突和海军上将的军事行动的文

件。我们认为，每一个公正无私的人在仔细地研究了英国当局同中国当局之间往来的公函以后，一定会得出这样的结论：在全部事件过程中，错误是在英国人方面。英国人硬说，造成冲突的原因似乎是某些中国官员没有向英国领事提出请求而自行登上了停泊在珠江江面的一只划艇，强行带走了几名中国罪犯，并且扯下了飘扬在划艇桅杆上的英国国旗。但是，正如伦敦《泰晤士报》所写的，"这里的确有许多引起争论的问题，如划艇是否悬挂着英国国旗，领事采取的措施是否完全正确等"。提出这样的怀疑是有根据的，如果我们记得，领事硬套用于这只划艇的条约规定，只适用于英国船只；可是，许多材料都表明，这只划艇，从任何正确意义上来看，都不是英国的。

马克思抨击英国侵华的残暴行为

1857年3月下旬，马克思依据大量事实写了《英人在华的残暴行动》一文，有力地抨击了英国侵华的许多残暴行为。该文作为社论载于1857年4月10日《纽约每日论坛报》第4984号上。该文节录如下：

英国报纸对于旅居中国的外国人在英国庇护下每天所干的破坏条约的可恶行为真是讳莫如深！非法的鸦片贸易年年靠摧残人命和败坏道德来填满英国国库的事情，我们一点也听不到。外国人经常贿赂下级官吏而使中国政府失去在商品进出口方面的合法收入的事情，我们一点也听不到。对那些被卖到秘鲁沿岸去当不如牛马的奴隶、被卖到古巴去当契约奴隶的受骗的华工横施暴行"以至杀害"的情形，我们一点也听不到。外国人常常无耻地欺凌性情柔弱的中国人的情形以及这些外国人带到各通商口岸去的伤风败俗的弊病,我们一点也听不到。我们所以听不到这一切以及更多得多的情况,首先是因为在中国以外的大多数人很少关心这个国家的社会和道德状况;其次是因为按照精明和谨慎的原则不宜讨论那些不能带来钱财的问题。因此,坐在家里而眼光不超出自己买茶叶的杂货店的英国人,就完全可以把政府和报纸塞给公众的一切胡说吞咽下去。

与此同时,在中国,压抑着的、鸦片战争时燃起的仇英火种,爆发成了任何和平和友好的表示都未必能扑灭的愤怒烈火。

马克思关心恩格斯的健康

1857年7月11日,马克思在英国伦敦给在曼彻斯特的恩格斯写信,对恩格斯的身体健康十分关心。该信如下:

亲爱的弗里德里希:

当前最重要的事自然是恢复你的健康。德纳那里我设法再拖延一下。你可不必为此操心。下星期我寄给你一些古代军事方面的东西。

我听说,哈斯廷斯是对你的病真正有好处的英国唯一的天然疗养地。所以上那儿去吧,因为你的病毕竟应该认真对待。不管黑克舍尔先生有什么看法,应用铁剂作为防止病情进一步恶化的措施无论如何是合理的。对此你还应当与第三个医生商量一下。应该认为,这些先生们每人仅仅知道一部分,因此以一个检查另一个是很好的。

我的妻子正在复原。可是她的情况还使我难于离开家。动产信用公司的进展和波拿巴的整个财政情况表明,革命临近了。

殷切地希望你恢复健康。

你的 卡·马

马克思高度评价恩格斯《军队》一文

1857年，马克思和恩格斯参加了《美国新百科全书》的编写工作。他们通过对欧洲1848年革命经验的总结，清楚地看到武装斗争的重要意义，因此，选择了关于军事问题的条目。《军队》一文，是恩格斯所承写的首批条目之一。马克思读过《军队》一文后，觉得恩格斯写得很好，论述很精辟，便于1857年9月25日写信给恩格斯，给予了高度评价。下面是该信的节录：

你的《军队》一文写得非常好，只是它的分量之大就像给了我当头一棒，因为这么多的工作一定会损害你的健康。如果我知道你一直要工作到深夜，那我宁愿让这一切见鬼去。

军队的历史比任何东西都更加清楚地表明，我们对生产力和社会关系之间的联系的看法是正确的。一般说来，军队在经济的发展中起着重要的作用。例如，薪金最初就完全是在古代的军队中发展起来的。……大规模运用机器也是在军队里首先开始的。甚至金属的特殊价值和它作为货币的应用，看来最初（格林石器时代以后）也是以它在军事上的作用为基础的。部门内部的分工也是在军队里首先实行的。此外，市民社会的全部历史非常明显地概括在军队之中。如果今后有时间，你应当从这个观点去探讨这一问题。

"将军"的由来

在马克思的家里，流行着一个十分令人惊奇的名字——"将军"。这是马克思的女儿等人根据恩格斯的军事才能为他起的绰号。

在恩格斯的一生中，只从事了一年军事职业，但他根据自己对当时一些交战双方情况的了解，分析问题准确透彻，被人称为料事如神、随机应变、明察秋毫、当机立断、沉着冷静的军事家。

实际上，恩格斯参加过好几次战斗，包括参加牟尔克城下的决战，所有在火线上看见过他的人，很久以后都还在谈论他那种镇静和漠视任何危险的精神。1870年普法战争爆发，恩格斯几乎无时无刻不在注视着这次战事的发展。他发表在《派尔·麦尔新闻》上的关于战争的论文证明了他的军事知识的渊博。他不止一次地预测到法军的失败。早在德军为打击法军北线军队而集中兵力时，他就在《派尔·麦尔新闻》上预言说，如果麦克马洪不能率领他的军队突围进入比利时，那么德国军团的铁环就会紧紧地箍住他，强迫他在色当谷地投降。两个星期以后，事实竟真是这样。

在军事思想方面，恩格斯曾撰写和发表过许多重要的文章。

由于恩格斯在军事上很有才能，为此曾多次受到任职邀请，关于这一点，恩格斯这样写道：

> 自然，也曾经有人建议我去担任许多文职和武职，如果在无产阶级的运动中，我会毫不犹豫地接受这样的职位，但在当时的条件下，我都一概拒绝了。我唯一同意的一件事，就是为临时政府在普法尔茨广泛推销的小报纸撰写几篇宣传性的论文。我知道，这样也是毫无作用的，但是由于德斯特尔和政府的某些成员

的一再请求,我终于接受了这个工作,这样至少也可以证明我的善意。当然,由于我在用语上不十分客气,第二篇文章就遭到了反对,被认为是过于"刺激人的"论文;我没有多费唇舌便收回了文章,当着德斯特尔的面撕毁了,事情也就到此为止。

顽强与疾病抗争

青年时代的马克思,曾经有过一个强健的和值得骄傲的体魄。但后来随着生活的艰辛和理论研究工作的紧张,马克思的身体逐渐衰弱,先后患有肝病、气喘病、痛病等,为自己的健康和家庭生活带来了极大的不幸,对于工作的损害更大。1858年3月29日,马克思从大英博物馆给恩格斯的信中写道:"我又生重病,已经两个星期了,现在开始服治肝病的药。夜间不断工作和白天家庭经济状况引起的许多细小烦恼使得我最近经常发病。"

1858年4月底,由于马克思坚持工作,他的肝病继续加重,他向恩格斯这样诉说道:"我长久没有写信,可以用一句话向你解释,就是不能执笔。这不仅是就写作而言,而且是就这句话的本来意义而言的(在某种程度上,现在也是这样)。给《论坛报》一定要写的少数几篇文章,我是向妻子口授的,但就是这一点,也只是在服用烈性兴奋剂之后才做到的。我的肝病还从来没有这样厉害地发作过,一度曾担心肝硬化。医生要我去旅行,但是,第一,经济情况不许可,第二,天天希望能够再坐下来工作。总是渴望着手工作而又不能做到,结果倒使得情况恶化了。不过一星期来已有好转,但还不能工作。要是坐上几个钟头,写写东西,过后就得躺好几天不能动。我焦急地盼望这种状况到下星期能够结束。这事来得太不是时候了。显然是我在冬季夜里工作过度所致。"

马克思在病情稍有好转时就急于工作，在医生劝阻下才放下手里的工作。恩格斯知道后，多方面给予了极大安慰，并建议马克思到曼彻斯特进行旅游疗养。除此之外，在因生病中断理论研究工作时，马克思就读一些比较轻松的自然科学方面的书，调剂一下脑子，丰富自己的自然科学知识。马克思在给恩格斯的信中写道："在这一段完全不能工作的时期里，我读了卡本特尔的生理学和洛尔德的生理学，科利克尔的组织学，施普茨海姆的大脑系统及神经系统解剖学，施旺和施莱登关于细胞的著作。"马克思就是这样，舍不得把时间白白浪费掉，总是抓紧时间，设法用一切知识来充实自己。

马克思对不平等条约的评论

19世纪50年代，英国和法国等西方列强对中国悍然发动了第二次鸦片战争后，强迫腐朽的清朝政府签订了一系列不平等条约。当马克思看到英国公布的英中条约摘要后，于1858年9月写了《中国和英国的条约》这篇评论文章，发表在美国《纽约每日论坛报》上。节录如下：

> 英国政府终于公布的关于英中条约的正式摘要，同由其他各种渠道传开的消息比较，大体上所增无几。第一款和最后一款实际上包括了条约中纯粹有关英国利益的各点。根据第一款，《南京条约》缔结以后所规定的"善后旧约并通商章程""作为废纸"。这一补充条约曾规定：驻香港和驻五个为英国贸易开放的中国口岸的英国领事，如遇装载鸦片的英国船只驶入其领事裁判权所辖地区，应与中国当局协同处理。这样，英国

商人在形式上被禁止输入这种违禁的毒品,而且英国政府在某种程度上充当了天朝帝国的一个海关官吏角色。第二次鸦片战争以解除第一次鸦片战争还在表面上加于鸦片贸易的束缚而告终,看来是十分合乎逻辑的结果,是那些特别热烈鼓掌欢迎帕麦斯顿施放的广州焰火的英国商界殷切期望得到的成就。可是,如果我们以为英国正式放弃它对鸦片贸易的假惺惺的反对,不会导致与预期完全相反的结果,那就大错而特错了。中国政府请英国政府协同取缔鸦片贸易,也就是承认了自己依靠本身的力量不能做到这一点。《南京条约》的补充条约是为了借助外国人的帮助来取缔鸦片贸易而做的最大的、也可以说是绝望的努力。既然这种企图遭到了失败——而现在是公开宣布失败——既然鸦片贸易就英国来说现在已经合法化了,那么毫无疑问,中国政府无论从政治上或财政上着想,都将会试行一种办法,即从法律上准许在中国种植罂粟并对进口的外国鸦片征税。不论当前的中国政府意向如何,《天津条约》给它造成的处境本身就给它指出了这条路。

恩格斯抨击俄国侵略中国的凶残

19世纪中叶,当英国和法国侵略军联合向中国发动第二次鸦片战争时,俄国便乘机而入,采取军事强占和外交讹诈相结合的手段,掠夺了中国的大片领土。对此,恩格斯于1858年10月下旬写了《俄国在远东的成功》的评论文章,发表在《纽约每日论坛报》上。下面是该文的节录:

当英国和法国对中国进行一场代价巨大的战争时,俄国保持

1840年英国发动鸦片战争，对中国进行武装侵略。图为清军与英军正在中国海面激战。

中立，到战争快结束时才插手干预。结果，英国和法国对中国进行的战争只是让俄国得到了好处。这一回俄国的处境可真是再顺利没有了。摇摇欲坠的亚洲帝国正在一个一个地成为野心勃勃的欧洲人的猎获物。这里又有一个这样的帝国，它很虚弱，很衰败，甚至没有力量经受人民革命的危机，而是把一场轰轰烈烈的起义都变成了看来无法医治的慢性病；它很腐败，无论是控制自己的人民，还是抵抗外国的侵略，一概无能为力。正当英国人在广州同中国的下级官吏争执不下，英国人自己在讨论叶总督是否真是遵照中国皇帝的意旨行事这一重要问题的时候，俄国人已经占领了黑龙江以北的地区和该地区以南的大部分满洲海岸；他们在那里建筑了工事，勘测了一条铁路线并拟定了修建城市和港口的规划。当英国终于决定打到北京、而法国也希望捞到一点好处而同英国联合起来的时候，俄国——尽管就在此时夺取了中国的一块大小等于法德两国加在一起的领土和一条同多瑙河一样长的河流——竟能以处于弱者地位的中国人的无私保护人身份出现,而且在缔结和约时俨然以调停者自居;如果我们把各国条约比较一下,就必须承认:这次战争不是对英、法而是对俄国有利,已成为昭然若揭的事实。

……

事实是,俄国正在迅速地成为亚洲的头等强国,它很快就会在这个大陆上压倒英国。由于征服了中亚细亚和吞并了满洲,俄国使自己的领地增加了一块像除俄罗斯帝国外的整个欧洲那样大的地盘,并从冰天雪地的西伯利亚进入了温带。中亚细亚各河流域和黑龙江流域,很快就会住满俄国的移民。这样获得的战略阵地对于亚洲,正如在波兰的阵地对于欧洲一样,具有重要的意义。占领图兰威胁着印度;占领满洲威胁着中国。而中国和印度,两国共有 45000 万人口,现在是亚洲举足轻重的国家。

马克思致信恩格斯

1859 年初,马克思经过长时间的艰苦创作,写完了《政治经济学批判》手稿,准备出版。但由于马克思没钱,他付不起邮资和保险金,况且马克思没有手稿的副本,这样保险金就是必要的。

在这样的情况下,马克思只得又写信向恩格斯求救:"所以我又不得不请你在星期一以前寄点钱来(邮局在托登楠大院路的拐角上)。如果你能寄来两英镑,那就好了,因为我把几笔小额债务的付款日期推迟到星期一,到期绝不能再拖了。你也理解,恰好在现在,正当你把开在弗莱里格拉特名下的期票的款项刚刚付清或正要付款的时候,我又来逼你,我是多么难受呵。但这是万不得已。……未必有人会在这样缺货币的情况下来写关于'货币'的文章!写这个问题的大多数作者都同自己研究的对象有最好的关系。"

马克思致信斐迪南·拉萨尔

1859年2月25日，马克思在英国伦敦哈佛斯托克小山梅特兰公园格拉弗顿坊9号写信给斐迪南·拉萨尔，介绍了恩格斯对军事问题的深入研究和令人叹服的军事见解。该信节录如下：

恩格斯打算发表（先用匿名）一本名叫《波河与莱茵河》的小册子。

主要内容：从军事上，即从军事科学上证明，用以论证奥地利人必须占领明乔河一线以保卫德国的一切理由，完全适于论证法国必须以莱茵河为疆界以保卫自己；其次，虽然明乔河一线对奥地利有切身的利害关系，但是对作为统一的大国的德国却没有任何利害关系，意大利在军事上受德国的统治将一直继续到整个瑞士不再是法国的属地的时候为止。小册子主要是针对奥格斯堡《总汇报》的战略家们的，而总的说来，自然是充满了民族精神，反对波拿巴先生。

我可以以我的整个"判断力批判"担保，这本小册子的出版几乎不需要任何费用，因为只有几个印张，在目前出版它简直是出版社的一桩（真正的）投机生意。

恩格斯在参加巴登战局以来，已经把军事作为他的研究专业。并且，正如你所知道的，他写的文章非常令人信服。

但是出版商必须为作者保守秘密，直到作者本人揭开这个秘密为止。你可以相信，人们将会怀疑作者是普鲁士的大军事作家。

《〈政治经济学批判〉序言》发表

1858年8月至1859年1月,马克思对他在1857年至1858年间写好的《政治经济学批判》手稿重新进行了修改整理,同时写了序言,于1859年6月在柏林出版。《〈政治经济学批判〉序言》有巨大的理论意义和独立的科学意义,其中对马克思所发现的唯一科学的唯物主义历史观的实质做了精辟的说明,对历史唯物主义实质本身下了经典性的定义。以下是序言的节录:

为了解决使我苦恼的疑问,我写的第一部著作是对黑格尔法哲学的批判性的分析,这部著作的导言曾发表在1844年巴黎出版的《德法年鉴》上。我的研究得出这样一个结果:法的关系正像国家的形式一样,既不能从它们本身来理解,也不能从所谓人类精神的一般发展来理解,相反,它们根源于物质的生活关系,这种物质的生活关系的总和,黑格尔按照18世纪的英国人和法国人的先例,概括为"市民社会",而对市民社会的解剖应该到政治经济学中去寻求。我在巴黎开始研究政治经济学,后来因基佐先生下令驱逐移居布鲁塞尔,在那里继续进行研究。我所得到的、并且一经得到就用于指导我的研究工作的总的结果,可以简要地表述如下:人们在自己生活的社会生产中发生一定的、必然的、不以他们的意志为转移的关系,既同他们的物质生产力的一定发展阶段相适合的生产关系。这些生产关系的总和构成社会的经济结构,即有法律的和政治的上层建筑竖立其上并有一定的社会意识形态与之相适应的现实基础。物质生活的生产方式制约着整个社会生活、政治生活和精神生活的过程。不是人们的意识决定人们的存在，相反，是人们的社会存在决定人们的意识。社会的物质生产力发展到一定阶段，便同它们一直在其中运动的现存生产关系或财产关系（这只是生产关系的法律用语）发生矛盾。于是这些关系便由生产力的发展形式变成生产力的桎梏。那时社会革命的时代就到来了。随着经济基础的变更，全部庞大的上层建筑也或慢或快地发生变革。在考察这些变革时，必须时刻把下面两者区别开来：一种是生产的经济条件方面所发生的物质的、可以用自然科学的精确性指明的变革，一种是人们借以意识到这个冲突并力求把它克服的那些法律的、政治的、宗教的、艺术的或哲学的，简言之，意识形态的形式。我们判断一个人不能以他对自己的看法为根据，同样，我们判断这样一个变革时代也不能以它的意识为根据；相反，这个意识必须从物质生活的矛盾中，从社会生产力和生产关系之间的现存冲突中去解释。无论哪一个社会形态，在它所能容纳的全部生产力发挥出来以前，是决不会灭亡的；而新的更高的生产关系，在它的物质存在条件在旧社会的胎胞里成熟以前，是决不会出现的。所以人类始终只提出自己能够解决的任务，因为只要仔细考察就可以发现，任务本身，只有在解决它的物质条件已经存在或者至少是在生成过程中的时候，才会产生。大体说来，亚细亚的、古代的、封建的和现代资产阶级的生产方式可以看作是经济的社会形态演进的几个时代。资产阶级的生产关系是社会生产过程的最后一个对抗形式，这里所说的对抗，不是指个人的对抗，而是指从个人的社会生活条件中生长出来的对抗；但是，在资产阶级社会的胎胞里发展的生产力，同时又创造着解决这种对抗的物质条件。因此，人类社会的史前时期就以这种社会形态而告终。

剩余价值学说的产生

1859年出版的马克思成熟的科研专著《政治经济学批判》，不仅科学地阐述了历史唯物主义理论，而且还科学地论证了剩余价值学说，揭开了在资本主义社会制度下资本家剥削工人的秘密。

剩余价值是工人用剩余劳动时间所创造的，被资本家所无偿占有的那一部分劳动。例如：资本家只需用6小时的价值作为工资就能换来工人一天的劳动，而在这一天的劳动时间里他能够通过各种手段强迫工人劳动12个小时，从而创造12个小时的价值。这样，资本家就用6小时的价值不等价地换取了工人12小时的价值。资本家从这一不等价的交换中多赚取的6小时价值，马克思称之为剩余价值。

榨取剩余价值是资本家的唯一动机和目的，剩余价值生产是资本主义生产的实质，它决定资本主义的产生、发展和灭亡，剩余价值规律是资本主义的基本经济规律。

同时，剩余价值理论是马克思主义政治经济学的基石，它揭露了资本主义剥削的秘密，科学地阐明了资本主义被社会主义代替的必然性，使社会主义由空想变成了科学，成为无产阶级争取解放斗争的伟大思想武器。

对达尔文科学巨著的高度重视

1859年,达尔文划时代的科学巨著《物种起源》出版了,这部巨著系统地阐述了生物进化论。这部著作刚刚问世,就立即引起了恩格斯的高度重视。1859年12月11日,恩格斯写信给马克思,说他正在阅读和研究达尔文的《物种起源》,并对此书给予了高度评价,认为它写得简直好极了。

恩格斯认为,达尔文的生物进化论彻底驳倒了上帝造物的目的论和"物种不变论"等唯心主义、形而上学观念,揭示了整个生物界的发生发展的客观规律,说明了人类起源于猿,人的意识由动物心理发展而来,这就为科学揭示人类意识的起源奠定了自然科学基础。

愉快的郊游

19世纪50年代,马克思的孩子还处在童年的时候,星期天只要天气好,马克思一家和朋友就经常一块到伦敦附近的汉普斯泰特荒阜散步游玩,这是一件十分愉快的事情。

当时,位于樱草丘外的汉普斯泰特"荒阜",大部分是荒地,满地遍生着金雀花和小树丛,布满了小山幽谷的丘陵地带,人们可以在这里任意邀游。

来到这里玩的时候,马克思的几个孩子都非常高兴。出发前,大人们把一切收拾停当，把孩子们装束好，把吃用东西准备好，放在篮子内。

旅途中行进的次序通常是这样配置的，两个小女孩和客人走在前面，有时一边走一边做体操，有时折

樱草丘公园

野花，接着是马克思夫妇，后边是提篮子的琳蘅等人。到达荒阜以后，大家坐下来吃点东西，休息一会儿，孩子们甚至高兴地在小树丛里捉起迷藏来。有时大家进行赛跑、投石头等运动，有时大家还很开心地进行"骑驴子"活动。由于十分高兴，大家在一起笑呵、叫呵、闹呵！情景非常欢乐！

归途同样是快乐的。但与来时的次序有了变化。孩子们跑了一天疲倦了，便同琳蘅在一起走在后面。篮子空了，琳蘅走起来也轻快些。

路上，大家常常爱唱歌。当然政治性的歌很少，主要是民歌，尤其是感情洋溢的歌和关于"祖国"的"爱国"歌——"噢，斯特拉斯堡，噢，斯特拉斯堡，你这个美妙的城哟！"这个歌大家特别喜欢唱。有时孩子们给大家唱黑人歌，或跳黑人舞。但有的时候，马克思还会成段地给大家背诵但丁的《神曲》。在背诵莎士比亚的剧词时，对莎士比亚有研究的燕妮常常会代替马克思为大家背诵……

在这块芬芳草地上游玩，给马克思一家人和许多亲朋好友留下了美好的印象。

1860 年至 1865 年

马克思的论战性著作发表

马克思(1861年5月初摄于伦敦)

1860年2月至11月,马克思放下经济学的研究,写了《福格特先生》这部论战性著作。

福格特(1817—1895)是德国庸俗唯物主义者,小资产阶级民主主义者,自称其哲学是一种"生理学人本主义"。他以纯粹的生理学观点来解释思维活动和精神现象,抹杀思想和存在的原则区别,并用这种庸俗唯物主义观点来解释社会历史。19世纪五六十年代,他曾著文污蔑和攻击马克思是一个颠覆性的秘密组织的头目,曾勒索、密告革命者和印制假钞票。对这种诽谤,马克思向普鲁士法院提起了诉讼,但被拒绝受理。对此,马克思写了这部论战性的著作,对其加以透彻的揭露和驳斥。

书中,马克思逐条地揭穿了福格特对无产阶级政党及其活动家的诽谤,叙述了共产主义者同盟产生和活动的真实情况,阐明了同盟活动的历史条件、它的性质和目的以及同宗派主义者和庸俗小资产阶级民主主义者斗争的重要意义;揭露了福格特的假民主主义和其在50年代就是波拿巴雇佣的代理人的面目。

总之，马克思认为，同福格特的斗争对于党在历史上的声誉和在德国的未来地位具有决定性意义。

敌人的攻击造成的伤害

19世纪中叶，马克思在埋头研究政治经济学的同时，还非常关注和支持各国人民的革命运动。这两项工作都是非常不容易的，贫病交加的生活状况使得这本来就非常不容易的工作变得更加艰难。

这期间，马克思与拉萨尔、福格特、弗莱里格拉特的纠纷都是不愉快的，这不仅给马克思，也给马克思的家庭带来了伤害，其中燕妮受到的伤害更加明显。1860年11月，燕妮由于心灵上受到的伤害——这不仅是由于福格特对马克思、对共产主义者同盟组织的攻击，而且也是由于弗莱里格拉特在马克思需要他帮助的关键时刻，竟然离马克思而去，这对于燕妮来说无异于雪上加霜；再加上她身体上的疲劳——她以最快的速度为马克思抄写了全部《福格特先生》的书稿，后来，她那虚弱的身体终于支撑不住了。书稿刚刚抄写完毕送出去排印，燕妮就病倒了。马克思赶紧请来了医生，医生在仔细地检查完毕之后沉默了半天，不得不沉

马克思夫人和大女儿燕妮·马克思

重地对燕妮说:"亲爱的马克思夫人,我遗憾地对您说,您得了天花,孩子们必须立刻离开这所房子。"

医生的诊断给全家人带来了恐惧和悲伤。面对这一情况,马克思一家的老朋友李卜克内西伸出援助之手,将三个孩子接到了自己家。

孩子们走后,燕妮的病越来越厉害,尤其是脸上像火烧般疼痛。最后,燕妮除了意识还清醒,失去了一切知觉。她两眼紧闭,灼热的嘴唇上放着冰块。马克思怀着忐忑不安的心情日夜守护在燕妮的身旁。

后来,一方面由于马克思和琳蘅周到体贴的照顾,一方面由于燕妮自身的抵抗力,她逐渐战胜了疾病,只是脸上留下了疤痕。圣诞节的夜晚,孩子们回到了自己家中。当孩子们见到满脸伤疤的母亲时,一个个惊得目瞪口呆,她们好不容易才忍住了自己的眼泪。

恩格斯一封减轻母亲苦恼的信

1860年3月20日,恩格斯的父亲突然因患伤寒而去世。为了遗产的分配问题,恩格斯的弟弟和妹妹们发生了争执,但后来又联合起来一致对付恩格斯这个长子。他们剥夺了本来应由长子继承的在德国两家公司的经理职位,并使恩格斯失去了在这两家公司的股东和遗产继承的资格,理由是恩格斯对商业不重视。为了减轻母亲在分配遗产中的苦恼,恩格斯牺牲了巨大的经济利益。他对母亲在解决这一难题中的处境给予了充分的理解,为此,他给母亲写了一封减轻苦恼、充满人情味的信。恩格斯在1861年2月13日写的信中说:

亲爱的妈妈：

七份签了字的契约寄还，第八份留在我这里。应当说，如果不是因为您，我很难决定走这一步。肯定能留给我们的父亲的企业就只有这一家，要我自己放弃它，心里很难过，况且，我认为这样随便地放弃，并没有足够的根据或理由。我认为对这个企业我也有一份权利。……我的要求是绝对合理的，而

恩格斯的母亲

且我又是非常及时地提了出来，以便在讨论这个问题时被考虑进去。当艾·布兰克在这里的时候，他承认我是完全正确的。但是在这以后，什么也没有通知我，只是当其余的人把一切都已商量好了，才要求我同意放弃自己的意见，作为说明的一些理由（在艾米尔的信中），也许带有非常务实的性质，但是这种理由我是无论如何决不会提出来对付自己的弟弟们的。留给我的唯一慰藉只是艾米尔的保证，即他艾米尔确信哥特弗利德·欧门决不会破坏他同我订的契约。但是他的这种信念被我们的律师否定了，律师曾不止一次地对艾米尔说过，契约本身不能给我提供任何合法的保障。弟弟们得到的是在恩格耳斯基尔亨的企业，而我得到的却是艾米尔的"信念"。

亲爱的妈妈，为了您，我克制住了这一切以及许多其他事情。世上的任何东西都丝毫不能使我让您在晚年因家庭遗产纠纷而黯伤。我认为，无论是我在您那里时的表现或是我的信件，都清楚不过地证明，我丝毫没有阻碍达成某种协议的意图，相反我

愿意做出牺牲顺着您的愿望来解决一切。因此我也不多说什么，就签署了这个文件。我决不让这样的问题再来烦扰您，惊动您。我不会为此生弟弟们的气，只要他们以后不是逼得我非提不可。我甚至不愿意再对他们提起这件事。我认为这件事算是结束了，我也不打算夸耀我认为我所做的牺牲。不过我应当坦率地告诉您，我在这件事上主要考虑的是什么；自然，我根本没有设想您能使事情解决得对我更有好处一些。相反，我知道在每次谈判的时候，您也总是想到了我，并且为我做了您所能做的一切。

　　问题解决了，事情就算结束了。您任何时候也不会再听到我对这件事的意见，自然，要是艾米尔到这里来，我一定像往常那样尽我兄弟之谊。尽管我同他在这个问题上意见有分歧，但是他毕竟是一个非常好的小伙子，他在这里的时候对我的利益是很关心的。

　　睡衣已经收到，来得正好，因为天又冷了。但是红色的镶条有些不合这里的风尚。我还有一只会捕鼠的小狗，它现在成了我家里的伙伴。

　　希望您感冒已经痊愈，并且希望，摆脱与遗产有关的一切忧虑会对您产生良好的作用。而济克应当尽可能买下来！

　　衷心问候海尔曼、鲁道夫全家、布兰克全家和博林全家。

热爱您的儿子　弗里德里希

马克思高度评价恩格斯的军事才能

　　由于恩格斯参加战斗的实践经验和长期对军事理论的钻研，在军事理论方面的成就也得到了资产阶级军事专家和军事理论刊物的承认，认为恩格斯是一流的军事专家和军事理论权威。马克思则多次高度评价恩格斯广博的军事知识素养和高深的军事理论造诣，认为无产阶级应当为拥有恩格斯这样的军事家而感到自豪。1861年5月7日，马克思在给恩格斯的信中说：

> 关于你的《波河与莱茵河》等，哈茨费尔特——她在她姐夫冯·诺斯提茨将军家里能见到所有普鲁士将官；她的外甥，另一个诺斯提茨，是"美男子威廉"的侍卫官——告诉我说，军界的高级和最高级人士（包括弗里德里希-卡尔亲王周围的人）都把你的书看成是一个不愿露名的普鲁士将军的著作。据陪审官弗里德兰德（维也纳《新闻报》编辑的兄弟）告诉我，维也纳也都这样认为。我亲自同普富尔将军谈过这事，他现在82岁，但精力依然充沛，思想非常激进。

马克思喜欢小孩

对于孩子，马克思非常喜爱。生活中，他不仅是个最温和的父亲，能够像小孩子一样和他的孩子们一起玩上几个钟头，而且平时遇见的陌生孩子，尤其是那些穷苦无靠的孩子们，对他也像有吸引力似的。马克思与同事一起访问贫民住宅的时候，他曾多次忽然离开同事去抚摸那衣衫褴褛坐在门口的孩子的头，并把一便士或半便士钱塞在他小手里。

马克思与孩子们一起散步游玩的时候，对马克思来说是一种愉快的休息。在这种情况下，马克思同孩子们一块跑跳，和他们玩各种最热闹最好玩的游戏。总之，马克思这时也变成了一个孩子。

与拉萨尔主义的坚决斗争

从 19 世纪 60 年代开始,拉萨尔主义在德国工人运动中产生了巨大的影响,直接影响和危害着在德国创建无产阶级政党的工作。因此,恩格斯和马克思积极开展了批判拉萨尔主义的斗争。

斐迪南·拉萨尔,1825 年出生于东普鲁士布勒斯劳城的一个犹太富商家庭。1842 年后,进大学学习哲学等专业,倾心于黑格尔哲学,同时受空想社会主义的影响,同情工人运动。1848 年德国革命期间结识马克思。1848 年 11 月,因响应武装反对王室而被捕,判处 6 个月监禁。革命失败后,曾为隐藏、援助革命者及其家属,做过一些工作,并同马克思、恩格斯保持通讯联系。1862 年 7 月,在工人运动的路线和策略问题上同马克思发生根本对立。马克思鉴于他坚持机会主义观点,认为同他在政治上毫无共同之处,从而断绝了与他的关系。1863 年 5 月,他当选为全德工人联合会主席,对统一德国工人运动曾起过作用,但同时把自己一整套机会主义观点灌输到工人运动中去。他反对马克思的剩余价值学说和工资理论,提出所谓"铁的工资规律",妄图使工人放弃经济斗争和政治斗争;

斐迪南·拉萨尔(1825—1864),全德工人联合会创建人之一,对统一德国工人运动曾起过作用,但同时把一整套机会主义观点灌输到工人运动中去。

还在工人中宣扬国家是使"社会走向自由的工具",普选权可以把普鲁士君主国变为"自由国家";主张依靠国家帮助建立生产合作社,和平实现社会主义;污蔑农民是"反动的一帮"等。在此期间,他曾秘密同普鲁士和德国容克地主阶级的政治家和外交家、镇压工人运动的罪魁俾斯麦频繁通信和交往。

1864年9月3日,当恩格斯从马克思那里得到拉萨尔因为一个女人而与人决斗死亡的消息后,对拉萨尔作了这样一个评价:"且不论拉萨尔在品性上、在著作上、在学术上究竟是个什么样的人,但是他在政治上无疑是德国最重要的人物之一。对我们来说,目前他是一个很不可靠的朋友,在将来是一个相当肯定的敌人,然而看到德国如何把极端政党的所有比较有才干的人都毁灭掉,毕竟还是会很痛心的。现在工厂主和进步党的狗东西们将会多么欢欣鼓舞,要知道,在德国国内,拉萨尔是他们唯一畏惧的人。"显然,恩格斯对拉萨尔的这个盖棺论定是相当客观和公正的。正如恩格斯所预料的那样,拉萨尔虽然死了,但他的那套机会主义观点却成为马克思和恩格斯长期的思想敌人,并使他们为此付出了极大的精力和心血。

燕妮的一段凄凉回忆

由于生活的艰难困苦和精神上的一些压力,加上马克思长年理论研究工作的繁重,致使他中年后常有不适,患了多种疾病。马克思的夫人燕妮在《动荡的生活简记》中,有这样一段凄凉的回忆:

1863年整个春天,小燕妮病得很厉害,经常请医生。卡尔也感到非常不舒服。到恩格斯那里去过以后(他从1850年起

马克思的夫人燕妮(1864年)

每年定期去看恩格斯)也不见好转。我们又在海斯丁斯海滨过了三个星期,和亨·班纳尔一齐过了12天,卡尔到那里来接我们,但看起来他非常难受,一直感到不舒服,直到这年11月终于出现了可怕的病症——痈病。11月10日可怕的脓包破了,但此后很久卡尔的生命仍处在危险中。沉重的疾病,最剧烈的肉体痛苦整整闹了四个星期。除了肉体的痛苦外,还加上其他一些不痛快的事和各种精神上的痛苦。医生劝卡尔改换一下气候条件,他认为这是特别有效和有益于健康的办法。因此,卡尔刚一复原,就在冬季最冷的时期动身到德国去,到特利尔去清理他母亲的遗产,我们为他很担心,衷心地希望他顺利。他在妹夫康拉第和妹妹艾米莉处住了不久,就到法兰克福姑母处。从那里他又到鲍麦尔去看望舅父,舅父和奈特蒴特别细心地照顾他,因为很可惜,这时他又像需要医药一样地需要照顾。他刚一到鲍麦尔,还未痊愈的病又发作了,而且比以前更厉害,因此从圣诞节直到(1864年——编者注)2月19日他不得不留在荷兰。这个孤独、凄凉的冬天多么可怕啊!

马克思致信夫人燕妮(节录)

1863年12月15日,马克思在家乡特利尔"威尼斯"旅馆,给在英国伦敦的夫人燕妮写信。信中说:

我亲爱的、热爱的燕妮:

我来这里到今天正好一个星期了。明天我到法兰克福姑母艾丝苔那里去(注意:有一位太太原来在特利尔住过,更早以前住在阿尔及尔,而现在同姑母住在一起,她也是我父亲的妹妹,也是我的姑母,叫巴贝塔,平常叫她"小贝尔";她很有钱)。再从法兰克福去博默耳,这我在昨天已通知表舅,大概会使他大吃一惊。

马克思、恩格斯和马克思的三个女儿燕妮、劳拉和爱琳娜。

这样迟才给你写信，可决不是由于健忘。正好相反。每天我都去瞻仰威斯特华伦家的旧居（在罗马人大街），它比所有的罗马古迹都更吸引我，因为它使我回忆起最幸福的青年时代，它曾收藏过我最珍贵的珍宝。此外，每天到处总有人向我问起从前"特利尔最美丽的姑娘"和"舞会上的皇后"。做丈夫的知道他的妻子在全城人的心目中仍然是个"迷人的公主"，真有说不出的惬意。

……

今天我去办德穆特先生和小丽莎的事。等我到了法兰克福或博默耳再详细告诉你。向全家人致良好的祝愿。代我吻所有的人，特别是多多吻中国皇帝（指大女儿小燕妮——编者注）。

你的　卡尔

威廉·沃尔弗逝世

1864年5月9日，马克思一家的好朋友，同时也是恩格斯的好朋友威廉·沃尔弗去世了。威廉·沃尔弗——大家叫他鲁普斯，是马克思和恩格斯最老和最忠诚的朋友。1848年欧洲革命后他就到了曼彻斯特，在那里教书。

马克思一听到鲁普斯病重的消息便立即赶到了曼彻斯特，赶上了见鲁普斯最后一面，鲁普斯很快就昏迷不醒并去世了。马克思哽咽着在追悼会上为鲁普斯致了悼词。

鲁普斯死后，人们从他的遗产中惊讶地发现，这位生活简朴的人为自己的老年积蓄了1000多英镑的钱。他指定马克思的一家为遗产的主要继承人，马克思获得了800英镑的遗赠。这对于马克思能够继续从事他的科学研究工作起到了极大的帮助作用。

劳拉致信恩格斯

1864年6月10日,马克思的二女儿劳拉,以马克思的秘书身份于英国伦敦致信在曼彻斯特的恩格斯。该信如下:

阁下:

受马克思博士之命奉告,纸币第二个半张业已收到,第一个半张于昨天寄到,同时为今天早上收到的照片向您转致他的谢意。

至于您想写的传记,他说,您掌握了必要的文件等等,可立即动笔,而他还将请埃尔斯纳博士寄来更进一步的材料。

马克思的二女儿劳拉·马克思(19世纪50年代中期)

我想,我现在已经通知了我受命要通知的一切。

阁下,我永远忠实于您,弗·恩格斯先生。

秘书 劳·马

国际工人协会诞生

1864年9月28日,英国伦敦工人委员会在圣马丁大厅为欢迎法国工人代表而举行的大会上，顺应时代发展的需要，成立了历史上第一个无产阶级的国际性组织——国际工人协会。

参加会议的除了英国和法国的工人代表，还有一些无产阶级和流亡者组织的代表。大会决定选出一个有权自行加聘委员的临时委员会，并委托该委员会起草一份国际工人协会组织的章程。大会还决定第二年在比利时布鲁塞尔召开国际代表大会，届时大会将审核批准这一章程。马克思作为代表参加了会议。由于马克思多年以来为无产阶级的解放运动所从事的理论研究工作以及在这一工作中所取得的进展，他便成了国际工人协会的理所当然的核心领导人。恩格斯后来写道：在大会的所有参加者中，只有一个人清楚地懂得正在发生什么和应该建立什么；他就是早在1848年革命就向世界发出"全世界无产者，联合起来！"这一号召的人。大会选出了领导委员会，又称中央委员会，后又改为总委员会，这个委员会很快就扩充了自己的机构。

由参加协会的各国工人代表组成的总委员会的基本职责是：负责各国工人组织的相互联系，在各国工人组织之间传递信息，搜集有关工人阶级状况的统计资料，提交具有共同意义的问题给各国工人团体讨论，在发生国际冲突时各国工人团体采取统一行动。

虽然马克思自己仅仅只是德国通讯书记，但他实际上领导了总委员会的工作。1864年11月1日，马克思写成的《国际工人协会成立宣言》和《协会临时章程》，被第一国际总委员会一致通过。由于国际工人协会得益于马克思的领导，它颇有成效地组织和领导了各国无产阶级的斗争，在各国工人阶级心目中享有越来越高的威望。

马克思对国际的领导有很大一部分精力是用来克服各个团体的宗派倾向，维护国际的原则。正如马克思在1871年的回顾中说的："成立国际是为了用真正的工人阶级的战斗组织来代替那些社会主义的或半社会主义的宗派。只要看一下最初的章程和成立宣言就会发现这一点。另一方面,要不是历史的进程已经粉碎了宗派主义,国际就不能巩固。社会主义的宗派主义的发展和真正工人运动的发展总是成反比。只要工人阶级还没有成熟到可以进行独立的历史运动,宗派是有其(历史的)理由的。一旦工人阶级成熟到这种程度,一切宗派实质上就都是反动的了。可是,在国际的历史上还是重复了历史上到处出现的东西。陈旧的东西总是力图在新生的形式中得到恢复和巩固。"

卡·马克思致美国总统阿伯拉罕·林肯

阁下:

我们为您以大多数票再度当选向美国人民表示祝贺。

如果说您在第一次当选时的适中的口号是反抗奴隶主的权势,那么您在第二次当选时的胜利的战斗号召则是:消灭奴隶制!

自从巨大的搏斗在美国一展开,欧洲的工人就本能地感觉到他们阶级的命运是同星条旗连在一起的。难道引起这段壮烈史诗的领土之争,不正是要决定,那辽阔无垠的处女地是应当由移民的劳动来享用,还是应当遭受奴隶监工的蹂躏吗?

阿伯拉罕·林肯(1809—1865),美国共和党创始人之一,1861—1865年任美国总统。

当30万奴隶主的寡头政权敢于在世界历史上第一次把

"奴隶制"这个词写在武装叛乱的旗帜上的时候,当大约一百年前最先产生了伟大的民主共和国思想的地方,在宣布了第一个人权宣言和最先推动了十八世纪的欧洲革命的地方,反革命接连不断地炫耀它已经取消了"旧宪法确立时代的种种观念",声称"奴隶制是仁慈的制度,确实是解决劳资关系这一重大问题的老办法",并无耻地宣布人身所有制是"新大厦的基石"的时候——在这个时候,欧洲的工人阶级立即了解到(甚至在上层阶级为南部同盟派上流人士进行的狂热袒护向工人阶级发出了可怕的警号以前就已经了解到),奴隶主的叛乱将是一次财产对劳动所进行的普遍的十字军征讨的信号,在大西洋彼岸进行的这一大规模的战争关系着劳动者的命运,关系着他们对未来的期望,甚至关系着他们已经获得的果实。因此,工人阶级到处耐心忍受着棉业危机带给他们的困苦,激烈反对有产者当局竭力想采取的有利于奴隶占有制的干涉行动,而在欧洲的大多数国家里,工人阶级为了正义的事业已经献出了自己的鲜血。

只要作为北部的真正政治力量的工人竟容许奴隶制玷污自己的共和国,只要他们在那些不问是否同意就被买卖的黑人面前夸耀白人工人享有自己出卖自己和自己选择主人的高贵特权,那他们就既不能取得真正的劳动自由,也不能支援他们欧洲兄弟的解放斗争;不过,这种进步道路上的障碍现在已被内战的血浪扫荡干净了。

欧洲的工人坚信,正如美国独立战争开创了资产阶级取胜的新纪元一样,美国反对奴隶制的战争将开创工人阶级取胜的新纪元。他们认为,由工人阶级忠诚的儿子阿伯拉罕·林肯来领导自己国家进行解放被奴役种族和改造社会制度的史无先例的战斗,是即将到来的时代的先声。

中央委员会代表国际工人协会签署人员名单:……

上述一文，马克思写于 1864 年 11 月 22 日至 29 日之间，载于 1865 年 1 月 7 日《蜂房报》第 169 号。

马克思的自白

您喜爱的优点：
　　一般人……纯朴。
　　男人……刚强。
　　女人……柔弱。
　您的特点：……目标始终如一。
　您喜欢做的事：……看小尼达。
　您厌恶的缺点：……逢迎。
　您能原谅的缺点：……轻信。
　您对幸福的理解：……斗争。
　您对不幸的理解：……屈服。
　您厌恶的是：……马丁·塔波尔。

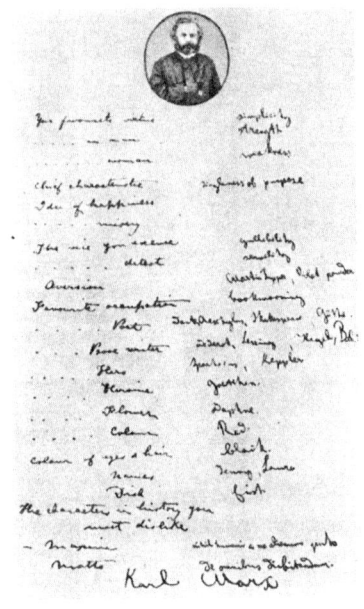

马克思的女儿燕妮的纪念册中保存的马克思的《自白》。

　您喜爱的英雄：……斯巴达克、刻卜勒。
　您喜爱的女英雄：……甘泪卿。
　您喜爱的诗人：……埃斯库罗斯、莎士比亚、歌德。
　您喜爱的散文家：……狄德罗。
　您喜爱的花：……瑞香。
　您喜爱的菜：……鱼。
　您喜爱的格言：……人所具有的我都具有。

您喜爱的箴言：……怀疑一切。

上面马克思的自白，是1865年马克思的女儿利用马克思完成他天才的著作《资本论》第一卷前少有的休息时间，让父亲填写的那份举世闻名的"调查表"。表中所填写的马克思的名言，将永远是全面评断他那极其深邃品格的根据。

喜欢诗文

在马克思的爱好中，有一种就是喜欢诗文，对诗人非常崇敬。保尔·拉法格在《忆马克思》的文章中，这样写道：

> 他能背诵海涅和歌德的许多诗句，并且常在谈话中引用他们的句子；他经常研读诗人们的著作，从整个欧洲文学中挑选诗人；他每年总要重读一遍埃斯库罗斯的希腊原文作品，把这位作家和莎士比亚当作人类两个最伟大的戏剧天才来热爱他们。他特别热爱莎士比亚，曾经专门研究过他的著作，连莎士比亚剧中最不惹人注意的人物他都很熟悉。马克思一家对伟大的英国戏剧家有一种真诚的敬仰。马克思的三个女儿都能背诵莎士比亚的作品。1848年以后，当马克思想使自己的英语知识达到完善的境地时（他的英文阅读能力已经很高了），他把莎士比亚特殊风格的词句都搜寻出来并加以分类。对于科贝特（这位作者也是他很敬重的）的论辩著作他也下了同样的功夫。但丁与白恩士也是他所喜爱的诗人。听自己的女儿们背诵苏格兰诗人白恩士的讽刺诗或咏唱诗人的情歌，对于他是一件莫大的乐事。

爱读小说

对于小说,马克思也非常爱读,有时两三本小说轮流阅读。他比较喜欢十八世纪的小说,特别是菲尔丁的小说。现代小说家中,他最喜欢保尔·德·科克、查理·利弗尔、亚历山大·大仲马和瓦尔特·司各脱,他认为司各脱的长篇小说《清教徒》是一部典范作品。他特别喜欢探险故事和幽默的短篇小说。

马克思认为塞万提斯和巴尔扎克是超群的小说家。他把《唐·吉诃德》当作衰落的骑士制度的史诗,骑士的德性在刚刚兴起的资产阶级世界中已显得荒诞和可笑了。他非常推崇巴尔扎克,曾经计划在一完成自己的政治经济学著作之后,就要写一篇关于巴尔扎克的最大著作《人间喜剧》的文章。巴尔扎克不仅是当代的社会生活的历史家,而且是一个创造者,他预先创造了在路易·菲力浦王朝时还不过处于萌芽状态,而直到拿破仑第三时代,即巴尔扎克死了以后才发展成熟的典型人物。

马克思成为国际的灵魂

在19世纪60年代,由于马克思积极参加国际工人协会的起草文献和作报告等各项工作,他用自己特有的品德、智慧、才能和学识,很快就成为国际中不可缺少的领袖人物,赢得了人们的普遍尊敬。这样,就使马克思实际上成为整个国际的灵魂。对此,德国社

会民主党领导人之一、政论家、历史学家梅林,对马克思在国际中的作用这样高度评价道:

> 在这个小小的协会的工作人员当中,没有一个人哪怕仅仅具备一点点为展开协会的如此广泛的宣传工作而必须具备的那些稀有的品质:对历史发展规律的清楚透彻的认识,追求必要的东西的毅力,满足于可能的东西的足够忍耐,对误入歧途的人的错误的宽容和对积重难返的无知的铁面无情。

"为人类工作"

马克思二女儿劳拉的丈夫保尔·拉法格,也是一位马克思主义者。他一生写有许多著作,积极宣传马克思主义,在《忆马克思》的文章中,这样写道:

> 我第一次看见卡尔·马克思是在1865年2月。第一国际已于1864年9月28日在伦敦圣马丁大厅的大会上成立。1865年2月我从巴黎来伦敦,要把这刚成立不久的组织在那儿所获得的成就告诉马克思。
>
> 我那时24岁。我一生将永远不会忘记这第一次的会见所给我的印象。马克思那时常常生病,正在下苦功写作《资本论》第一卷。他担心他也许不能完成这部著作,因此很喜欢接见青年人,时常说:"我应该训练好在我死后继续共产主义宣传的人。"
>
> 卡尔·马克思是那些罕见的天才之一,他不论在科学或社会活动方面都是数一数二的。马克思把这二者结合得十分紧密,除非我们同时把他当作科学家和社会主义的战士,我们就

左图：马克思的二女儿劳拉；右图：保尔·拉法格（1842—1911），法国工人运动活动家，国际总委员会委员，法国工人党创始人之一。

永远不能了解他。

马克思认为，不论从事哪一种科学研究，都不应该为这种研究会得出什么结果而烦心；同时他又认为，如果一个有学问的人不愿意自己堕落，就决不应该不积极参加社会活动，不应该整年整月地把自己关在书斋或实验室里，像一条藏在乳酪里的蛆虫一样，逃避生活，逃避同时代人的社会斗争和政治斗争。

马克思曾说过："科学绝不是一种自私自利的享乐。有幸能够致力于科学研究的人，首先应该拿自己的学识为人类服务。"他最喜欢说的名言之一是"为人类工作"。

马克思的书房

1865年,马克思一家住在英国伦敦梅特兰公园路的时候,有一个具有历史意义的房间,即马克思在这儿学习工作的书房。下面,就是保尔·拉法格在《忆马克思》的文章中,写的有关这方面的情况:

这房间在二层楼上,有一扇可以俯瞰公园的宽大的窗户,光线很充足。在壁炉的两边和窗子的对过,靠墙放着装满书籍的书柜,书柜上堆着一包一包的报纸和稿件,直挨到天花板。壁炉的对面,在窗子的一边有两张桌子,也放满了各种各样的文件、书籍和报纸。在房间正中光线最好的地方,是一张非常朴素的小小的写字台(三尺长两尺宽),还有一把木头的安乐椅。在这椅子和对着窗子的一个书柜中间放有一张皮面的沙发,马克思有时躺在这上面休息。壁炉上也放着书,还放有雪茄烟、火柴盒、烟盒、吸墨纸以及他的女儿们、他的夫人、沃尔弗和恩格斯的照片。

他从来不允许任何人去整理,或者更确切地说,去弄乱他的书籍和文件。它们只是表面上混乱而已,实际上,一切东西都在一定的地方,不须寻找,他就能很快拿到他所需要的任何书籍或笔记簿。即令在谈话时,他也常常停下来,指出书中有关的引文或数字。他与他的书斋已融成一体,其中的书籍与文件就像他自己的四肢一样地服从他的意志。

他放置书籍时并不注意外表的整齐,各种开本的书和小册子紧挨着放在一起,他不是按书本的大小而是按内容来安排书籍的。书对于他乃是脑力劳动的工具,而不是装饰品。他常说:"它们是我的奴隶,一定要服从我的意旨"。他不重视它们的样式、装订以及纸张和印刷的美观;他常折叠书角,画线,用铅笔在页边空白上做满记号。他不在书里写批注,但当他发现作者有错误的时候,他就常常忍不住要打上一个问号或一个惊叹号。画横线的方法使他能够非常容易地在书中找到所需要的东西。他有这么一种习惯,隔一些时候就要重读一次他的笔记和书中做上了记号的地方,来巩固他的非常强而且精确的记忆。在少年的时候他就听从黑格尔的劝告,用一种不熟悉的外国语去背诵诗歌,借以锻炼他的记忆力。

浓厚的艺术情趣

在恩格斯的一生中,有着多方面的爱好。在艺术领域,恩格斯最感兴趣的莫过于阅读文学作品了,而且他涉猎的范围十分广泛:从古希腊文学到文艺复兴时期的作品,从小说、散文到诗歌,从法国作家到俄国作家,恩格斯都十分了解和熟悉。歌德、莎士比亚和阿里欧斯托是他最喜爱的诗人,他最喜爱的散文家则是歌德与莱辛。在古希腊文学作品中,恩格斯最为推崇的是埃斯库罗斯和阿里斯托芬的戏剧,分别将他们二人誉为"悲剧之父"和"喜剧之父"。恩格斯还熟读古希腊的名著《冰洲诗人集》和荷马

恩格斯(19世纪60年代摄于曼彻斯特)。在艺术领域,恩格斯最喜欢阅读文学作品。

史诗《伊里亚特》、《奥德赛》。恩格斯对文艺复兴时期资产阶级现实主义的伟大作家满怀崇敬之情,认为但丁、塞万提斯和莎士比亚属于那些在思维能力、热情和性格方面,在多才多艺和学识渊博方面的巨人之列。在他们的作品中,真实地描写了新兴资产阶级反对没落的封建贵族的历史斗争。对法国作家狄德罗、伏尔泰、卢梭、莫里哀、大仲马和雨果等人的作品,恩格斯也有着很高的评价。恩格斯最为喜爱的是被他称为"现实主义艺术大师"的巴尔扎克的作品,认为《人间喜剧》反映了整整一个时代的历史状况。

总之,对文学的深厚素养,造就了恩格斯清新流畅的文笔,为他的哲学、历史和经济学著作提供了广征博引的来源和手段。

对著作极为慎重

马克思的一生为人类写了许多具有深远历史意义的著作,但在这个过程中,他极为认真慎重。在写完一本著作初稿时,总是要加以细致的修改整理。

他所引证的任何一件事实或任何一个数字都是得到最有威信的权威人士的证实的。他从不满足于间接得来的材料,总要找原著寻根究底,不管这样做有多麻烦。即令是为了证实一个不重要的事实,他也要特意到大英博物馆去一趟。反对马克思的人从来也不能证明他有一点疏忽,不能指出他的论证是建立在受不住严格考核的事实上的。

参考原始资料的习惯使他连最不知名的作家都读到了,只有他才引用这些作家。《资本论》里引证了那么多无名作家的话,人们也许会以为这是要炫耀自己的学识渊博。但马克思绝不是出于这种动机。他说："我执行历史的裁判，给每个人以应得的奖励"。他觉得指出第一个发表某一种思想或把这种思想阐述得比任何一个人都更为精确的作家的名字（不管这个作家是多么不重要和多么不知名）是他的责任。

他不仅从不引证一件他还未十分确信的事实，而且在他尚未彻底研究好一个问题时他决不谈论这个问题。他决不出版一本没有经过他仔细加工和认真琢磨过的作品。他不能忍受把未完成的东西公之大众的这种思想。要把他没有作最后校正的手稿拿给别人看，对他是最痛苦的事情。他的这种感情非常强烈，有一天他对人说，他宁愿把自己的手稿烧掉，也不愿半生不熟地遗留于身后。

1866 年至 1867 年

灵活的工作方法

原则的坚定性和策略的灵活性是马克思的一贯主张，他对原则问题从来都是毫不迁就的，但在具体工作方式方法上又非常注意灵活性。例如，在第一国际期间，总委员会在马克思的建议下曾经通过一项决议：在总委员会内部不应有不做工作的"名誉委员"，这样就可以防止资产阶级政客混进来。有一次，英国代表提议吸收一个在伦敦很有名的资产阶级政客作为总委员会委员。马克思自然不能同意这个提议，但他没有采取简单的多数压服的办法来否决这个提议，而采取了另外一种办法。马克思对每一个同意这个提议的人进行个别解释工作，通过个别谈话或写信向他们说明：不能容许一个不为工人阶级的利益而斗争的政客进入国际领导机构。经过马克思的说服，许多原来同意这一建议的人都改变了看法，就连提出这个建议的人后来也自动撤销了自己的意见。

恩格斯忧虑马克思的健康

历史上，尽管马克思不是国际工人协会总委员会的主席和书记，但是马克思是国际实际上的灵魂和首脑，为国际的健康发展做了大量工作。正是这繁重的国际工作和经济学理论的研究工作，使马克思的身体很差，常常生病。1866年2月10日，马克思给恩格斯的信中写道："这一次差一点送了命。家里人不知道这次的病是多么严重。如果这东西再以同样的形式重复三四次,那我就成了死人了。我非常消瘦,并且极度虚弱,虚弱的不是头部,而是腰部和腿部。医生们说得完全正确:此病复发的主要原因是过度的夜间工作。……使我最不愉快的是,必须打断自1月1日即我肝痛消失时起已有出色进展的工作。'坐'自然谈不上,这在目前对我说来还很困难。白天哪怕只有短暂的时间,我也还是躺着继续苦干。真正理论部分我无法推进。脑力太差,对此不能胜任。"

恩格斯看到这封信后,甚为马克思的健康状况感到忧虑,除了在信中告诉马克思一种用砒剂治疗疖子的办法,他还告诫马克思,为了摆脱该死的痈,马克思必须采取一些合理的措施,放弃一段时间的夜间工作,过一过有规律的生活。

恩格斯(摄于19世纪60年代末)

2月13日,马克思又写信告诉恩格斯不好的消息,说:"昨天我又躺倒了,因为恶毒的痈在左腹股沟上发作了。假如我有足够的钱——也就是说>0——来养家,而我的书又已完成,那我是今天还是明天被投到剥皮场上,换句话说,倒毙,对我完全一样。但在上述情况下,这暂时还不行。"

恩格斯看到这封信自然也就更加不安了,他以一种恳求的语气对马克思说:"老是这样拖延和耽搁下去,只会毁灭你自己;没有一个人能够长久地忍受痈这种慢性病,更不用说有一天可能出现一个让你回老家的痈。到那时候,你的书和你的家眷怎么办呢?

"你知道,我准备尽我的可能去做一切,而在这种紧急的情况下,甚至准备比我在其他情况下有权冒险做的更多做一些。不过你要理智,并且只是给我和你的一家赏个面子——治治病罢。万一你出了什么事情,整个运动会怎样呢?如果你这样一意孤行,事实必然要弄到这个地步。说真的,在我使你不陷入这种境遇以前,我日夜不会平静;每天,只要得不到你的消息,我就忐忑不安,以为你的病又恶化了。"

结果,马克思听从恩格斯的劝告,到海滨休养了几个星期后,身体好转,又以饱满的精神投入到紧张的工作中。

畅所欲言的友谊通信

马克思(摄于1866年3月底)

在马克思和恩格斯的一生中,具有频繁的书信往来。通信中,两个人畅所欲言,体现了深厚的友谊,细腻的感情交流,以及工作和生活中的苦恼和快乐的倾诉。

一次,马克思在给恩格斯的信中写道:"亲爱的恩格斯:你是在哭还是在笑,是在睡觉还是醒着?最近三个星期,我往曼彻斯特寄了各种各样的信,却没有收到一封回信。但是我相信都寄到了。"恩格斯如果有几天得不到马克思的音讯,就会发出"连珠炮"似地追问:"老摩尔,老摩尔,大胡子的老摩尔!你出了什么事,怎么听不到你一点消息?你有什么不幸,你在做什么事情?你是病了?还是陷入了你的政治经济学的深渊?还是你已任命了小杜西做你的通信秘书?还是别的什么?"

1866年2月20日,马克思在致恩格斯的信中,高度评价了他们的友谊。马克思说:"亲爱的朋友,在所有这一切情况下比任何时候更感觉到,我们之间存在的这种友谊是何等的幸福。你要知道,我对任何关系都没有作过这么高的评价。"

英国古典政治经济学的作用

在马克思的伟大一生中,用数十年时间进行了政治经济学的科学研究,与恩格斯一起共同完成了庞大的研究成果,写出了《资本论》的巨著,明确地指出了资本主义必然灭亡和共产主义必然实现的英明论断。其政治经济学的理论来源是英国的古典政治经济学。

英国古典政治经济学的代表人物主要有二人。一个是亚当·斯密(1723—1790),他出身于苏格兰一个海关官员家庭,是英国资产阶级经济学家,古典政治经济学的杰出代表和理论体系的建立者。他第一个系统地论述了劳动价值论的基本原理,认为劳动是衡量一切商品交换价值的真实尺度,区分了使用价值和交换价值,简单劳动和复杂劳动,分析了价值规律的作用,把资本主义社会明确划分为三大阶级:工人阶级、资产阶级和地主阶级,研究了三个阶级的三种收入:工资、利润和地租。

大卫·李嘉图,19世纪初英国资产阶级古典政治经济学的著名代表人物。他们的学说是马克思主义经济学的理论来源之一。

另一个代表人物是大卫·李嘉图(1772—1823),他出身于犹太族资产阶级家庭,是19世纪初英国资产阶级古典政治经济学的杰出代表和完成者。他在经济理论上的主要贡献,是坚持和发展了劳动价值论,并由此分析了资本主义社会阶级对立关系在分配领域的经济表现。

马克思和恩格斯认真阅读了他们的经济学著作,在政治经济学的深入研究创作中,对他们的积极成果进行了继承,对他们的错误理论进行了批判,创立了科学的无产阶级政治经济学,实现了政治经济学的伟大革命,从而为全世界劳动人民指出了非常明确的获得解放、建立美好的共产主义社会的正确方向。

马克思致信女儿劳拉

1866年8月28日,马克思在英国伦敦致信女儿劳拉。该信如下:

我亲爱的白鹦鹉(劳拉的绰号——编者注):

我收到了你的来信,可是已被拆开,因为它已经通过了皇帝(女儿燕妮的绰号——编者注)的有力的手指。

我总认为,要彻底完成对你的教育,还需要经过像住宿学校的那种训练。这对你是很有好处的。

愁容骑士(指拉法格)在他住房的拐角离开了我。因为在此以前他的内心已受到很大的震动,同我告别时他倒像英雄那样若无其事的样子。

向爱琳娜致良好的祝愿。

附寄五英镑。其余的在下星期寄出。

你的顺从的 老头子

妈妈明天或后天要出远门。想使她动一动是需要很大的压力的。

马克思致信路·库格曼（节录）

1866年10月9日，马克思就9月召开的国际工人协会日内瓦代表大会等问题给路·库格曼写信，畅谈自己的感受和想法。该信节录如下：

我曾经很为第一次日内瓦代表大会担心。可是从整个情况看，结果比我预期的来得好。在法国、英国和美国的影响是出乎意料的。我不能够，也不愿意到那里去，但是给伦敦代表拟定了一个纲领。我故意把纲领局限于这样几点，这几点使工人能够直接达成协议和采取共同行动，而对阶级斗争和把工人组织成为阶级的需要则给以直接的滋养和推动。巴黎的先生们满脑袋都是蒲鲁东的空洞词句。他们高谈科学，但什么也不懂。他们轻视一切革命的、即产生于阶级斗争本身的行动，轻视一切集中的、社会的、因而也是可以通过政治手段（例如，从法律上缩短工作日）来实现的运动；在自由和反政府主义或反权威的个人主义的幌子下，这些先生们——他们16年来一直泰然自若地忍受并且现在还忍受着最可耻的专制制度！——实际上在宣扬庸俗的资产阶级的生意经，只不过按蒲鲁东的精神把它理想化了！蒲鲁东造成了很大的祸害。受到他对空想主义者的假批判和假对立的迷惑和毒害的（他自己只是一个小资产阶级空想主义者，而在傅立叶、欧文等人的乌托邦里却有对新世界的预测和幻想的描述），首先是"优秀的青年"、大学生，其次是工人，尤其是从事奢侈品生产的巴黎工人，他们不自觉地强烈地倾向于这堆陈腐的垃圾。愚昧、虚荣、傲慢、饶舌、唱高调，他们几乎把一切都败坏了，因为他们出席大会的人数同他们的会员人数是根本不相称的。在报告中我将要不指名地谴责他们几句。

同时在巴尔的摩召开的美国工人代表大会使我感到很高兴。那里的口号是组织起来对资本作斗争，而且令人惊讶的是，在那里，我为日内瓦提出的大部分要求由于工人的正确本能也同样被提出来了。

《资本论》一卷脱稿

1867年4月2日，马克思写信告诉恩格斯，他用整个上半生的时间，为之牺牲一切的《资本论》终于脱稿了，他准备自己亲自去德国将手稿交给出版商奥托·迈斯纳。可是最具有讽刺意味的事情是，马克思这时却由于上衣和表在当铺里而出不了门。

当恩格斯看到马克思的这封信时，他真是欣喜若狂，禁不住要欢呼起来。因为这本书中倾注的绝不是马克思一个人的心血，恩格斯为之付出的焦虑、劳动、牺牲也是巨大的。书中关于现实中的资本主义经济关系的很多看法和意见，马克思直接得益于恩格斯。4月10日，马克思在接到恩格斯寄来的旅费后，离开了泰晤士河岸，4月13日中午到达了汉堡，并很快见到了迈斯纳先生，愉快地谈妥了有关书出版的一切问题，不久之后书就要开印了。

恩格斯的肯定和赞扬

1867年4月，当恩格斯得知马克思的《资本论》第一卷已经可以拿去付印时,激动地欢呼起来。他深知这部著作的出版将为马克思主义赢得科学上的胜利,为所有为了无产阶级的解放事业而斗争的战友们展现出令人鼓舞的前景。同时,他也由衷地为马克思卸去了一个沉重的负担而高兴。4月27日,他写信对马克思说:"我一直认为,使你长期来呕尽心血的这本该死的书,是你的一切不幸的主要根源,如果不把这个担子抛掉,你就永远不会而且也不能脱出困境。……现在,你摆脱这个梦魇后,会感到自己像换了一个人一样,特别是这个世界,只要你一重新投身进去,也就会感到它已经不像过去那样黑暗。"

马克思在《资本论》第一卷排印的过程中,把全部校样印张陆续寄给恩格斯审阅,要求恩格斯把意见、批评等都直接写在清样上。看完全部校样后,恩格斯写信向马克思表示祝贺:"我祝贺你,只是由于你把错综复杂的经济问题放在应有的地位和正确的联系之中,因此完满地使这些问题变得简单和相当清楚。我还祝贺你,实际上出色地叙述了劳动和资本的关系,这个问题在这里第一次得到充分而又互相联系的叙述。"总之,恩格斯认为《资本论》第一卷的整个理论都十分出色,资产阶级学者在这个严密的整体中找不到任何可以突破的弱点。

幽默地看待女儿的玩笑

在马克思的生活中,家庭是幸福的港湾,家庭成员的关系一直十分亲密。1867年5月8日,马克思已成年的二女儿劳拉给他写了一封信,信中写道:"得知您已经有了回家的念头,我很高兴,因为我以为您已经溜之大吉,真的和我们不辞而别了。您是否意识到您已经离家整整四个星期,而在整个这段时间内您几乎没有显示一点还活着的象征。不过我不会苛求您的,因为这是一年之中外出的最好的时刻,我确信暂时摆脱一下人们习惯称作'家庭'的这个古怪的东西,摆脱一下'古古'、裁缝等等大概别有一番情趣……"劳拉接着又同马克思开了如下玩笑:"我注意到有一位太太在您的信中占了很大的篇幅,她年青、聪明、漂亮吗?您跟她调情,还是您听凭她跟您眉来眼去呢?您好像很欣赏她,而这种欣赏不是双方的才怪哩!我要是妈妈的话,肯定要吃醋了。"

看了信后,马克思没有因为女儿的"不恭敬"而生气,他在一封回信中写得十分活泼、幽默和诙谐:"我漂亮的小白鹦鹉:非常感谢你的来信,以及可敬的古古的来信。你抱怨说,我没有显示一点还活着的象征,但是如果你重新把问题想一想,你会看到,一般说来,我每周都发出了信号。此外,你知道,我的性格是不大喜欢'感情外露'的,我习惯于闭门不出,懒得写信,懒得活动——换句话说,我像古古所说的是一个胆小的男人。"然后马克思回答了女儿"无礼"的提问:"至于田格夫人,我对你的问题——她长得怎么样?漂亮吗?——感到很诧异。我把她的照片藏在我的照片下面寄给了燕妮,怎么会丢了呢?但是,我还是回答你的问题:她三十三岁,是五个孩子的母亲,她与其说漂亮,不如说惹人喜欢,并且无疑不是专门喜欢说俏皮话的人。但她是一个杰出的女人。至于说到'调情',那么,必须是一个有胆量的男人才敢。'钦佩'——我承认,而在她那方面,则对你的非常顺从和'谦逊的'君主或许有点估计过高。你知道,尽管谁也不能在自家的粪堆上(象征地说)成为先知,但一个人很容易被别人估计过高,他们不是胡乱议论,就是胡乱吹捧,从一个很平常的人身上他们想找到什么就能找到什么。"

从以上通信中,充分反映了马克思与女儿的关系是多么轻松、愉快。

马克思感谢恩格斯

1867年8月16日凌晨2点，看完即将出版的《资本论》第一卷校样最后一页后，马克思给恩格斯写了一封热情的信：

亲爱的弗里德！

我刚好把书的最后一个（第49）印张校完。附录——价值形态——用小号字印，占 $1\frac{1}{4}$ 个印张。

序言也在昨天校好送回去了，所以，这一卷已经完成。这一卷能够完成，只是得力于你！没有你为我而作的牺牲，这样三大卷的大部著作，是我不能完成的。我拥抱你，感激之至！

寄上清样两个印张。

15镑收到了，多谢多谢。

祝好，我的亲爱的忠实的朋友！

你的 卡·马克思

巨著《资本论》第一卷问世

1867年9月，马克思的巨著《资本论》第一卷在德国汉堡出版。该书的出版，是马克思研究政治经济学20多年的理论结晶，标志着无产阶级政治经济学的诞生，也是国际工人运动史上的一个重大事件。这部伟大的政治经济学文献，科学地研究了资本主义生产过程本身作为直接生产过程考察时所呈现的各种现象，中心内容是剩余价值的生产过程。从而，精辟地论证了资本主义必然灭亡和社会主义必然胜利的客观规律，从政治上、思想上、理论上武装了无产阶级。恩格斯指出："自地球上有资本家和工人以来，没有一本书像我们面前这本书那样，对于工人具有如此重要的意义。"

马克思和恩格斯在世时，这本《资本论》已用德文、法文、俄文、波兰文、丹麦文、意大利文、西班牙文、英文、荷兰文等九种文字出版，发行数达4万多册。

《资本论》第一卷1867年汉堡第一版

马克思将《资本论》第一卷献给威廉·沃尔弗

1867年9月，在《资本论》第一卷问世的时候，马克思将这一标志无产阶级政治经济学诞生的巨著题词献给已故战友——共产主义者同盟的老战士威廉·沃尔弗。

这些怀念的文字是用大号字体印在该书的扉页上的：

献给

我的难以忘怀的朋友

勇敢的忠实的高尚的无产阶级先锋战士

威廉·沃尔弗

1809年6月21日生于塔尔瑙
1864年5月9日死于曼彻斯特流亡生活中

上面的文字是马克思用来表达他对已故战友——共产主义者同盟的老战士威廉·沃尔弗的敬意和怀念的。

德国和国际工人运动著名活动家、政论家威廉·沃尔弗，出生于西里西亚一个世袭的农奴家庭。1844年至1845年间，读到马克思和恩格斯的一些文章和著作后，开始走上共产主义道路。1846年，在比利时的布鲁塞尔结识马克思和恩格斯，并参加共产主义通讯委员会的工作。1847年6月，作为布鲁塞尔支部的代表，参加共产主义者同盟第一次代表大会，并任大会秘书。会后，被选为同盟布鲁塞尔区部委员会书记，还被任命为同盟机关刊物《共产主义杂志》主编。1851年3月，被瑞士政府驱逐，来到英国伦敦。由于恩格斯的帮助，移居曼彻斯特，担任家庭教师。

《资本论》第一卷第一版序言（节录）

1867年，马克思伟大的政治经济学文献——《资本论》第一卷在德国出版，马克思写了序言，阐述了该书的指导思想和写作目的、对象和方法。下面是序言的节录：

我把这部著作的第一卷交给读者。这部著作是我1859年发表的《政治经济学批判》的续篇。初篇和续篇相隔很久，是由于多年的疾病一再中断了我的工作。

前书的内容已经在本卷第一章作了概述。这样做不仅是为了连贯和完整，叙述方式也改进了。在情况许可的范围内，前书只是略略提到的许多论点，这里都作了进一步的阐述；相反地，前书已经详细阐述的论点，这里只略略提到。关于价值理论和货币理论的历史的部分，现在自然完全删去了。但是前书的读者可以在本书第一章的注释中，找到有关这两种理论的历史的新资料。

万事开头难，每门科学都是如此。所以本书第一章，特别是分析商品的部分，是最难理解的。其中对价值实体和价值量的分析，我已经尽可能地做到通俗易懂。以货币形式为完成形态的价值形式，是极无内容和极其简单的。然而，两千多年来人类智慧对这种形式进行探讨的努力，并未得到什么结果，而对更有内容和更复杂的形式的分析，却至少已接近于成功。为什么会这样呢？因为已经发育的身体比身体的细胞容易研究些。并且，分析经济形式，既不能用显微镜，也不能用化学试剂。二者都必须用抽象力来代替。而对资产阶级社会说来，劳动产品的商品形式，或者商品的价值形式，就是经济的细胞形式。在浅薄的人看来，分析这种形式好像是斤斤于一些琐事。这的确是琐事，但这是显微镜下的解剖所要做的那种琐事。

……

任何的科学批评的意见我都是欢迎的。而对于我从来就不让步的所谓舆论的偏见，我仍然遵守伟大的佛罗伦萨人的格言：走你的路，让人们去说罢！

马克思高度评价中国的"三大发明"

马克思在《资本论》第一卷第386页谈到了中国的三大发明："指南针、火药、印刷术"，论述了其重大作用。

中国早在公元前的战国时期,就发现了磁石吸铁和指示方向的性能。时过不久,这一科学发现有了进一步发展,把磁石刻成勺形,将其放在光滑的石板上,竟能成为指示南北方向的"司南"了。北宋时期,人们把磁石磨成针,或浮在水上、或用丝线悬挂起来,便做成了名垂千古、对人类有重大作用的指南针。从此,这一伟大发明逐步传往世界各地,陆续在航海上广泛使用,大大推动了人类航海事业的发展,促进了世界各国的经贸、文化交流。

中国自唐代发明火药之后,逐步加深了对其重大作用的认识,并很快将火药应用到军事作战方面。到了宋朝,火药的研制和使用都有了新的发展,冯继升等人首次发明了制造火药箭的办法;唐福和石普又先后研制出了用抛石机发射的火球和火蒺藜等新式火器。后来,火药这一新成就陆续传往其他各国。据文献记载,德国到1331年才首次使用火药,法国开始使用火药为1338年,英国是在1345年,俄国则在1382年,均比中国晚了许多年。

印刷术是人类历史上的又一伟大发明,中国在隋、唐年代,就已发明了雕版印刷术。到了宋朝,著名发明家毕昇经刻苦钻研,反复实践,用胶泥刻字,发明了活字印刷术。此种印刷方法,制板迅速,节省人力物力。使用先进的活字印刷术,中国早于其他国家数百年,直到12世纪以后,活字印刷术才传往欧洲等地。

对于上述三大发明的历史作用,马克思给予了充分肯定:"火药、指南针、印刷术——这是预告资产阶级社会到来的三大发明。火药把骑士阶层炸得粉碎,指南针打开了世界市场并建立了殖民地,而印刷术则变成新教的工具,总的来说变成科学复兴的手段,变成对精神发展创造必要前提的最强大的杠杆。"

马克思和恩格斯赞扬巴尔扎克

在《资本论》第一卷第646页,马克思这样写道:"巴尔扎克曾对各色各样的贪婪作了透彻的研究。"

奥诺莱·德·巴尔扎克(1799—1850),是法国的著名作家,创作了《人间喜剧》等许多著作。作品中,巴尔扎克针对大量现实问题,运用高超的写作艺术,对贵族和资产阶级社会进行了深刻的揭露。对此,恩格斯赞扬道:"巴尔扎克,我认为他是比过去、现在和未来的一切左拉都要伟大得多的现实主义大师,他在《人间喜剧》里给我们提供了一部法国'社会'特别是巴黎'上流社会'的卓越的现实主义历史,他用编年史的方式几乎逐年地把上升的资产阶级在1816年至1848年这一时期对贵族社会日甚一日的冲击描写出来,这一贵族社会在1815年以后又重整旗鼓,尽力重新恢复旧日法国生活方式的标准。他描写了这个在他看来是模范社会的最后残余怎样在庸俗的、满身铜臭的暴发户的逼攻之下逐渐灭亡,或者被这一暴发户所腐化;他描写了贵妇人(她们对丈夫的不忠只不过是维护自己的一种方式,这和她们在婚姻上听人摆布的方式是完全相适应的)怎样让位给专为金钱或衣着而不忠于丈夫的资产阶级妇女。在这幅中心图画的四周,他汇集了法国社会的全部历史,我从这里,甚至在经济细节方面(如革命以后动产和不动产的重新分配)所学到的东西,也要比从当时所有职业的历史学家、经济学家和统计学家那里学到的全部东西还要多。不错,巴尔扎克在政治上是一个正统派;他的伟大的作品是对上流社会必然崩溃的一曲无尽的挽歌;他的全部同情都在注定要灭亡的那个阶级方面。但是,尽管如此,当他让他所深切同情的那些贵族男女行动的时候,他的嘲笑是空前尖刻的,他的讽刺是空前辛辣的。"

为《资本论》的迅速传播做工作

为了使《资本论》第一卷出版后得到迅速的传播和造成广泛的影响,彻底粉碎资产阶级沉默的阴谋,马克思和恩格斯在策略上进行了认真的考虑。马克思认为关键不在于人们对《资本论》说了什么,而在于人们开始注意到《资本论》,并很快产生影响,开始针对《资本论》发表意见。为此,可以采取特殊的手段来强迫敌人也发表意见。恩格斯进一步具体提出,可以由自己以不署名的方式从资产阶级的角度对书进行批判,以此来首先打破沉默。马克思认为这是"最好的作战方法"。

就这样,从1867年10月开始,恩格斯先后匿名为德国资产阶级各个派别的报纸撰写了九篇风格各异的书评,从不同的角度和方面向读者扼要介绍了《资本论》的基本内容和它的社会主义倾向。为了使资产阶级报纸登载这些书评,恩格斯针对各个报刊不同的特点和倾向,以高超的写作艺术,巧妙地把自己想要表达的内容以貌似客观公正的态度和取悦于各个报刊的语气融汇在评论的字里行间。恩格斯的这一策略取得了极大的成功:书评瞒过了各报编辑和书报检查官的眼睛,先后顺利地在各个报刊上登载了出来。

总之,经过马克思和恩格斯的运筹和恩格斯这番如此高超的写作艺术的运作,彻底粉碎了资产阶级妄图以沉默来扼杀《资本论》重大作用的阴谋,为《资本论》的迅速传播和广泛影响开辟了广阔的道路。

1868 年至 1872 年

恩格斯赞扬刻苦自学精神

在刻苦自学知识方面,马克思和恩格斯为人类做出了很好的榜样,同时他们都十分重视提高工人的理论水平。他们对约·狄慈根的教育和帮助就是突出的一例。约·狄慈根是一个手工制革工人,德国社会民主党人,依靠自学成功的哲学家。他的《人脑活动的实质》,基本上正确地阐明了辩证唯物主义认识论,批判了唯心主义不可知论。1868年,他把该书的手稿寄给马克思审阅。马克思又将这一手稿寄给恩格斯征求意见。恩格斯中肯地评价了狄慈根和其著作,他在给马克思回信中说:

要对这本书做出完全确定的评价是困难的;这个人不是天生的哲学家,而是一个一半靠自学出来的人。从他使用的术语上一下子就可以看出他的一部分知识来源(例如,费尔巴哈、你的书和关于自然科学的各种毫无价值的通俗读物),很难说他此外还读过什么东西。术语自然还很混乱,因此缺乏精确性,并且常常用不同的表达方式重复同样的东西。其中也有辩证法,但多半是像火花一样地闪耀,而不是有联系地出现。关于自在之物是想象之物的描述,如果能够肯定这是他自己的创造,那么这种描述应当说是很出色的,甚至是天才的。他这本著作中有许多地方很机智,而且,尽管文法上有缺点,但是表现了出色的写作才能。总的说来,他有一种值得注意的本能,能够在这样缺乏科学修养的情况下得出这样多正确的结论。

马克思致路·库格曼的信（节录）

1868年3月6日，马克思在英国伦敦给路·库格曼写了一封信，就有关杜林问题谈了自己的看法。信的节录如下：

  我现在能够理解杜林先生的评论中的那种异常困窘的语调了。就是说，这是一个往常极为傲慢无礼的家伙，他俨然以政治经济学中的革命者自居。他做过两件事。第一，他出版过一本（以凯里的观点为出发点）《国民经济学批判基础》（约500页），其次，出版过一本新《自然辩证法》（反对黑格尔辩证法的）。我的书在这两方面都把他埋葬了。他是由于憎恨罗雪尔等人才来评论我的书的。此外，他在进行欺骗，这一半是出自本意，一半是由于无知。他十分清楚地知道，我的阐述方法和黑格尔的不同，因为我是唯物主义者，黑格尔是唯心主义者。黑格尔的辩证法是一切辩证法的基本形式，但是，只有在剥去它的神秘的形式之后才是这样，而这恰好就是我的方法的特点。至于说到李嘉图，那么使杜林先生感到不自在的，正是在我的论述中没有凯里以及他以前的成百人曾用来反对李嘉图的那些弱点。因此，他恶意地企图把李嘉图的局限性强加到我身上。但是，我不在乎这些。我应当感谢这个人，因为他毕竟是谈论我的书的第一个专家。

马克思感到满意的一次国际会议

1869年9月6日至11日,有78名代表参加了在瑞士巴塞尔举行的国际年度代表大会。马克思没有出席大会,但是他积极地为大会的召开作了一系列的准备工作,并受总委员会委托向大会提交了年度总结报告。报告对国际成立以来的第5个年度的活动进行了总结。马克思最为关心的是土地问题。继国际布鲁塞尔大会之后,巴塞尔再次讨论了土地问题。废除土地私有制,实行土地公有制的提案被大多数代表投票通过。

总的来说,大会进行得非常顺利,虽然还有些不尽如人意的地方。马克思在给女儿劳拉的信中表达了自己的这种满意心情:"我很高兴,巴塞尔代表大会闭幕了,而且会开得还比较好。每当党带

1869年,参加第一国际巴塞尔代表大会的代表。

着'自己的全部溃疡'出现在公众面前的时候,我总是感到不安。在登场人物当中谁也没有站在原则高度上,但同上等阶级的愚昧无知比较,工人阶级的过失是微不足道的。在我们沿途经过的德国城镇中,没有一个城镇的地方报纸不对'这个可怕的代表大会'的活动充满了恐惧。"

正是在这次大会结束后,各国工人阶级的运动又进入了一个新的高潮。

马克思年过半百学俄文

为了对俄国问题进行专门的系统的研究,马克思在年过半百的情况下开始学习俄文。在这期间,马克思正在生痈病,但他不顾病痛的折磨,以顽强的毅力一头扎入了书中,他先是简单地看俄文的字母和单词,然后便开始直接阅读俄文的原著了。在阅读俄文原著时,他在不懂的地方通过字典标出意思。前面标出的地方还比较多,但越到后面标出的地方就越少了,这说明他已经开始掌握了俄语。辛勤的汗水终于结出了丰硕的果实,没有多长时间马克思就能自如地阅读俄文书籍了。正如他在1871年1月21日给齐·迈耶尔的信中所说的那样,"1870年初我开始自学俄语,现在我可以相当自如地阅读了。这是在我接到从彼得堡寄来的弗列罗夫斯基的一部十分重要的著作《俄国工人阶级(特别是农民)的状况》以后才开始的,同时我也想读一读车尔尼雪夫斯基的(杰出的)经济学著作(七年前他因此被判处在西伯利亚服苦役)。成绩是要付出努力才取得的,像我这样年纪的人,为了学会一种与古典语、日尔曼语和罗曼语截然不同的语言,是要下一番工夫的。俄国目前发生的思想运动，证明底层深处正在发生动荡。有识之士往往通过无形的纽带同人民的机体联系在一起。"

马克思一家为恩格斯张罗住宅

1870年2月，恩格斯在给马克思的信中讲道，他一家要在今年夏末秋初离开曼彻斯特，迁居伦敦来。得到这个消息马克思一家十分高兴，立刻就都积极地为恩格斯张罗起住房来。

到7月中旬，好消息来了。马克思夫人燕妮在信上兴致勃勃地写道："亲爱的恩格斯先生：我刚才又为租房的事出去了，现在刚回家，急匆匆地马上就向您报告情况。我已经找到了一所房子。和我一起去的还有燕妮和杜西。我们大家都很欣赏它的环境优美，周

今日的瑞琴特公园路

围空旷，她们俩还觉得它特别清洁雅致。"在详细地描绘了一番之后，又说："当然，非常要紧的是，您和您夫人得亲自来看一下，而且要快点来，因为条件这样好的房子，一定会很快就租出去的……您知道，我们全家都因为您的夫人将住到我们这里来而由衷地高兴。"

燕妮帮忙找的房子十分合乎理想，恩格斯同意了。这就是伦敦瑞琴特公园路122号的住宅，坐落在美丽的瑞琴特公园对面，而且最重要的是，与马克思寓所的距离只有步行十五分钟的路程。

注意解剖典型

在研究政治经济学及修订《资本论》的过程中，马克思非常注重解剖典型，这是他研究重大社会经济问题的一个重要的方法论特征。所以，在研究《资本论》后几卷的有关问题时，马克思越来越注意俄国和美国的经济发展，将他们作为后几卷问题的典型形态来研究。

70年代以后，俄国问题在《资本论》研究中所占的地位越来越重要。马克思非常注意研究俄国的土地关系，他自己声称："在《资本论》第二卷关于土地所有制那一篇中，我打算非常详尽地探讨俄国的土地所有制形式。"

同时，马克思已意识到了美国这个新兴的资本主义国家在整个社会发展进程中的重要性，对美国的工人阶级寄予了厚望。他搜集了大量有关美国经济和社会结构方面的材料，因而，美国问题在《资本论》后几卷的研究中所占的地位也日益重要和突出。这时，美国作为研究资本主义经济发展的最新典型形态的意义已经显示出来。所以马克思指出："现在，经济学研究者最感兴趣的对象当然是美国。"

正因为俄国和美国问题进入了《资本论》研究的视野，马克思对自己的政治经济学研究成果抱着更为严谨、认真的态度，正如他在1879年4月10日给丹尼尔逊的信中所讲的："我不仅从俄国而且也从美国等地得到了大批资料，这些资料使我幸运地得到一个能够继续进行我的研究的'借口'，而不是最后结束这项研究以便发表。"

热情讴歌"巴黎公社"

1871年3月18日，一轮新的朝阳在人类的地平线上冉冉升起，宣告了人类历史的一个新纪元的到来。这一天，工人阶级的红旗在法国巴黎的上空高高飘扬，世界上第一个无产阶级专政的政权——巴黎公社成立了！

这次胜利是在普法战争之后，巴黎人民同反动势力经过激烈斗争而取得的。在3月18日革命成功之后，巴黎公社宣布了一系列的革命措施。主要有：废除旧的行政的和司法的官僚政治，建立了一整套为人民利益服务的行政机构；废除反革命的旧军队，代之以人民自己的武装——国民自卫军；实行彻底的民主制度，各级领导人大都由普选产生，公职人员对选民负责，不称职者可以随时被撤换；妇女在政治上和社会活动方面得到与男子同等的权利；宣布政教分离；取消公职人员的高薪制，领取与工人同等的工资；采取了许多社会经济方面的措施以改善劳动人民的生活条件，如免缴部分房租以减轻人民群众的负担；对工厂实行民主管理，将资本家丢弃或封闭的工厂交给职工会。更为重要的是，公社委员会将重要的职务委任给数千工人。

马克思在3月19日得知巴黎爆发革命的消息后，精神为之一

1871年3月28日，在市政厅广场宣告巴黎公社成立。

振，他热情地讴歌了巴黎工人阶级的这种历史主体作用和历史首创精神，"这些巴黎人，具有何等的灵活性，何等的历史主动性，何等的自我牺牲精神！在忍受了六个月与其说是外部敌人不如说内部叛变所造成的饥饿和破坏之后，他们起义了，在普军的刺刀下起义了，好像法国和德国之间不曾发生战争似的，好像敌人并没有站在巴黎的大门前似的！历史上还没有过这种英勇奋斗的范例！"

马克思给巴黎公社人员回信

1871年5月13日，马克思给巴黎公社人员弗兰克尔和瓦尔兰

巴黎公社活动家

写了封回信，对他们的工作提出了很好的指导性意见。信中写道：

我已经同送信人见过面。

是不是应该把那些能使凡尔赛的恶棍们声名狼藉的文件放到安全的地方去？这类预防措施是决不会有什么害处的。

有人从波尔多写信告诉我，在最近的市政选举中，有四个"国际"会员当选，各省都已经开始骚动。可惜它们的行动是地方性的和"和平的"。

我已经为你们给世界上有我们的支部的各个地方写了几百封信。其实，工人阶级从公社成立那天起就是拥护公社的。

甚至英国资产阶级报纸也放弃了它们最初对公社的那种凶狠的态度。有时，我还能用走私的办法在这些报纸上发表一些袒护你们的文章。

公社浪费在琐屑事务和私人争执上的时间似乎太多了。显然，除了工人的影响之外，还有其他各种影响存在。但是，如果你们能够补救已经失去的时间，那么这一切就不会造成什么损害。

马克思热情歌颂巴黎公社的丰功伟绩

1871年3月18日，法国巴黎无产阶级举行了武装起义，用革命暴力创立了世界上第一个无产阶级专政的政权——巴黎公社。为了批驳各国反动派对巴黎公社的诬蔑和攻击，马克思于1871年4月12日给战友库格曼写了一封信，深刻地阐述了暴力革命和加强无产阶级专政的重要性，对巴黎无产阶级的大无畏革命精神和丰功伟绩给予了热情歌颂。该信节录如下：

如果你读一下我的《雾月十八日》的最后一章，你就会看到，我认为法国革命的下一次尝试不应该再像以前那样把官僚军事机器从一些人的手里转到另一些人的手里，而应该把它打碎，这正是大陆上任何一次真正的人民革命的先决条件。这也正是我们英勇的巴黎党内同志们的尝试。这些巴黎人，具有何等的灵活性，何等的历史主动性，何等的自我牺牲精神！在忍受了六个月与其说是外部敌人不如说是内部叛变所造成的饥饿和破坏之后，他们起义了，在普军的刺刀下起义了，好像法国和德国之间不曾发生战争似的，好像敌人并没有站在巴黎的大门前似的！历史上还没有过这种英勇奋斗的范例！如果他们将来战败了，那只能归咎于他们的"仁慈"。当维努瓦和随后巴黎国民自卫军中的反动部队逃出巴黎的时候，本来是应该立刻向凡尔赛进军的，由于讲良心而把时机放过了。他们不愿意开始内战，好像那邪恶的小矮子梯也尔在企图解除巴黎武装时还没有开始内战似的！第二个错误是中央委员会为了让位给公社而过早地放弃了自己的权力。这又是出于过分"诚实的"考虑！不管怎样，巴黎的这次起义，即使它会被旧社会的豺狼、瘟猪和下贱的走狗们镇压下去，它还是我们党从巴黎六月起义以来最光荣的业绩。就让人们把这些冲天的巴黎人同带着兵营、教堂、愚昧土容克制度、特别是市侩气味去举行陈腐化装舞会的那些德意志普鲁士神圣罗马帝国的天国奴隶们比较一下吧……

五月流血周

自1871年4月2日起，狼狈逃往凡尔赛的法国梯也尔政府，在普鲁士"铁血"宰相俾斯麦的支持下，利用普鲁士释放的大量法国军队的战俘，开始疯狂向工人阶级政权——巴黎公社进攻。但到5月初期，巴黎城仍在巴黎公社的人民武装的坚守下，可从5月中旬起，巴黎公社逐渐处于劣势。当时的原法国梯也尔政府的军队达13万多人，而巴黎公社的武装人员才1万多人。在力量对比极为悬殊

1871年4月16日，3万余英国劳动者在伦敦海德公园集会声援巴黎公社。

的情况下，5月21日下午3时，法国原梯也尔政府的军队从圣克鲁门进城，自此，世界新诞生的第一个工人政权同敌人展开了英勇不屈的搏斗，这便是载入史册的保卫巴黎的"五月流血周"。

战斗打得十分激烈，到5月21日晚11时，3万多前梯也尔政府的军队攻入城区。当夜，四分之一的城区陷落。22日早晨，敌军又包围了公社社员后方。但巴黎人民迅速修筑了数百个街垒，立即投入街垒战。在公社社员的阻击下，凡尔赛军队每推进一步都要付出很大的代价。但因凡尔赛军队占据了军事力量的巨大优势，23日，他们占领了蒙马特尔高地。24日，占领了塞纳河左岸的一些重要据点。26日夜晚，巴士底狱广场失陷，进攻东部工人区的道路被打通了。27日，大部分市区被攻占。当天，在东区拉雪兹神甫墓地，不到200人的公社战士抗击了5000多名凡尔赛军队，在弹尽粮绝的情况下和冲进大门的凡尔赛军队展开肉搏战，大部分战士牺牲，被俘的战士全被当场枪杀在墓地的一堵墙前。到28日下午4时，工人区最后一个街垒也终于被敌人攻占。人类历史上第一个无产阶级政权——巴黎公社在存在了72天后被血腥镇压了。

巴黎公社虽然仅仅存在72天就因敌人的残酷镇压而失败了，但它却为无产阶级夺取政权和巩固政权积累了宝贵的经验教训，永远放射着夺目的光辉，受到世界人民和共产党人的崇高敬仰。

《国际歌》诞生

1871年，在法国巴黎公社五月流血周后的第二天，公社委员、工人诗人欧仁·鲍狄埃隐蔽在巴黎近郊，在轰鸣的枪炮声和死亡的威胁下，以满腔热血写下了一首无产阶级的战歌，并用"国际工人

巴黎公社存在了 72 天后被血腥镇压了，图为凡尔赛军队屠杀公社战士。

协会"的简称"国际"来命名。诗中写道：

起来，饥寒交迫的奴隶，
起来，全世界受苦的人！
满腔的热血已经沸腾，
要为真理而斗争！
旧世界打个落花流水，
奴隶们起来，起来！
不要说我们一无所有，
我们要做天下的主人！
这是最后的斗争，
团结起来，到明天，
英特纳雄耐尔就一定要实现。
……

欧仁·鲍狄埃（1816—1887），法国无产阶级诗人，巴黎公社活动家，《国际歌》歌词作者。

起草《法兰西内战》

1871年，马克思从巴黎工人阶级的伟大创举中，看出了无产阶级革命的光辉未来，因而利用当时的各种机会和条件对其进行了热情的歌颂、积极的传播，并战胜各种困难，搜集整理了大量的事实资料，从理论上加以高度的概括，及时写作和发表了著作《法兰西内战》。这部著作通过大量的事实揭露了法国"国防政府"和梯也尔卖国投降、挑起内战的实质和经过，歌颂了巴黎工人阶级在完成历史使命的过程中所表现出来的谦虚、勤劳和忘我的高尚品质，使真相终于大白于天下。更为重要的是，这部著作科学地总结了巴黎公社的经验，进一步阐述了科学社会主义关于阶级斗争、国家、无产阶级革命和无产阶级专政的学说，成为马克思主义基本的纲领性文献之一。

《法兰西内战》拨开了笼罩在人们心头的乌云，如巨石一样激起了千层波浪。作为国际总委员会的宣言，当时《法兰西内战》没有署上马克思的名字，它首次以35页小册子的形式于1871年6月13日用英文出版，印数为1000份，两个星期之后销售一空；在马克思的建议下印了第二版，印数为2000份，同时又以传单形式发行。7月25日，马克思向总委员会通报说，第二版已脱销。8月初，第三版发行，印数为1000份。不久，这一文献又以德文、法文、佛来米文、丹麦文、荷兰文、西班牙文、意大利文、俄文、塞尔维亚—克罗地亚文发表。这样，《法兰西内战》在极短的时间内得到了广泛的传播，成为每一个觉悟工人的必读之书。

马克思蔑视"密探"

由于长期疲劳过度，马克思的健康受到了很大的损伤，1871年初，他被慢性咳嗽弄得烦躁不安，只好放下手头的工作，于8月中旬去布莱顿休养。这时，英国警察局为了监视工人运动的骨干，搞了一项特殊的"内务活动"。而巴黎公社失败之后，由于国际的声名大振，英国当局也默认了法国间谍在英国从事的针对国际的间谍活动。因而，马克思总感觉到有一些形迹可疑的人在自己的周围打转，跟踪着自己。马克思到了布莱顿后，这些人也尾随到了布莱顿。马克思很快识破了敌人的险恶用心，机智、坦荡地面对敌人的这些卑鄙活动。他在布莱顿给夫人燕妮写的信中，讲述了这件事情的经过："昨天我忘记告诉你一件有趣的事。我到这里后的第二天，在我们那条街的拐角处，又遇上了显然是在等人的那个家伙，我已告诉过你，这个人已经不止一次地跟踪恩格斯和我，恩格斯认为他是密探，对此我们有一次曾给了他'暗示'。你知道，一般说来，我对于密探缺乏嗅觉。可是这个家伙竟公然地处处在这里监视我。昨天，我对此厌烦了，我就停住脚步，转过身去，以轻蔑的目光透过长柄眼镜打量了一下这个家伙。他怎么样呢？他恭顺地脱下了帽子，而今天就不再照顾我了。"

马克思对敌人的诽谤和攻击泰然处之

在巴黎公社遭到失败之后，反动派以各种卑鄙手段对巴黎公社和马克思等人进行大肆攻击和诽谤。对此，马克思和恩格斯则泰然处之，并坚决反击。马克思在给库格曼的信中说："现在再谈谈宣言，这你大概已经收到了吧！它引起了一片疯狂的叫嚣，而我目前荣幸地成了伦敦受诽谤最多、受威胁最大的人。在度过20年单调的沼泽地的田园生活之后，这的确是很不错的。政府的报纸《观察家报》以向法庭起诉来威胁我。看他们敢！对这帮恶棍我一点也不在乎！"

在对公社和国际的恶毒攻击气焰嚣张之时，马克思以个人的名义承担起了国际工人协会维护公社行动的责任，尽管他一向不允许公布那些表明国际观点的文件是由他起草的材料。马克思在1871年6月26日给《每日新闻》编辑的信中，披露了自己是宣言作者的身份，"由30人以上组成的总委员会，当然不可能自己直接草拟它的文件。它不得不将这一工作委托给委员会的这个或那个委员，而自己保留有否决文件或修改文件的权利。我写的《法兰西内战》这一宣言曾由国际总委员会一致通过，因而它是表达总委员会观点的正式文件。至于对茹尔·法夫尔之流的个人指责，则是另一回事。在这个问题上，总委员会的绝大多数只得信赖我的正直。……对这些指责，只由我一个人承担责任，我在此建议茹尔·法夫尔之流向法院控诉我污蔑他们。"

马克思同《世界报》记者谈话简记

1871年7月3日,马克思在英国伦敦受美国纽约《世界报》驻伦敦记者兰多尔的访问,事后记者将自己追记的内容于7月18日在该报上发表。下面便是这篇报道的谈话简记:

我说:我对您完全开诚布公,并且作为一个旁观者向您提出问题:这种普遍对你们的组织不表同情的态度除了证明一般人的无知的敌意以外,是不是还证明了什么别的?虽然您已经说过了,但能否允许我再问您一次:国际是什么?

马克思博士说:您看一看组成国际的人——工人就明白了。

我说:对,不过并不是任何时候都可以根据士兵来判断指挥他们的政府。我认识你们的一些会员,并且完全承认他们不是搞阴谋的人。何况千百万人都知道的秘密已不成其为秘密。但是,如果这些人只不过是某个勇敢的——请原谅我这样说下去——但不太选择手段的委员会的工具呢?

马克思博士说:没有什么能证明这一点。

我说:那么巴黎最近的起义呢?

马克思博士说:首先,我请您证明那里有过什么阴谋,证明所发生的一切并不是既成形势的必然结果。就假定说有阴谋,那么又有什么可以证明国际协会参与其事呢?

我说:在公社各机关里有许多协会会员。

马克思博士说:这样说来,这也是共济会会员搞的阴谋了,因为他们以个人身份参加公社活动的绝不在少数。真的,如果教皇宣布整个起义都是由共济会会员发动的,我也不会觉得奇怪。还是试着找一下别的解释吧。巴黎的起义完全是由巴黎工人发动的。最有才能的工人必然成为这一起义的领袖和组织者；但是最有才能的工人往往同时又是国际协会的会员。不过决不能要协会本身对他们的活动负责。

我说：外界对这一点却有不同的看法。人们在议论来自伦敦的秘密指示，甚至还在议论金钱的援助。是否可以说，您所指出的协会活动的公开性质，排除了任何秘密联系的可能性呢？

马克思博士说：什么时候出现过不利用公开的和非公开的联系手段来进行工作的组织呢？但是，像谈论来自某个教皇统治和阴谋的中心的有关信仰和道德问题的法令一样来谈论来自伦敦的秘密指示，这就是完全不懂得国际的实质。要是那样，在国际里就需要有集权的政府；但实际上它的组织形式恰恰给地方的主动性和独立性以最大的自由。其实，国际完全不是原来意义上的工人阶级政府；与其说国际是指挥力量，还不如说它是一种联合。

我问：联合的目的是什么？

马克思博士说：目的是通过夺取政权来达到工人阶级的经济解放；目的是利用这一政权来实现社会任务。我们的目的应当广泛到能包括工人阶级的一切形式的活动。如果赋予这些活动以特殊的性质，就意味着使它们只合乎工人的某一个集团的要求，只合乎某一个民族的工人的需要。但是怎么能够号召所有的人去为少数人的利益而联合起来呢？如果我们的协会走上了这条道路，它就会失掉被称做国际的权利。协会没有规定政治运动的固定形式；它只要求这些运动朝向一个目标。国际是联合起来的团体的网，它布满整个劳动世界。在世界上的每一地区，我们的任务都从某种特殊的方面体现出来，那里的工人用他们自己的方法去完成这一任务。在新堡和巴塞罗纳，在伦敦和柏林，工人的组织不可能在一切细枝末节上都是完全一样的。例如，在英国，工人阶级面前就敞开着表现自己的政治力量的道路。凡是利用和平宣传能更快更可靠地达到这一目的的地方，举行起义就是不明智的。在法国，层出不穷的迫害法令以及阶级之间你死我活的对抗，看来将使社会战争这种暴力结局成为不可避免。但是用什么方式来达到结局，应当由这个国家的工人阶级自己选择。国际不会就这个问题下达什么命令，甚至未必提出什么建议。但是它对每一个运动都表示同情并给以自己章程规定范围内的援助。

"雪中送炭"

1871年，当巴黎公社遭到反革命的极端仇视和各种残害后，参加这次起义未牺牲的成千上万人，在乌云压境的情况下，不得不背井离乡，千方百计离开巴黎成为流亡者。面对这种情况，当时的国际工人协会各地组织和马克思、恩格斯积极活动，在附近几个国家开展营救公社流亡者的斗争。

在白色恐怖的情况下，尚在国内的公社战士不得不东躲西藏地隐居起来，他们随时都有被捕入狱和杀头的危险。营救这些人是一项极其艰巨和极端秘密的任务，需要冒很大的风险。马克思为此费尽了心思，想方设法地找门路、搞护照，他的工作得到了许多热心朋友的帮助，他在给别人的一封信中讲："我不得不又麻烦您，请您办一个由法国领事馆签证的护照。（最后一个护照已在巴黎。）您的帮助已经救了六个人，如此崇高的事情是对您劳累的最好奖赏。"马克思把搞到的护照秘密地托人带回法国，使公社的匿居者能够利用这些护照安全地离开法国。

同时流亡者在异国他乡的处境也极为艰难，他们的谋生之路遇

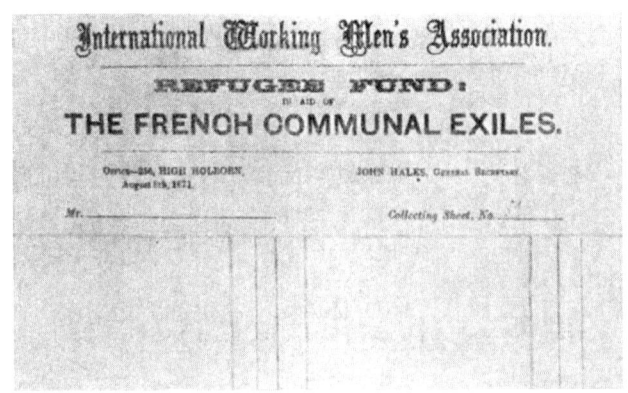

巴黎公社流亡者救济委员会捐款签名单

到了极大的问题，国际和马克思、恩格斯等更是尽力加以关照，发起了向流亡者募捐的活动。马克思这时家庭经济并不宽裕，但他还是常常带头为流亡者募捐。1871年7月，总委员会成立了由马克思和恩格斯参加的公社流亡者救济委员会，以便统筹安排募捐和救济工作，马克思的大女儿燕妮也参加了这个委员会的工作，担任秘书。为了更好推动这一工作的开展，国际委托马克思起草一份给美国工人的呼吁书，号召他们为流亡者捐款。马克思在一封信中讲到："下星期您将收到总委员会为公社流亡者求援的呼吁书。他们大部分都在伦敦（现有八十到九十人）。总委员会在此以前把他们从死亡线上救了出来……我们的经费快用光了，同时新来的人逐日增多，所以他们的处境极为悲惨。我希望，纽约方面将尽力援助。"

马克思、恩格斯和国际不仅关心流亡者的日常生活，而且极为关心他们的政治前途和命运，鼓励和支持他们继续为无产阶级的解放事业而奋斗。此外，马克思还参加了公社流亡者组成的"社会问题研究小组"的工作。对于这些工作，马克思的女儿燕妮是有十分深刻的感受的，她在给库格曼和他夫人的信中说："亲爱的朋友们，你们可以想象，所有这些困难和牵挂使可怜的摩尔多么不安。他不仅要和各国统治阶级的政府进行斗争，而且还要和'身体肥胖、和蔼可亲和年纪四十的'房东太太们进行短兵相接的搏斗，因为这些房东太太由于某个公社社员没有付房租就对摩尔发起攻击。他刚要专心地进行抽象思考，斯密斯太太或者布朗太太就会闯进来。"

国际工人协会伦敦秘密代表会议

巴黎公社革命失败后，针对反动势力对国际组织和国际会员进行疯狂迫害的情况，国际总委员会根据恩格斯的提议，决定于1871年9月17日至23日在伦敦召开秘密的代表会议。出席这次会议的有总委员会和比利时、瑞士、西班牙等国代表共23人。马克思和恩格斯作为德国和意大利的通讯书记参加了会议。

代表会议在总委员会委员荣克的主持下开幕。会议共开了九次。主要讨论了工人阶级的政治行动和组织问题。在讨论工人阶级政治行动问题时，巴枯宁分子否定无产阶级的政治斗争，反对讨论这个问题。马克思和恩格斯先后发言，驳斥了他们的谬论。根据巴黎公社的经验教训，马克思竭力主张工人阶级进行政治斗争的必要性，认为无产阶级不组成一个政党，就不可能取得无产阶级革命的胜利。会议通过的由马克思和恩格斯起草的决议指出，工人阶级在斗争中应把经济活动和政治活动密切结合起来，并强调建立无产阶级政党的重要性。

恩格斯就《关于工人阶级的政治行动》的报告

1871年9月,第一国际伦敦代表会议就关于工人阶级的政治行动问题这个主要议题,进行了热烈的讨论,马克思和恩格斯先后发言,并拟定了新的决议草案,其中根据巴黎公社的经验明确地指出组织工人阶级独立政党的必要性,认为这是保证社会主义革命胜利以及实现其最终目的——建立没有阶级的社会的不可缺少的条件。1871年10月16日,总委员会批准了恩格斯就《关于工人阶级的政治行动》决议案所作的报告。

下面便是恩格斯本人作的1871年9月21日伦敦代表会议上的发言记录:

绝对放弃政治是不可能的;主张放弃政治的一切报纸也在从事政治。问题只在于怎样从事政治和从事什么样的政治。并且对于我们说来,放弃政治是不可能的。工人的党作为政党已经在大多数国家存在着。鼓吹放弃政治去破坏它的不应该是我们。现代生活的实践,现存政府——为了政治的和社会的目的——对工人施加的政治压迫,都迫使工人不得不从事政治。向工人鼓吹放弃政治,就等于把他们推入资产阶级政治的怀抱。特别是在巴黎公社已经把无产阶级的政治行动提到日程上来以后,放弃政治是根本不可能的。

我们要消灭阶级。用什么手段才能达到这个目的呢?——无产阶级的政治统治。而当这一点已经最明显不过的时候,竟有人要我们不干预政治!所有鼓吹放弃政治的人都自命为革命家，甚至是杰出的革命家。但是，革命是政治的最高行动；谁要想革命，谁就必须也承认准备革命和教育工人进行革命的手段，即承认政治行动，没有政治行动，工人总是在战斗后的第二天就会受到法夫尔和皮阿之流的愚弄。应当从事的政治是工人的政治；工人的政党不应当成为某一个资产阶级政党的尾巴，而应当成为一个独立的政党，它有自己的目的和自己的政策。

政治自由、集会结社的权利和出版自由，就是我们的武器；如果有人想从我们手里夺走这个武器，难道我们能够袖手旁观和放弃政治吗？有人说，进行任何政治行动都等于承认现存制度。但是，既然这个制度把反对它的手段交到我们手中，那么利用这些手段就不意味着承认现存制度。

强调建立无产阶级政党的重要性

1871年9月，在英国伦敦秘密召开的国际代表会议上，马克思为这次会议的成功付出了紧张和繁重的劳动，在整个大会期间，他的发言竟达数十次。在开幕式上，他指出这次会议的主要任务是：着手进行符合形势需要的新的组织工作，集中讨论无产阶级政党的组织问题。

在马克思和恩格斯的积极努力下，伦敦代表会议通过了工人阶级的政治行动决议案。这个决议进一步发展了马克思主义的建党原则，突出强调了无产阶级进行政治斗争的必要性和可能性，辩证地论述了经济斗争和政治斗争的关系："工人阶级在它反对有产阶级联合权力的斗争中，只有组织成为与有产阶级建立的一切旧政党对立的独立政党，才能作为一个阶级来行动；工人阶级这样组织成为政党是必要的，为的是要保证社会革命获得胜利和实现这一革命的最终目标——消灭阶级；工人阶级由于经济斗争而已经达到的本身力量的团结，同样应当成为它在反对大土地所有者和大资本家的政权的斗争中的杠杆。"

马克思在庆祝国际成立七周年大会上发表讲话

1871年9月25日，马克思在英国伦敦为庆祝国际成立七周年的集会上作了重要的讲话。在这次集会上，马克思被推为主席。下面内容，是1871年10月15日美国一家日报——《世界报》关于这次集会的报道中转述马克思讲话的部分内容：

关于国际，卡·马克思说道，它的努力至今所以获得巨大的成就，是由于国际会员们本身所不能支配的情况。国际的建立本身，也是这种情况造成的结果，而绝不是由于国际参加者的努力。建立国际不是某几个能干的政治活动家的事；世界上所有的政治活动家都不能创造出使国际获得成就所必需的那种局面和条件。国际没有提出任何特殊的信念的象征。它的任务就是把劳动的力量组织起来，在工人运动的各种不同表现形式之间建立联系并把它们联合起来。促使国际获得这样巨大发展的情况，是由于全世界劳动人民遭受到日益加剧的压迫。国际获得成就的秘密就在于此。最近几个星期的事件，不可辩驳地证明，工人阶级必须为自身的解放而斗争。国际所遭到的各国政府的迫害，同古罗马时代第一批基督徒所遭到的迫害很相似。起初这些基督徒也是人数不多，但是罗马贵族本能地感觉到，如果基督徒获得成功，罗马帝国就要灭亡。古罗马时代的迫害没有挽救了帝国，而今天对国际的迫害也挽救不了现存制度。

国际的独特之点就在于它是工人们自己为自己建立起来的。在国际成立以前，工人阶级所有的各种组织，都是统治阶级当中的激进分子为它建立起来的社团，而国际则是工人们为自己建立起来的。英国的宪章运动是在资产阶级激进派的赞同和协助下发起的；固然，假如这一运动获得成功，那只会对工人阶级有利。英国是唯一的这样一个国家：它的工人阶级的发展程度和组织程度，足能使这个阶级利用普选权来真正地为本身谋利益。

接着，他指出，二月革命是一部分资产阶级所支持的反对执政党的运动。二月革命给予工人阶级的仅仅是些诺言，它以统治阶级的另一批人代替了统治阶级的这一批人。六月起义是反对整个统治阶级的，其中也包括统治阶级中的最激进的部分。在1848年让一些新人物上台执政的工人们本能地感觉到，他们不过是用一批压迫者代替了另一批压迫者，感觉到自己被出卖了。

在过去发生的一切运动当中，最近的和最伟大的运动是巴黎公社。巴黎公社就是工人阶级夺取政权——关于这一点不可能有任何异议。对巴黎公社有过很多不正确的理解。公社未能建立起阶级统治的新形式。通过把一切劳动资料转交给生产者的办法消灭现存的压迫条件，从而迫使每一个体力适合于工作的人为保证自己的生存而工作，这样，我们就会消灭阶级统治和阶级压迫的唯一的基础。但是，必须先实行无产阶级专政，才可能实现这种变革，而无产阶级专政的首要条件就是无产阶级的军队。工人阶级必须在战场上争得自身解放的权利。国际的任务就是把工人阶级的力量组织起来、团结起来，以迎接即将到来的斗争。

马克思关于工人阶级
的政治行动的发言记录（节选）

1871年9月21日，国际工人协会伦敦代表会议对马克思的发言做了记录。下面是记录节选：

马克思说，他昨天已经表示赞成瓦扬的建议，因此，他不会反对这项建议。他在反驳巴斯特利卡时说，代表会议一开始就决定只讨论组织问题，而不讨论原则问题。在讲到援引组织条例时，他提醒说：应当把章程和成立宣言看作一个整体，他再一次宣读了它们。

他叙述了有关放弃政治问题的始末。他说，不应当对这个问题做过多的争论。创造出这种理论的人是好心好意的空想家，但是，那些现在又要走这条道路的人已经不是这样的人了；他们在体验过残酷的斗争以后放弃了政治，从而把人民推到表面上的反对派即资产阶级反对派的行列中去，而我们在反对各国政府的同时，必须反对资产阶级反对派。我们应当揭露甘必大，使人民不再受骗。马克思赞成瓦扬的意见。为了回击国际所遭受的迫害，我们必须向各国政府挑战。

反对派存在于整个大陆上；他们是普遍的和恒久的——甚至在美国和英国也如此，只是形式不同而已。

我们应当向各国政府表明：我们知道，你们是对付无产者的武装力量；在我们有可能用和平方式的地方，我们将用和平方式反对你们，在必须用武器的时候，则用武器。

小燕妮致库格曼的信

自1871年巴黎公社失败后,无政府主义和工联主义展开了对马克思主义的攻击。对于这种比较严峻的斗争形势,马克思的大女儿小燕妮在给库格曼的信中这样谈道:

> 已经完蛋的同盟的继承者们一分钟也不让总委员会安宁。几个月来,他们在各国都进行了阴谋活动。他们使出了如此疯狂的劲头,以致有一个时候国际的未来看来很令人担心。西班牙、意大利、比利时好像都站在巴枯宁派弃权论者方面,反对关于国际必须参加政治斗争的决议。在英国这里,一帮弃权论者同布莱德洛、奥哲尔及其拥护者一起搞阴谋。他们甚至无耻地利用梯也尔和巴登格的密探和奸细。他们的机关报,伦敦的《谁来了!》和日内瓦的《社会革命报》,都竞相诽谤总委员会中的"这些权威主义者"、"这些独裁者"、"这些俾斯麦分子"。布莱德洛先生采取了最明显的歪曲事实的手法,来诽谤"这个委员会的最高首脑"。

马克思的大女儿小燕妮

马克思致信弗·波尔特（节录）

1871 年 11 月 23 日，马克思在英国伦敦写给弗·波尔特的信中，阐述了工人阶级走向政治上成熟的各阶段，在组织起来开展斗争中应采取的组织方法和手段，并谈到了成立工人阶级的战斗组织——国际的重要作用。该信节录如下：

成立国际是为了用工人阶级的真正的战斗组织来代替那些社会主义的或半社会主义的宗派。只要看一下最初的章程和《成立宣言》就会发现这一点。另一方面，要不是历史的进程已经粉碎了宗派主义，国际就不可能巩固。社会主义的宗派主义的发展和真正工人运动的发展总是成反比。只要宗派有其（历史的）存在的理由，工人阶级就还没有成熟得可以进行独立的历史运动。一旦工人阶级成熟到这种程度，一切宗派实质上就都是反动的了。可是，在国际的历史上还是重复了历史上到处出现的现象。陈旧的东西总是力图在新生的形式中得到恢复和巩固。

……

工人阶级的政治运动自然是以自身夺得政权作为最终目的，为此当然需要一个发展到一定程度的、在经济斗争中成长起来的工人阶级的预先的组织。

但是另一方面，任何运动，只要工人阶级在其中作为一个阶级与统治阶级相对抗，并试图从外部用压力对统治阶级实行强制，就都是政治运动。例如，在某个工厂中，甚至在某个行业中试图用罢工等等来迫使个别资本家限制工时，这是纯粹的经济运动；而强迫颁布八小时工作日等等法律的运动则是政治运动。

这样，到处都从工人的零散的经济运动中产生出政治运动，即目的在于用一种普遍的形式，一种具有普遍的社会强制力量的形式来实现本阶级利益的阶级运动。如果说这种运动以某种预先的组织为前提，那么它们本身也同样是这种组织发展的手段。

在工人阶级在组织上还没有发展到足以对统治阶级的集体权力即政治权力进行决定性攻击的地方，工人阶级无论如何必须不断地进行反对统治阶级政策的鼓动（并对这种政策采取敌视态度），从而使自己在这方面受到训练。否则，工人阶级仍将是统治阶级手中的玩物，法国的九月革命已经证明了这一点，而格莱斯顿先生及其同伙在英国到今天还能够耍把戏也在某种程度上证明了这一点。

恩格斯致信保尔·拉法格（节录）

1871年12月30日，恩格斯在英国伦敦写信给保尔·拉法格，就权威问题阐述了自己的观点。该信节录如下：

现在，我们的西班牙朋友们一定能看清楚，这些先生是怎样滥用"权威的"这个字眼的。巴枯宁派对什么一不如意，他们就说，这是权威的，以为这样一来他们就作出了永远的判决。如果他们是工人，而不是资产者、新闻记者等，或者，如果他们哪怕是稍微研究一下经济问题和现代工业的条件，那么他们就会知道，不强迫某些人接受别人的意志，也就是说没有权威，就不可能有任何的一致行动。不论这是多数表决人的意志，还是作为领导机构的委员会的意志，或是一个人的意志——这总是要强迫有不同意见的人接受的意志；然而没有这种统一的和指导性的意志，要进行任何合作都是不可能的。请试试看，在没有领导，也就是没有权威的情况下让巴塞罗纳的某个大工厂去进行生产！或者在不能肯定每一个工程师、司炉等等在正是需要的时候坚守自己岗位的情况下去管理铁路！我想知道一下，好样的巴枯宁是否会把自己肥胖的身躯托付给铁路列车，如果铁路是按照谁不愿意服从规章制度的权威，谁就可以不坚守自己岗位的原则去管理，而这种规章制度在任何社会中都比巴塞尔代表大会所通过的条例更加权威得多！所有这些娓娓动听的极端激进和极端革命的词句只是掩盖着思想的极其贫乏和对社会日常生活所处条件的根本无知。请试试看，在船上废除船员"所承认的一切权威"！

保尔·拉法格（1842—1911），法国工人党创始人之一。

《资本论》第一卷法文版序言

致莫里斯·拉沙特尔公民

亲爱的公民：

您想定期分册出版《资本论》的译本，我很赞同。这本书这样出版，更容易到达工人阶级的手里，在我看来，这种考虑是最为重要的。

这是您的想法好的一面，但也有坏的一面：我所使用的分析方法至今还没有人在经济问题上运用过，这就使前几章读起来相当困难。法国人总是急于追求结论，渴望知道一般原则同他们直接关心的问题的联系,因此我很担心,他们会因为一开始就不能继续读下去而气馁。

这是一种不利,对此我没有别的办法,只有事先向追求真理的读者指出这一点,并提醒他们。在科学上没有平坦的大道,只有不畏劳苦沿着陡峭山路攀登的人,才有希望达到光辉的顶点。

亲爱的公民,请接受我对您的忠诚。

卡尔·马克思
1872年3月18日于伦敦

《资本论》第一卷法文版。它是根据《资本论》德文第二版翻译,并经马克思亲自校订的。

《共产党宣言》1872年德文版序言

《共产党宣言》是科学共产主义的最伟大的纲领性文件,马克思和恩格斯曾多次为其撰写序言。下面便是1872年他们为《共产党宣言》写的序言:

共产主义者同盟这个在当时条件下自然只能是秘密团体的国际工人组织,1847年11月在伦敦代表大会上委托我们两人起草一个准备公布的详细的理论和实践的党纲。结果就产生了这个《宣言》,《宣言》原稿在二月革命前几星期送到伦敦付印。《宣言》最初用德文出版,它用这种文字在德国、英国和美国至少印过十二种不同的版本。第一个英译本是由海伦·麦克法林女士翻译的,于1850年在伦敦《红色共和党人》杂志上发表,1871年至少又有三种不同的英译本在美国出版。法译本于1848年六月起义前不久第一次在巴黎印行，最近又有法译本在纽约《社会主义者报》上发表；现在又有人在准备新译本。波兰文译本在德文本初版问世后不久就在伦敦出现。俄译本是60年代在日内瓦出版的。丹麦文译本也是在原书问世后不久就出版了。

不管最近25年来的情况发生了多大的变化，这个《宣言》中所发挥的一般原理整个说来直到现在还是完全正确的。某些地方本来可以做一些修改。这些原理的实际运用，正如《宣言》中所说的，随时随地都要以当时的历史条件为转移，所以第二章末尾提出的那些革命措施并没有什么特别的意义。如果是在今天，这一段在许多方面都会有不同的写法了。由于最近25年来大工业有了巨大发展而工人阶级的政党组织也跟着发展起来，由于首先有了二月革命的实际经验而后来尤其是有了无产阶级第一次掌握政权达两月之久的巴黎公社的实际经验，所以这个纲领现在有些地方已经过时了。特别是公社已经证明："工人阶级不能简单地掌握现成的国家机器，并运用它来达到自己的目的。"（见《法兰西内战。国际工人协会总委员会宣言》德文版第19页，那里把这个思想发挥得更加完备。）其次，很明显，对于社会主义文献所作的批判在今天看来是不完全的，因为这一批判只包括到1847年为止；同样也很明显，关于共产党人对待各种反对党派的态度的论述（第四章）虽然在原则上今天还是正确的，但是就其实际运用来说今天毕竟已经过时，因为政治形势已经完全改变，当时所列举的那些党派大部分已被历史的发展彻底扫除了。

但是《宣言》是一个历史文件，我们已没有权利来加以修改。下次再版时也许能加上一篇论述1847年到现在这段时期的导言。这次再版太仓促了，我们竟来不及做这件工作。

卡尔·马克思　弗里德里希·恩格斯
1872年6月24日于伦敦

马克思和恩格斯参加海牙代表大会

1872年9月，国际工人协会在荷兰的海牙成功地召开了一次代表大会。这次会议是6月11日马克思在总委员会的会议上提议召开的，马克思和恩格斯同来自十几个国家的代表共同出席了会议。

会议之前，马克思几乎完全埋头于海牙大会政治上和组织上的准备工作，参加了海牙代表大会的各项筹备工作，为大会的成功而操劳，尤其是为起草大会的报告而勤勉地工作着。

马克思的到来引起了轰动，大家都把关注的目光投向了他，人人的嘴边都挂着他的名字。同时欧洲反动势力对之惊恐万状，他们派出的间谍云集海牙，资产阶级报纸的记者也纷至沓来。这说明正反两方面的势力都肯定了马克思在国际中的中心地位。因而，这次会议是伟大的无产阶级革命家和杰出的工人运动领袖们为了工人阶级的解放事业走到了一起，欢聚在一起。

9月5日，马克思代表国际总委员会在大会上做了报告，题为《总委员会向在海牙举行的国际工人协会第五次年度代表大会的报告》。他分析了巴黎公社革命后国际所处的局势和在工人运动中所发生的本质变化，概略地阐述了国际的成就和它日益增长的影响。大会围绕总委员会的权力问题展开了激烈的斗争。大多数代表否决了巴枯宁分子提出的要把总委员会变成"通讯统计局"或者"邮箱"的提案，并以压倒多数通过授予总委员会更广泛权力的决议。据此，总委员会在大会休会期间，有权暂时开除国际的一个支部直至一个联合会委员会。修改章程问题也引起了尖锐的斗争。大会否决了无政府主义者关于取消总委员会等决议草案。通过了总委员会起草的关于修改共同章程和组织条例的一系列决议。通过了把总委员会驻在地从伦敦迁往纽约的决议。通过了关于把伦敦代表会议《关于工人阶级的政治行动》的决议稍加修改列入章程的决议。通过了恩格斯起草的"关于社会主义民主同盟"的报告。根据总委员会的建议,大会决定把巴枯宁和吉约姆开除出国际,并公布有关该同盟的文件。国际迁往美国后,左尔格任总委员会总书记。

马克思在阿姆斯特丹群众大会上的演说

1872年9月8日,马克思和海牙代表大会的大多数代表,应邀前往阿姆斯特丹参加该地支部召开的庆祝海牙代表大会的群众集会。会上,马克思发表了关于代表大会的精辟演说。下面是演说的简介:

马克思认为代表大会主要取得了三项成就:一是强调了政治斗争的重要性。马克思着重阐述了必须进行政治斗争、夺取政权、用暴力推翻资本主义制度的重要意义。他在强调无产阶级革命的普遍性的同时,还着重指出了要充分考虑各国的具体情况的问题,"我们从来没有断言,为了达到这一目的,到处都应该采取同样的手段。我们知道,必须考虑到各国的制度、风俗和传统;我们也不否认,有些国家,像美国、英国——如果我对你们的制度有更好的了解,也许可以加上荷兰——工人可能用和平手段达到自己的目的。"但是,马克思还是充分地估计到了暴力在无产阶级革命中的重大作用,"在大陆上的大多数国家中,暴力应当是我们革命的杠杆;为了最终地建立劳动的统治,总有一天正是必须采取暴力。"这样,马克思又一次揭示了社会发展的普遍性和特殊性的辩证关系、统一性和多样性的辩证关系。二是海牙代表大会赋予总委员会以新的、更广泛的权力,加强了民主集中制的组织原则,而这是由当时特殊的阶级斗争形势决定的。只有实行必要的集中,才可能战胜无产阶级的敌人。三是决定把总委员会的驻地迁往纽约,因为"美国正在成为一个以工人为主的世界,每年有50万工人迁移到这个第二大陆上来;国际必须在这块工人占优势的土地上深深地扎根"。

同时,马克思还根据巴黎公社的经验,阐述了全世界无产阶级团结的伟大意义。他说:"公民们,让我们回忆一下国际的一个基本原则——团结。如果我们能够在一切国家的一切工人中间牢牢地巩固这个富有生气的原则,我们就一定会达到我们所向往的伟大目标。革命应当是团结的,巴黎公社的伟大经验这样教导我们。巴黎公社之所以失败,就是因为在一切主要中心,如柏林、马德里以及其他地方,没有同时爆发同巴黎无产阶级斗争的高水平相适应的伟大的革命运动。"

最后,马克思声明,他不会退出国际,并将一如既往地为迟早会导致无产阶级在全世界的统治的那种社会思想的胜利而斗争。

86岁老人的回忆

1872年9月2日至7日,国际工人协会第五次代表大会在荷兰海牙举行。1933年,年已86岁的参加过这次会议的委员、德国工人运动活动家库诺,对海牙大会的情景回忆道:

我到达海牙时,代表大会已经开幕了。会议是在伦巴特街一家舞厅中举行的,舞厅长约50英尺,宽约20英尺,边上有一个楼厅。

我走进大厅,看到摆成马蹄形的一圈桌子,桌旁聚了一群我有生以来看到过的最有趣的人。

然后我看到了恩格斯。他坐在会议主持人的左边,一面吸烟,一面写,聚精会神地听别人发言。当我作自我介绍时,他抬起头来,抓住我的手,兴奋地说:"一切进行得很顺利,我们占绝对优势。"

在恩格斯的对面,坐着马克思的女婿保尔·拉法格,他曾在西班牙进行反对巴枯宁秘密组织的斗争。恩格斯一面介绍我认识拉法格,一面大声说:"请看,这两位就是我们来自西班牙和意大利的斗士!"

马克思坐在恩格斯的后面。我根据他的长满卷发的大脑袋立即就认出他了。他面色黝黑,头发和胡子都已斑白。他穿着一件黑色的呢外套。当他要特别注意某个人或某件东西时,就把单片眼镜贴在右眼上。恩格斯带我去见他,他亲切地欢迎我,并邀我在会议结束后同他谈谈西班牙和意大利的状况。

1873 年至 1881 年

马克思论自己的辩证方法

1873年1月24日，马克思在《资本论》第一卷第二版跋中指出："我的辩证方法，从根本上来说，不仅和黑格尔的辩证方法不同，而且和它截然相反。在黑格尔看来，思维过程，即甚至被他在观念这一名称下转化为独立主体的思维过程，是现实事物的创造主，而现实事物只是思维过程的外部表现。我的看法则相反，观念的东西不外是移入人的头脑并在人的头脑中改造过的物质的东西而已。

将近30年以前，当黑格尔辩证法还很流行的时候，我就批判过黑格尔辩证法的神秘方面。但是，正当我写《资本论》第一卷时，今天在德国知识界发号施令的、愤懑的、自负的、平庸的模仿者们，却已高兴得像莱辛时代大胆的莫泽斯·门德尔森对待斯宾诺莎那样对待黑格尔，即把他当作一条'死狗'了。因此，我公开承认我是这位大思想家的学生，并且在关于价值理论的一章中，有些地方我甚至卖弄起黑格尔特有的表达方式。辩证法在黑格尔手中神秘化了，但这决没有妨碍他第一个全面地有意识地叙述了辩证法的一般运动形式。在他那里，辩证法是倒立着的。必须把它倒过来，以便发现神秘外壳中的合理内核。"

恩格斯谈拟写《自然辩证法》一书的构思

针对资产阶级抵制马克思主义的传播，歪曲利用自然科学的新成就，恩格斯于 1873 年 5 月 30 日写信给马克思，叙述了他拟写《自然辩证法》一书的构思。以下是该信的节录：

自然科学的对象是运动着的物质，物体。物体是离不开运动的，各种物体的形式和种类只有在运动中才能认识，处于运动之外，处于同其他物体的之外的物体，是谈不上的。物体只有在运动中才显示出它是什么。因此，自然科学只有在物体的相互关系中，在物体的运动之中观察物体，才能认识物体。对运动的各种形式的认识，就是对物体的认识。所以，对这些不同的运动形式的探讨，就是自然科学的主要对象。

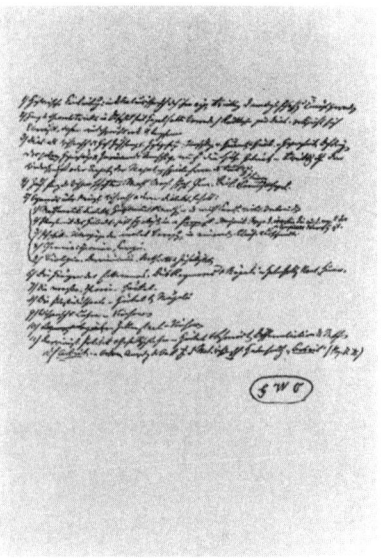

《自然辩证法》的总计划草案

1. 最简单的运动形式是位置移动（是在时间之中的——为了使老黑格尔高兴）——机械运动。

……

2. 本义上的物理学——研究这些运动形式的科学，它逐一研究了每种运动形式之后确认，在一定的条件下这些运动形式互相转化；并且最后发现，所有这些运动形式在一定的强度（因不同的运动着的物体而异）下就产生超出物理学范围的作用，即物体内部构造的变化——化学作用。

3. 化学。对于研究上述运动形式来说，无论研究的是有生命的物体或无生命的物体，都没有多大关系。无生命的物体所表现出来的现象甚至是最纯粹的。与此相反，化学只有在那些从生命过程中产生的物质身上才能认识最重要的物体的化学性质;人工制造这些物质愈来愈成为化学的主要任务。它构成了向关于有机科学的过渡,但是,这种辩证的过渡只是在化学已经完成或者接近于完成这种实际的过渡的时候才能实现。

4. 有机体——在这里,我暂时不谈任何辩证法。

恩格斯讲述马克思的病情和工作情况

连续几年出现的失眠和头痛无情地折磨着马克思,在这种情况下,本应该静下心来好好地休息一番,但他仍旧顽强地为人类的解放事业工作着。为此,1873年7月1日,恩格斯在给库格曼的一封信中,向他讲述了马克思的病情和工作情况,说:

"马克思若干年来就时常失眠,而且越来越严重,他为这种病作了各种各样的荒唐的解释,譬如他说这是久治未愈的喉炎造成的;但是,在咳嗽痊愈以后,失眠还是照旧。《资本论》法译本给他带来的繁重工作(可以说,他必须重新翻译),出版者的坚持要求以及各种与此有关的其他不愉快的事情,使病情恶化了,但是他一直不愿停止过度的工作,最后他开始感到头顶受到剧烈的压迫,失眠严重到了甚至服用很大剂量的三氯乙醛也不起作用。"

在这种情况下,医生不得不限制马克思的工作时间。

恩格斯发表批判无政府主义的文章

《论权威》一文,是一篇具有深远意义的批判无政府主义的文章。这篇文章是恩格斯应《人民报》编辑恩·比尼亚米的屡次请求为《共和国年鉴》这本文集写的。比尼亚米向恩格斯提出这个请求最早是在1872年7月。1872年11月3日,比尼亚米通知说,他已收到了恩格斯的文章,但由于比尼亚米被捕,文章丢失了。为此,1873年3月恩格斯又寄给比尼亚米《论权威》一文,比尼亚米在1873年12月予以发表。该文节选如下:

为什么反权威主义者不只是限于高喊反对政治权威,反对国家呢?所有的社会主义者都认为,政治国家以及政治权威将由于未来的社会革命而消失,这就是说,公共职能将失去其政治性质,而变为维护真正社会利益的简单的管理职能。但是,反权威主义者却要求在产生权威的政治国家的各种社会条件废除以前,一举把权威的政治国家废除。他们要求把废除权威作为社会革命的第一个行动。这些先生见过革命没有?革命无疑是天下最权威的东西。革命就是一部分人用枪杆、刺刀、大炮,即用非常权威的手段强迫另一部分人接受自己的意志。获得胜利的政党如果不愿意失去自己努力争得的成果,就必须凭借它的武器对反动派造成的恐惧,来维持自己的统治。要是巴黎公社面对资产没有运用武装人民这个权威,它能支持哪怕一天吗?反过来说,难道我们没有理由责备公社把这个权威用得太少了吗?

总之,二者必居其一。或者是反权威主义者自己不知所云,如果是这样,那他们只是在散布糊涂观念;或者他们是知道的,如果是这样,那他们就是背叛了无产阶级运动。在这两种情况下,他们都只是为反动派效劳。

内容丰富的《数学手稿》

在晚年，马克思为了深化政治经济学的研究，完成《资本论》后几卷的撰写，便把自己科学研究的中心和重点放在对科学技术和数学问题的关注和研究上。1873 年 5 月 31 日，马克思在给恩格斯的信中指出："为了分析危机，我不止一次地想计算出这些作为不规则曲线的升和降，并曾想用数学方式从中得出危机的主要规律（而且现在我还认为，如有足够的经过检验的材料，这是可能的）。"马克思不仅对数学的发展给予了极大的关注，而且始终坚持独立的数学研究，写下了内容十分丰富的《数学手稿》。

在《数学手稿》中，马克思研究了微积分的发展史。他不仅探讨了微积分学从牛顿、莱布尼茨到拉格朗日的历史发展过程，而且辩证地历史地研究了微积分的每一发展阶段的特征及其规律。马克思对每一阶段的代表人物的不同理论和方法进行了比较研究，既肯定了他们在微积分发展史上的地位和作用，也指出了他们的局限和不足，在对他们进行科学评价的同时，批判了他们的唯心主义和形而上学。在此基础上，马克思将微积分的发展划分为三个阶段，即神秘的微分学、理性的微分学和纯代数的微分学。这是运用唯物辩证法对微积分前两百年历史的科学的总结，为人们把握高等数学的内在发展规律，进而推动高等数学的发展提供了科学的方法论。

总之，马克思在《数学手稿》中深刻地揭示了微积分的辩证内容，精辟地阐明了从代数学过渡到微积分学的本来辩证法，从而开创了数学辩证法（数学哲学）的研究领域，这不仅为哲学的发展做出了伟大的贡献，而且为数学的发展指明了方向。

遵从医嘱，立志戒烟

要论嗜烟的程度，马克思不能不算是一个罕见的人物。马克思曾对人说过这样的话：《资本论》的稿费甚至将不够偿付他写作这本巨著时吸的雪茄烟钱。由于烟瘾特别大，抽烟时间又长，使马克思的身体受到了很大的损害。为此，医生劝他把烟戒掉，马克思听从了医生的劝告，从此就戒烟了。以后连他自己也不相信竟能做到完全不吸烟。正像一位老共产主义者、德国裁缝工人弗里德里希·列斯纳的回忆中说的："还在70年代中医生就禁止马克思吸烟。他的烟瘾极大，对他来说戒烟确是一种莫大的牺

马克思嗜烟，他曾说，《资本论》的稿费甚至将不够付他写作这本巨著时所抽的雪茄钱。

牲。在他戒烟以后，当我第一次去看他的时候，他既高兴又自豪地对我说，他已经多少天没有抽烟了，而且只要医生不许可，他决不再抽。"

写作名著《哥达纲领批判》

1863年成立的全德工人联合会，是拉萨尔主义者领导下的一个

派别，又称拉萨尔派；1869年成立的德国社会民主工党，以威廉·李卜克内西和奥古斯特·倍倍尔为主要领导，由于它是在爱森纳赫成立的，又被称为爱森纳赫派。

以上两个组织是当时德国工人运动存在的两个派别，其中拉萨尔派是反对马克思主义理论的机会主义。1875年3月，两派分别公布了为合并而拟定的纲领草案。草案中爱森纳赫派对拉萨尔派在原则上作了很大让步。马克思知道这一充满机会主义和庸俗民主主义的纲领草案后，大吃一惊，于是抱病写下了著名的《哥达纲领批判》。

《哥达纲领批判》是马克思主义关于科学共产主义理论的重要著作，进一步发展了马克思主义的国家学说，提出了在资本主义社会和共产主义社会之间，有一个从前者变为后者的革命转变时期。同这个时期相适应的也有一个政治上的过渡时期，这个时期的国家只能是无产阶级的革命专政。这一重要理论，是在马克思主义发展史上，第一次把未来的国家制度问题、过渡时期问题、共产主义建设问题同无产阶级专政紧密地联系起来加以考察。文中第

《新时代》1891年第1卷第18期上发表的马克思《哥达纲领批判》。

一次把共产主义社会分为两个发展阶段，即初级阶段和充分发展阶段。初级阶段即社会主义阶段，由于社会生产力的发展还不够发达、完善，个人消费品的分配原则，只能实行各尽所能，按劳分配。同时，对共产主义社会高级阶段的基本特征也作了描述：在共产主义社会高级阶段，在迫使个人奴隶般地服从分工的情形已经消失，从而脑力劳动和体力劳动的对立也随之消失之后；在劳动已经不仅仅是谋生的手段，而且本身成了生活的第一需要之后；在随着个人的全面发展，他们的生产力也增长起来，而集体财富的一切源泉都充分涌流之后——只有在那个时候，才能完全超出资产阶级权利的狭隘眼界，社会才能在自己的旗帜上写上：各尽所能，按需分配！

马克思致威廉·白拉克的信（节录）

威廉·白拉克（1842—1880）是德国社会民主工党创建人之一，德国工人运动著名活动家，德国社会民主党出版事业的先驱。1873年，他写作了《拉萨尔的建议》一书，批判拉萨尔所谓依靠"国家帮助"建立生产合作社的机会主义主张。1875年，他支持马克思和恩格斯对《哥达纲领》草案的批判。于是，马克思于1875年5月5日写信给白拉克，阐述了《哥达纲领》的荒谬见解及危害性。该信节录如下：

下面对合并纲领的批判性批注，请您阅后转交盖布和奥尔、倍倍尔和李卜克内西过目。……我工作太忙，已经不得不远远超过医生给我限定的工作量。所以，写这么长的东西，对我来说决不是一种"享受"。但是，为了使党内朋友们（这个通知就是为他们写的）以后不致误解我不得不采取的步骤，这是必要的。

这里指的是，在合并大会以后，恩格斯和我将要发表的一个简短的声明，内容是：我们同上述原则性纲领毫不相干，同它没有任何关系。

这样做是必要的，因为在国外有一种为党的敌人所热心支持的见解——一种完全荒谬的见解，仿佛我们

威廉·白拉克（1842—1880），德国社会民主党人，社会民主工党（爱森纳赫派）的创始人和领导人之一。

从这里秘密地操纵所谓爱森纳赫党的运动。例如巴枯宁还在他新近出版的一本俄文著作里要我不仅为这个党的所有纲领等负责，甚至要为李卜克内西自从和人民党合作以来所采取的每一个步骤负责。

此外，我的义务也不容许我即使用外交式的沉默来承认一个我认为极其糟糕的、会使党堕落的纲领。

一步实际运动比一打纲领更重要。所以，既然不可能——而局势也不容许这样做——超过爱森纳赫纲领，那就干脆缔结一个反对共同敌人的行动协定。但是，制定一个原则性纲领（应该把这件事情推迟到由较长时间的共同工做准备好了的时候），这就是在全世界面前树立起可供人们用来衡量党的运动水平的里程碑。

第一国际退出历史舞台

1876年7月15日,在费拉得菲尔代表会议上通过了关于解散国际的决议。会议决定:在国际得以恢复的新条件产生之前停止活动。同时代表们还通过了告国际全体会员书,陈述了会议通过的各项决议,并呼吁:"全世界无产者,联合起来!"会议委托左尔格和施佩耶尔收集和保存国际的文件。由此,第一国际在完成了自己的历史使命之后,退出了历史舞台。

第一国际的解散,是根据马克思的建议做出的。多年来,马克思领导的第一国际奠定了国际无产阶级争取社会主义斗争的基础。第一国际是不会被人忘记的,它在国际工人解放的斗争史上将万古长存。第一国际也为马克思树立了一座不朽的丰碑。在第一国际存在和活动的时间里,马克思放下了他的科学研究和著述,为全世界无产阶级的革命事业日夜操劳,牺牲了自己的时间和健康,从而使第一国际取得了极其辉煌的成果,极大地推进了全世界无产阶级革命事业。

自然科学研究的伟大成果

1876年11月20日,恩格斯在致约翰·菲力浦·贝克尔的信中说道:"马克思和我两个人,应当完成一些确定要写的科学著作。迄今我们看到,任何别的人都不能甚至也不想去写这些著作。

我们必须利用世界历史上目前这个平静时期来完成它们。谁知道是否会很快发生什么事件从而把我们重新投入实际运动当中去；因此，我们就更应当利用这一短暂时间，在同样重要的理论方面作出哪怕是微小的发展。"恩格斯上面说的确定要写的著作，在马克思来说是《资本论》第二、三卷，对他来说就是《自然辩证法》。

恩格斯为撰写这部著作，持续研究了多年时间，对自然科学的研究涉及面非常广泛，几乎包括了当时自然科学的所有领域。《自然辩证法》是恩格斯的主要著作之一，它对19世纪中叶自然科学的最重要成就作了辩证唯物主义的概括，进一步发展了唯物主义辩证法，并批判了自然科学中的形而上学和唯心主义观念。

写作这部著作的过程可分为两个主要时期：从计划写这一著作到开始写《反杜林论》（1873年5月—1876年5月）和从《反杜林论》写完到马克思逝世

欧根·卡尔·杜林（1833—1921），德国折中主义哲学家。

（1878年7月—1883年3月）。在前一时期，恩格斯主要是收集材料，写完了片断的大部分和《导言》。在后一时期，恩格斯拟定了未来著作的具体计划，写完了相当数量的片断和几乎所有的论文。马克思逝世后，恩格斯由于全力倾注于完成《资本论》的出版工作和领导国际工人运动，不得不在事实上停止自己著作的写作。

在恩格斯生前，《自然辩证法》的材料都没有发表过。在他逝世以后发表了他列入《自然辩证法》的两篇论文：《劳动在从猿到人的转变中的作用》（1896 年发表于《新时代》杂志），《神灵世界中的自然研究》（1898 年发表于《世界新历画报》年鉴）。1925 年第一次用德文和俄译文对照的形式全文发表了《自然辩证法》。

恩格斯发表《反杜林论》

1877 年 1 月 3 日—1878 年 7 月 7 日，恩格斯在新创立的德国社会主义工人党的机关报上连续发表了一大批批判杜林的文章，后来，恩格斯将这些论战文章汇集为一本名为《欧根·杜林先生在科学中实行的变革。哲学。政治经济学。社会主义》的著作出版，这就是著名的《反杜林论》。

杜林（1833—1921）出生于普鲁士官僚家庭，曾任柏林大学讲师，他自吹是"社会主义改革家"，创立了"最后的、终极的真理"体系，对马克思主义的哲学、政治经济学和科学社会主义进行了全面的攻击。由于他对时政多有贬斥且言词激烈，又以"左"的面目出现，因此，不仅年轻的大学生追随其后，还迷惑了一些社会民主党人，甚至在他周围出现了一个新的宗派。

面对这种严峻的形势，马克思和恩格斯主张必须给予有力的批判，这是捍卫科学社会主义的需要。为了让马克思专心撰写《资本论》，恩格斯中断了《自然辩证法》的写作，承担起反击杜林的任务。他在 1876 年 5 月 24 日和 26 日给马克思的信中谈了批判杜林的打算和写作总计划。马克思积极支持恩格斯的工作，他在 1876 年 5 月 25 日写给恩格斯的信中指出，"我的意见是这样的：'我们对待这些先生的态度'只能通过对杜林的彻底批判表现出来。他显然在崇拜他的那些舞弄文墨的不学无术的钻营之徒中间进行了煽动,以便阻挠这种批判;他们那一方面把希望寄托在他们所熟知的李卜克内西的软弱性上……只是在他(指李卜克内西——引者注)多次寄来各种无知之徒的信件,使我们注意到那些平庸思想在党内传播的危险性的时候,我们才感到这件事情的重要性。"

为帮助恩格斯做好批判杜林的工作,马克思帮助恩格斯搜集了有关方面的材料,重新翻阅了欧文的著作,并编制了欧文著作的目录;在1877年8月8日给恩格斯的信中,马克思提到了一些在批判杜林歪曲社会主义思想史方面的非常重要的著作。另外,马克思还直接参加了《反杜林论》一书的写作工作,撰写了第二编第十章——《〈批判史〉论述》。对于马克思的作用,恩格斯于1885年9月23日在《反杜林论》第二版的序言中给予了充分肯定。

总之,恩格斯在《反杜林论》中以他独有的机敏才华、昂扬的斗争热情和经验丰富的论战技巧,全面揭露和批判了杜林的伪科学面孔,彻底清除了杜林主义对党的影响。同时,《反杜林论》是第一次从正面全面系统地论述了马克思主义的三个组成部分——马克思主义哲学、政治经济学和科学社会主义的基本原理及其关系的科学巨著,是一部马克思主义的百科全书。

恩格斯发表《卡尔·马克思》一文

1877年6月,恩格斯应德国社会民主党刊物《人民历书》主编白拉克的请求,写了关于马克思传略的《卡尔·马克思》一文,于1878年发表。

《卡尔·马克思》一文，叙述了马克思1877年以前的伟大革命实践和理论创造活动，为更好地促进马克思主义的传播，回击各国反动派和机会主义者对马克思学说的攻击，收到了很好的作用。

　　恩格斯在谈到马克思是科学共产主义的创始人和国际无产阶级的伟大革命导师和领袖时，精辟地概述了马克思在科学上的不朽贡献，特别是唯物史观和剩余价值学说的发现及其伟大深远的历史意义。针对以往人们对历史的见解均是唯心主义的状况，马克思从人类物质资料的生产活动出发去分析社会历史，从而对人类社会的发展作出了正确的解释。认为从奴隶社会以来的全部历史都是阶级斗争的历史，一切阶级斗争都是政治斗争，斗争的中心问题始终是"旧的阶级要保持统治，新兴的阶级要争得统治。"而阶级和阶级斗争的产生和存在是由物质资料的生产方式决定的。同样，每一历史时期的观念和思想也应该由这一时期的社会经济条件，以及由这些条件决定的社会关系和政治关系来说明。是人们的社会存在决定人们的社会意识，经济基础决定上层建筑。在这期间，马克思密切联系社会现实，下苦功对政治经济学进行了深入研究，创立了剩余价值学说，"彻底弄清了资本和劳动的关系"，揭穿了资本家剥削工人的秘密，揭示了资本主义生产方式产生、发展和灭亡的规律。

恩格斯补行婚礼

　　1878年9月11日，恩格斯在自己妻子莉希卧床不起的病危情况下，特意请牧师到自己家里，在莉希的病榻边举行了婚礼。证婚人是莉希的女友莉迪娅·伦肖和她的丈夫以及医生查理·里德。

　　恩格斯一向认为，婚姻是男女两人之间的事，应当建立在真挚的爱情基础上，并不需要资产阶级的国家和法律的准许，更不需要经过基督教会的准许。那么，恩格斯为什么要补行婚礼呢？

那是在1863年1月初，恩格斯的忠诚生活伴侣玛丽因为心脏病突发而逝世。这位原配夫人的妹妹莉希，多年来一直和恩格斯夫妇生活在一起。姐妹不但政治观点一致，而且感情极为融洽。玛丽病逝后，莉希深深地悼念着自己的姐姐，也

恩格斯第二位夫人莉希·白恩士

更体贴悲哀中的姐夫恩格斯。由于互相关心和钦慕，自然产生了爱情，莉希便成了恩格斯的第二位夫人。

莉希比恩格斯小七岁，为人谦虚、温和。苦难的童年使她没能上过学，但她积极参加了恩格斯所从事的革命活动，她的家成了不少爱尔兰革命者的避难所。

不幸的是，1876年前后，莉希患了哮喘和坐骨神经痛的毛病。到1877年春，病情加重了，恩格斯为使她健康得以恢复，让她到海滨苏格兰山上疗养。但到1878年秋天，莉希病重得卧床不起了。

莉希预感到自己生命不长了，便向丈夫表示了最后的心愿：希望履行一下正式的结婚仪式。

于是，恩格斯为满足妻子的愿望，便采用这种方式补行了婚礼。

结婚仪式后，莉希脸上带着安详而开心的笑容依偎在丈夫的怀里，几个小时后，莉希就在恩格斯的怀抱里去世了。

简明扼要的口授理论

1880年5月,法国工人党领导人盖得来到英国伦敦,同马克思等人共商了如何拟定工人党纲领草案的问题。纲领分为理论部分和实践部分,其中理论部分是由马克思口授、盖得笔录而成。这个纲领于当年10月通过。

虽然马克思口授的导言部分篇幅不多,只有短短的几行字,但简明扼要、通俗易懂。"导言"主要说明了共产主义的目的,认为应将"恢复全部生产资料的集体所有制"作为工人阶级斗争的最终目的;阐述了工人阶级的历史使命和革命斗争是推翻资本主义制度,建立生产资料公有制的决定手段;说明了建立无产阶级独立政党的必要性,"这种集体占有制只有通过组成为独立政党的生产者阶级——无产阶级的革命活动才能实现";论述了无产阶级革命斗争的策略,"必须使用无产阶级所拥有的一切手段,包括借助于由向来是欺骗的工具变为解放工具的普选权";指出无产阶级革命是"不分性别和种族的全人类的解放"的事业。正因为这样,恩格斯认为"这真是具有充分说服力的杰作,寥寥数语就对群众说得一清二楚,这是我少见的,说得这样简明扼要,真使我自己也感到惊奇"。

倍倍尔对伦敦之行的回忆

奥古斯特·倍倍尔(1840—1913)是德国和国际工人运动著名

活动家，德国社会民主工党和第二国际的创始人和领导者之一，镟工。1861年，参加莱比锡工人教育协会，一年后被选为协会委员。1865年，参加了德意志工人协会的组织工作，后成为协会的领导人。1866年底，加入第一国际并接受马克思主义。1867年起，领导德意志工人协会联合会，当选为北德意志联邦议会议员，反对普奥战争，揭露俾斯麦政府的反动政策。1869年，与威廉·李卜克内西共同创建德国社会民主工党（爱森纳赫派）。

1880年，为了同马克思和恩格斯进一步商讨党的发展事宜，从未和马克思和恩格斯见过面的倍倍尔决定于12月上半月去英国伦敦。到达伦敦后，倍倍尔住在恩格斯的家里。一个星期日，应邀和其他人到马克思家里吃饭，见到了马克思及其一家人，留下了非常好的印象。后来，倍倍尔在《我的一生》中对难忘的伦敦之行回忆道：

奥古斯特·倍倍尔（1840—1913），德国工人运动和国际工人运动的杰出活动家，德国社会民主党创始人和领袖之一。

我早就认识了燕妮·马克思夫人，她的仪表雍容大方，善于以最令人满意和亲切的方式招待客人，她立刻博得了我的好感。

在那个星期日，我也认识了马克思的大女儿，她也叫燕妮，嫁给了龙格，那天她带着她的孩子们一起来了。看到被说成是人类仇敌的马克思那么亲切温柔地和自己的外孙们游戏，这些孩子们又是那么爱恋他们的外祖父，我十分惊奇和愉快。那天除了大女儿燕妮，还有两个小女儿：杜西（后来是艾威林夫人）和劳拉（拉法格的妻子）。黑眼睛、黑头发的杜西，简直和她父亲一模一样；栗色金发和深色眼睛的劳拉，更像母亲。她俩都很美丽。

影响深远的《历史学笔记》

从1881年底到1882年底,马克思对世界历史进行了专门的研究,考察了从公元前1世纪初到公元17世纪中叶的一系列重大历史事件,整理了欧洲历史的材料以及亚洲和非洲一些民族的历史材料,留下了约105个印张的四大本篇幅宏大、内容丰富的笔记。马克思逝世后,恩格斯整理了马克思的手稿,在这四本笔记上加上了《编年摘录》这一标题。这就是我们现在称之为《历史学笔记》的又一马克思晚年留下来的重要手稿。

《历史学笔记》在展示和揭示社会发展的历史进程的同时,也对社会发展规律的辩证特点作出了科学揭示。马克思的研究表明:历史不是偶然的千变万化的事件和人物的堆积,而是既反映历史进程的一般趋势,又反映各个国家历史发展的个性的一系列有内在规律的事件。这事实上是一个必然和偶然相统一、共性和个性相统一的过程。他的研究也证明:社会发展规律绝不是作为某种命定或先定的使各种现象划一的力量在起作用,而是一个富有戏剧性情节的活剧;由于人们的选择和活动,普遍规律常常在不同的条件下有不同的表现形式。这事实上是一个统一性与多样性相统一、客观性与选择性相统一的过程。他的研究还证明:影响社会发展进程的关键原因在于经济因素,但也不能忽视政治、文化和科技因素在社会发展过程中的作用,应从经济、政治、文化、科技和社会发展相协调的角度来把握社会发展规律的整体图景;但是,也不能对这些因素等量齐观,最为关键的还是经济因素。社会发展的过程事实上是一个诸因子协调与离合相统一、决定与制约相统一的过程。这样,马克思在展示封建社会从封建关系产生到封建制度解体、专制君主制和早期资产阶级革命时代的历史画卷的同时，揭示出了社会发展规律的辩证图景。

总之，《历史学笔记》不仅反映了马克思对世界历史问题研究所取得的大量史学成果，而且也体现了他对历史进行哲学沉思的观点和方法，在实质上是一部关于社会发展规律问题的科学巨著。

严格的修辞家

马克思对于语言的简洁和正确是一丝不苟的，写作时十分重视用语的明朗与准确。曾一段时间，他认真阅读歌德、莱辛、莎士比亚、但丁和塞万提斯的作品，认为这些人是自己的语言教师。

在马克思的一生中，他是个严格的修辞家，常常用很多时间力求找到需要的字句。他憎恨滥用外国字。不过，如果说他自己也常在不必要的地方使用外国字，那是由于他长期侨居国外的关系……尽管他一生有三分之二的时间是在国外度过的，但在马克思的著作中却有许多独创的真正的德国文字的用词造句！他对德文有很大的贡献，而且是德国韵文的最卓越的大师与创造者之一。

最后的慰藉

马克思夫人燕妮自 1879 年初开始，病情日益加重了。到 1880 年夏天，燕妮的病情急剧恶化，10 月初确诊为肝癌。

此时，燕妮虽然在肉体上感到非常痛苦，但她仍以惊人的毅力克制着自己，开朗的性格依然如故。这时的马克思主义的广泛发展，更使燕妮有了很大的慰藉。她高兴地看到：时到如今，对马克思的一切造谣污蔑不实之词都不攻自破了，在英国的一个著名刊物上登载的一篇文章颂扬马克思为卓越的科学家和社会主义思想家；马克思的学说在全球得到了广泛的传播，此时，从德国传来了一个令人兴奋的消息，《资本论》第二版已销售一空，读者要求出版《资本论》第三版；无产阶级的革命事业正以雷霆万钧之势在浩浩荡荡地发展着，最使她欣慰的是，德国工人党在帝国国会的选举中再一次辉煌地显示了自己源源不竭的生命力。因而，燕妮对共产主义的未来更加充满了信心。

"卡尔，我不行了"

马克思夫人燕妮的一生，十分忠实于自己的共产主义信念。她死于1881年12月2日，当她觉得死神来临时，她对马克思说了最后一句话："卡尔，我不行了"。

马克思与燕妮多年被深厚的爱情联系在一起。马克思非常欣赏燕妮的美丽并以此为骄傲；她的温柔和热忱，使他在一个革命的社会主义者所不可避免的贫困不安的生活中得到了安慰。

燕妮的去世，给马克思带来了肉体上和精神上的极大痛苦。在燕妮长期痛苦的患病期间，不眠的夜晚，心灵的激动以及缺乏运动和新鲜空气，使马克思精疲力竭，并很快患了肺炎。

恩格斯对燕妮的悼言

1881年12月2日,马克思的夫人燕妮逝世了。12月5日,燕妮的葬礼在海格特公墓举行,恩格斯在燕妮的墓前发表了意义深远的悼言。悼言如下:

朋友们:

我们现在安葬的这位品德崇高的女性,在1814年生于萨尔茨维德尔。她的父亲冯·威斯特华伦男爵在特利尔城时和马克思一家很亲近;两家的孩子在一块儿长大。当马克思进大学的时候,他和自己未来的妻子已经知道他们的生命将永远联结在一起了。

1843年,在马克思第一次走上社会舞台担任旧《莱茵报》的主编,以及该报被普鲁士政府查封以后,他们就结婚了。从此以后,她不仅和丈夫共患难、同辛劳、同斗争,而且以高度的自觉和炽烈的热情积极投身其中。

这对新婚夫妇动身前往巴黎,自愿的出境很快变成了被迫的出境。甚至在巴黎,马克思也受到普鲁士政府的迫害。我必须遗憾地指出,像亚·洪堡这样的人竟卑鄙到和普鲁士政府合作,怂恿路易·菲力浦政府把马克思逐出了法国。马克思到了布鲁塞尔。二月革命爆发了。布鲁塞尔也随着动荡不安,比利时警察局不仅逮捕了马克思,而且毫无理由地把他的妻子也监禁起来。

1848年的革命高潮,到第二年就低落了。又一次驱逐开始了,起初到了巴黎,后来由于法国政府的干涉,便搬到伦敦。这次驱逐历尽了重重苦难。尽管这次驱逐使她的三个孩子(其中两个是男孩)死亡,她还是决心忍受被驱逐者通常遭到的一切苦

1881年12月2日,马克思的夫人燕妮逝世了。

难。但是看到一切政党,不管是执政的还是在野的(封建派、自由派、所谓民主派),都联合起来反对她丈夫,对他进行最卑鄙下流的诬蔑,看到所有报刊都不登载他的文章,他在敌人面前陷于孤立无援和手无寸铁的境地,他们两人用来对付敌人的就是蔑视——这一切对她却是莫大的痛苦。而这种情况继续了很长时间。

但这不是没有尽头的。欧洲的工人阶级逐渐处于稍微可能进行活动的政治条件下了。国际工人协会成立了。它使文明国家相继参加斗争,在这个斗争中最先参加战斗的是她的丈夫。开始补偿她所经受的种种苦难的时刻终于来到了。她生前终于看到,曾经落在她丈夫身上的各种卑鄙的诬蔑完全烟消云散;她生前终于听到,各国反动派曾经企图扼杀的她丈夫的学说在各个文明国家用各种优美的语言公开地胜利地传播了。她生前终于看到,充满胜利信心的无产阶级的革命运动席卷了从俄罗斯到美洲的一个又一个国家。最后使她感到欣慰的一件事就是,她在临死前得知德国工人阶级不顾一切镇压法令,在最近一次选举中光辉地显示了它的不可遏止的生命力。

她的一生表现出了极其明确的批判智能,卓越的政治才干,充沛的精力,伟大的忘我精神;她这一生为革命运动所做的事情,是公众看不到的,在报刊上也没有记载。她所做的一切只有和她在一起生活过的人才了解。但是有一点我知道:我们将不止一次地为再也听不到她的大胆而合理的意见(大胆而不吹嘘,合理而不失尊严的意见)而感到遗憾。

我用不着说她的个人品德了。这是她的朋友们都知道而且永远不会忘记的。如果有一位女性把使别人幸福视为自己的幸福,那么这位女性就是她。

马克思对爱人逝世的回忆

1881年12月7日,马克思在英国伦敦给大女儿的信中,对爱人燕妮逝世的情况这样讲道:

我亲爱的好小燕妮:

你当然了解,我现在顾不上写信。因此,我只能寄给你这几句话。因为我还根本不能走出自己的房门,所以医生绝对禁止我参加送殡。我之所以服从,还因为亲爱的亡人在她去世的前夕对护士说过轻视任何仪式的话:"我们不是那种重表面形式的人!"

……

她及时咽气,这对我是一个安慰。由于肿瘤的位置非常罕见(因此它是活动的,能改变位置),只是在最后几天才产生特有的难以忍受的剧痛（但是注射吗啡后抑制住了，这是医生有意留到临终时才用的，因为在长期使用的情况下，连吗啡也不再起任何作用）。如唐金医生预先告诉我的，病势带有逐渐衰亡的性质，同年老衰竭一样。甚至在最后的几小时，也不用同死亡进行任何斗争，而是慢慢地沉入睡乡；她的眼睛比平时更加富于表情，更加美丽，更加明亮！

你的忠实的父亲　卡·马

慈祥的外祖父

与马克思接触过的外孙们，有着一个共同的想法：就是与外祖父马克思接触是最开心、最愉快的日子。

1881年的圣诞节来临时，为使孩子们开心，马克思委托杜西为孩子们寄去了礼物，在给小燕妮的信中马克思讲道："刚才杜西在恩格斯的帮助下乘马车把给我们孩子们的一箱圣诞节礼物运往托运公司去了。海伦请我特地指明她送的小短上衣一件是给哈利的，一件是给埃迪的，一顶小毛线帽子是给帕的；其次，劳拉送的一件天蓝色小外衣也是给那个帕的；我送的一套水兵服是给我亲爱的琼尼的。妈咪在她生命最后几天里，有一天曾非常快乐地笑着对劳拉说起，我们同你带琼尼到巴黎，在那里给他挑了一套西服，他穿起来活像个小小的'醉心贵族的小市民'（莫里哀喜剧中的人物——引者注）。"

当然，马克思并不是一味地溺爱孩子们。他首先关注的是孩子们的发育和教育，让他们从小就接触世界文学的名著，培养他们的阅读能力和辨别是非的能力，他曾将歌德的《狐狸——莱涅克》寄给琼尼，并关心地问，有没有人给他讲解此书。1881年6月6日，

马克思的外孙,小燕妮的儿子让·琼尼(1876—1938)。

马克思在给小燕妮的信中询问:"琼尼收到我寄给他的《狐狸——莱涅克》了吗?这可怜的小家伙,有人读这本小书给他听吗?"同时,马克思也注意在家里营造充满正直、相互尊重、团结友爱的氛围,使孩子们从小就懂得这些品质的重要性。

总之,马克思将与孩子们在一起看作是自己的最大幸福。平时,当外孙们不在自己身边的时候,就不断地写信向小家伙们问好。在他看来,只有孩子们的欢笑才能使自己安静下来,"安静"才是自己的"家庭生活",作为一个"小小的微观世界"的孩子们的喧闹声要比"宏观"世界有意思得多。

爱琳娜对父母的记忆

马克思的小女儿爱琳娜,一次在给李卜克内西的信中,谈到了这样一段对父母的记忆:

在1881年秋天,这时我们亲爱的母亲已经病得厉害,很少下床了,摩尔害了沉重的肋膜炎。病状如此恶化,是因为他一向不注意他的病的缘故。医生(我们的至友唐金)认为他几乎无望了。那真是可怕的时期。在前面大房间里躺着我们的母亲，后面小房间里睡着摩尔。那样相处惯了、那样相亲相爱的两个人，竟再不能同住在一间屋子里。

我们善良的老琳蘅（你知道她在我们家里是什么样的人）和我变成了护士。医生说我们的细心看护拯救了摩尔。事情也许是如此，我只知道琳蘅和我有三个礼拜没有躺下睡过觉。我们成天成夜都站着，如果实在筋疲力尽了，我们就轮流休息一小时。

马克思的小女儿爱琳娜·马克思

摩尔又一次战胜了病魔。我永远忘不了那天早晨，他觉得自己强健得能够到母亲房间去了。他们在一起又都年轻起来，像一对共同进入生活的热恋中的青年男女，而不是彼此正向生命话别的一个被疾病摧毁了的老人和一个将死的老妇。

摩尔的病好些了，虽然还不是完全恢复了健康，但至少不那么软弱了。

后来，1881年12月2日母亲死了。她最后的话是向她的卡尔说的，奇怪得很，她说这句话用的是英语。

1882 年至 1892 年

内容丰富的《人类学笔记》

马克思晚年，尽管身体十分衰弱，仍十分认真地进行科学研究工作。在这期间，他集中研究了文化人类学进化论学派的成果，通过阅读大量的人类学著作，写下了篇幅十分庞大、内容十分丰富的《人类学笔记》。

马克思晚年之所以投入到人类学的研究之中，就是要回答巴黎公社失败之后社会实践提出的新问题。

第一，从巴黎公社失败的经验教训来看，不仅提出了一国范围内的无产阶级同盟军问题，而且提出了世界范围内的无产阶级同盟军问题。要研究世界性的无产阶级同盟军问题，也就是要研究世界范围内的西方无产阶级同东方农业社会中的革命力量的关系，而这就必须进一步研究东方社会的性质。而东方社会大都处于农业公社（村社）的发展阶段，农业公社只不过是原始公社的次生形态而已。这就促使马克思走向了人类学研究。

第二，尽管1873年在西欧的大多数国家普遍出现了危机，但这次深刻、广泛、严重的经济危机并没有导致资本主义的灭亡，反而使资本主义经济的发展进入了一个新的繁荣发展时期。这就把进一步考察、研究资本主义的命运和社会主义的前途的问题提了出来。这一切促使马克思进一步反思资本主义社会的发展进程，进而对社会发展规律作出更为详尽、更为科学、更为具体的把握。

第三，在西欧无产阶级革命一时沉寂和资本主义再度繁荣形成强烈反差的情况下，在东方落后的国家中，不仅随时存在着爆发革命的可能性，而且革命斗争正如火如荼地发展着，世界范围内的民族解放运动方兴未艾。科学共产主义理论不仅传播到了这些国家，而且开始与他们本国的实际结合起来。这就促使马克思在考察东方国家社会主义革命可能性的同时，必须要突破和击碎社会发展问题上的西方中心论倾向。

总之，马克思的《人类学笔记》谱写了马克思主义发展史上的新篇章。从理论内容来看，《人类学笔记》涉及了一系列的领域。马克思探讨了人类文明的发生和发展问题以及东西方文明的差异和共性问题，史前社会理论和东方社会理论被突出了出来。从学科范围来看，《人类学笔记》在形式上是对文化人类学著作的摘录，但事实上探讨了经济、政治、文化等一系列问题；而在文化的范围内，它又涉及了技术、宗教、道德、哲学等众多的问题。从研究方法来看，马克思由此开始从"人体解剖"转向"猴体解剖"，强调二者的关联和相互依赖，使实证研究的重要性突出了出来，同时，辩证思维的方法得到了有效的运用。从研究意义来看，《人类学笔记》具有很强的实践意义，在史前社会问题上，马克思再次论证了共产主义的历史必然性，认为未来的共产主义社会是在更高的形态上向原始共产主义的复归；在东方社会问题上，马克思揭示了东方革命的可能性及其意义。

燕妮的幽默

生活中，燕妮的良好气质和高尚的幽默感，给人留下了很好的印象，她的小女儿爱琳娜曾这样回忆道：

她奄奄一息地卧床好几个月，忍受着癌症带给她的一切可怕的折磨。可是她的兴致一直很高，无穷无尽的幽默，从没有片刻离开过她。她像小孩一样焦急地询问当时德国选举（1881年）的情况，知道我们得胜后她是多么快乐呵！直到临死她精神一直很好，并且设法用说笑来驱散我们的焦虑。虽然她万分痛苦，她还是说笑话，她还笑——笑医生和我们，笑我们担心忧虑太多。她几乎直到气绝时神智还完全清醒，当她再不能说话时（她最后的话是对"卡尔"说的），她紧紧地握我们的手，并且尽力露出笑容。

马克思致信女儿爱琳娜

1883年1月8日，马克思在文特诺尔圣博尼费斯花园1号给小女儿爱琳娜写信。该信如下：

亲爱的小杜西：

星期六我收到了威廉森医生的短信，其中附有弗·贝肖医生给威廉森的信，贝肖的信上注有：1883年1月4日，滨海圣莱昂纳兹市勇士广场5号。信里提到：

"我们这里整整一个星期几乎连绵不断地下雨或者是潮湿的天气，但从2日起，相反地，天气干燥起来。从那时起，每天下午有阳光，尽管不多。我争取明天告诉你更多的情况。我认为，总的说来哈斯廷斯的气候比南岸大部分地方要干燥，虽然也许因此气温要低一点"，等等。

星期六（1月6日），这里天气挺好，但这只是中午；昨天天气也干燥，但是冷一些；跟往常一样，空地上阳光很充足。昨天和前天我都散步了；今天看样子也是好天。如果不是直接晒着太阳，总的说来还有点凉。但无论如何气温有希望逐渐增高。

如果这里天气捉弄人，可以转到哈斯廷斯去，至于到了变换地点本身就会有好处的时候,就更不用说了。现在我们已经知道,离开文特诺尔到哈斯廷斯去是有些好处的,但是到同威特岛条件差不多的文特诺尔附近的南岸各地去,就不一定是这样了。

我仍在同积痰进行艰苦的斗争;星期六早晨起床时,咳嗽痉挛性地发作,以致我想喘几秒钟气都不行。我想,这是神经受了刺激——替小燕妮担心所致!我不必多讲了。我想立即到阿尔让台去,可是一个生病的客人,恐怕只会更加重孩子的负担!要知道谁也不能担保,走这一趟不会引起我至今幸免的旧病复发。但是,不能去看望孩子,心里总是很难受的。

致良好的祝愿。

老尼克

最后一个噩耗

1883年1月11日,马克思的大女儿燕妮去世了。这个消息,是马克思晚年心理上遭受的最后一个沉痛的噩耗。马克思的小女儿爱琳娜给李卜克内西写的信中这样谈道:

突然来了最后一个可怕的打击:燕妮去世的噩耗。摩尔最钟爱的长女燕妮突然死了。事前我们曾接到摩尔许多信(现在这些信就在我的面前),他说燕妮的健康已有好转,我们(琳蘅和我)不必担心。在接到摩尔报告上述情况的信后一点钟,我们就收到了报告她去世的电报。我马上动身到文特诺尔去。我一生曾经历过不少悲哀的时刻,但从来没有像这次这样沉重。我感到我这一去等于是把死刑判决书带给我父亲。在长途的焦愁的旅程中,我苦心焦思着如何把这消息告诉他。但用不着我说出——我的面部表情出卖了我,摩尔立刻就说:"我们的燕妮死了!"于是命令我立刻到巴黎去看看那些孩子。我想留在那里跟他在一起,但他不许我反驳。我到文特诺尔还不到半个钟头,便又踏上悲凄的旅途到伦敦去,从那里再立刻转赴巴黎。摩尔要我为孩子们做的事我都做了。

恩格斯对马克思大女儿燕妮的悼言

恩格斯得知马克思的大女儿燕妮去世后,十分悲痛,于1883年1月13日用德文在英国伦敦为她写了悼言:

1月11日,卡尔·马克思的长女、约八年前同前巴黎公社委员、现任《正义报》编委沙尔·龙格结婚的燕妮,在巴黎附近的阿尔让台去世了。

她生于1844年5月1日。她是在国际无产阶级运动的环境中长大的,同这个运动有非常密切的联系。尽管她拘谨得几乎可以被看成胆小,但是在必要的时候,她却表现出一个男子也会羡慕的沉着和刚毅。

当爱尔兰的报刊揭露了1866年和后来被判罪的芬尼亚社社员在监狱中所受到的虐待,而英国报刊闭口不谈这些卑鄙行为的时候,当格莱斯顿内阁违背在选举时所作的诺言,拒绝赦免犯人而且丝毫不改善他们的处境的时候,燕妮·马克思就设法触痛一下笃信宗教的格莱斯顿先生。她在罗什弗尔的《马赛曲报》上刊登了两篇文章。以鲜明的笔调描述了自由的英国是怎样对待政治犯的。她的文章发生了作用。巴黎大报的揭露是难以忍受的。几个星期以后,奥顿诺凡-罗萨和其他大多数人都被释放并启程到美国去了。

1871年夏天,她同最小的妹妹到波尔多看望妹夫拉法格。拉法格、他的妻子、他的有病的孩子和这两位姑娘从那里前往比利牛斯山脉巴涅尔-德-吕雄矿泉。一天清晨,有一位先生来见拉法格,对他说:"我是警官,但我是共和派;我奉命要逮捕你。已经查明,你是负责波尔多同巴黎公社的联络的。你现在还有一个小时的时间可以越过国境。"

拉法格和妻子及孩子顺利地翻越山路到了西班牙。警察局为此向两位姑娘进行报复,逮捕了她们。燕妮的口袋里有一封在巴黎附近牺牲的公社领袖古斯达夫·弗路朗斯的信。如果这封信被搜出,它将成为她们二人到新喀里多尼亚岛旅行的一份最有效的护照。在单独留在室内的瞬刻,她打开了一本旧的、覆盖着灰尘的登记簿,把这封信夹在中间,再把它合上。这封信可能现在还在那里。两位姑娘被带进省长办公室,这位省长,高贵的凯腊特里伯爵、老波拿巴主义者,对她们严加审问。但是这位前外交官的狡猾和前骑兵军官的粗暴,碰到燕妮的镇静的理智都失败了。凯腊特里对于"这一家的妇女们显然都具有的毅力"说了些狠毒的话,就怒气冲冲地走出了房间。在同巴黎通了无数次电报以后,他终于只好释放了这两位姑娘,她们在拘押时受到了真正普鲁士式的待遇。

燕妮一生中的这两件事情充分表明了她是怎样一个人。无产阶级失去了她这样一个英勇的战士。但是,她的悲痛万分的父亲至少还有这样一种安慰,这就是欧美千百万工人分担着他的悲痛。

这个悼言,载于1883年1月18日《社会民主党人报》第4号。

马克思是"从事科学普及工作的惊人天才"

与马克思有过多年接触交往的威廉·李卜克内西,在《忆马克思》的文章中谈到了对马克思的许多良好印象,称马克思具有从事科学普及工作的惊人天才。他说:

在共产主义工人教育协会里,"马克思显示了他具有从事科学普及工作的惊人天才。没有人比他更痛恨庸俗化,就是说伪造、阉割科学并使它庸俗化;可是也没有人具有比他更高的明确表述自己思想的才能。语言的明确是由于思想明确,而明确的思想必然决定明确的表现方式。

马克思(1882年)

马克思的讲授进行得很得法。中心问题提出时他力求简短,然后用较长的解释来说明它,竭力避免使用工人们不懂的话。然后他叫听众提问题。如果没有人发问,他就开始考问。考问的技巧从教育学上来看是十分高明的,没有一处不懂或误解的地方能逃过他。

我曾对他这种技巧表示惊异,有人就告诉我,说他在布鲁塞尔德意志工人协会里已经作过讲演了。从各方面来看,他具备了一个优秀教师的一切条件。"

恩格斯致信爱·伯恩施坦（节录）

1883年3月1日，恩格斯在致爱·伯恩施坦的信中，就当代科学技术的发展带来的巨大作用发表自己的看法。该信节录如下：

菲勒克就电工技术革命掀起了一阵喧嚷，却丝毫不理解这件事的意义，这种喧嚷只不过是为他出版的小册子做广告。但是这件事实际上是一次巨大的革命。蒸汽机教我们把热变成机械运动，而电的利用将为我们开辟一条道路，使一切形式的能——热、机械运动、电、磁、光——互相转化，并在工业中加以利用。循环完成了。德普勒的最新发现在于，能够把高压电流在能量损失较小的情况下通过普通电线输送到迄今连做梦也想不到的远距离，

伯恩施坦（1850—1932），曾任《社会民主党人报》主编。

并在那一端加以利用——这件事还只是处于萌芽状态——这一发现使工业彻底摆脱几乎所有的地方条件的限制，并且使极遥远的水力的利用成为可能，如果在最初它只是对城市有利，那么到最后它将成为消除城乡对立的最强有力的杠杆。但是非常明显的是，生产力将因此得到大发展，以至于越来越不再需要资产阶级的管理了。

马克思在安乐椅上长眠

1883年3月14日下午两点半钟,恩格斯和往常一样,准时来到英国伦敦梅特兰公园路马克思的住宅,看望身体十分衰弱的马克思。到时他发现一家人都在掉泪,赶紧向老管家琳蘅·德穆特询问情况,得知马克思先是少量出血,接着体力就衰竭了。这时琳蘅走上楼去探询情况,她很快就下来讲,马克思正处于半睡眠状态,可以进去探望他。当恩格斯等人进入马克思房间时,发现马克思已经安详地坐在安乐椅上长眠了。恩格斯和马克思家里人顿时悲痛万分。

伦敦海格特公墓内的卡尔·马克思墓(1956年建立纪念碑之前)。

马克思逝世的噩耗很快传遍了全世界,不仅欧洲和美洲许多国家的社会主义报刊,就连资产阶级的报刊也都登载了这一消息。各国无产阶级都怀着失去革命导师的悲痛心情以各种方式表达了自己的哀悼，唁电、悼念信像雪片一般从世界各地飞到伦敦。

恩格斯致信威·李卜克内西

1883年3月14日，是革命导师马克思逝世的日子。这天恩格斯怀着无比沉痛的心情，将国际共产主义运动遭受的这一巨大损失写信告诉威·李卜克内西。该信如下：

亲爱的李卜克内西：

从我给倍倍尔夫人（这是我所知道的唯一通讯处）的电报里，你们大概已经知道，欧洲的社会主义革命党遭受了多么严重的损失。上星期五医生——伦敦最好的医生之一——还告诉我们，只要营养跟得上，维持住他的体力，他完全有希望恢复得像以前那样健康。而且正是从那时候起，他的胃口又开始好一些了。但是今天下午两点多钟我去的时候，看到全家都在掉泪，说他异常的虚弱；琳蘅叫我上楼去看他，说他处在半睡的状态，当我上了楼的时候——此时她离开房间不过两分钟光景——他已完全睡着，但是长眠不醒了。19世纪下半叶最伟大的头脑停止思想了。关于致死的直接原因，没有医生的意见我不好判断；整个情况是这样复杂，以致医生们要把它详细写出来，也要花费许多笔墨。然而，现在这毕竟已经不是那么重要的了。最近六个星期以来，我饱受了惊恐，而我所能说的只是，在我看来，起初他的夫人去世，接着，在他非常危急的关头燕妮又去世，这些都起了作用，加速了他的逝世。

虽然今天晚上我看到他仰卧在床上，面孔也永远不动了，但是我仍然不能想象，这个天才的头脑不再用他那强有力的思想来哺育两个半球的无产阶级运动了。我们之所以有今天的一切，都应当归功于他；现代运动当前所取得的一切成就，都应归功于他的理论的和实践的活动；没有他，我们至今还会在黑暗中徘徊。

你的　弗·恩格斯

恩格斯给一位工人的信

在马克思晚年的时候，马克思的夫人及大女儿相继因患病去世，给马克思带来了极大的痛苦。不久，马克思于1883年3月14日也去世了。

为此，恩格斯十分悲痛，他给一位叫弗里德里希·列斯纳的工人写了一封信：

亲爱的列斯纳！

我们的老马克思于昨天下午三时平静而安详地长眠了。致死的原因首先大概是内出血。

葬礼将在星期六十二时举行，杜西请你务必参加。

匆匆草此。

你的　弗·恩格斯
1883年3月15日于伦敦

恩格斯回顾马克思晚年身体状况

马克思晚年的身体健康状况，一直是恩格斯十分关注和热心相助的一件大事。在马克思逝世后的第二天晚上 11 时 45 分，他在英国伦敦给左尔格的信中，怀着沉痛心情介绍了这方面情况。

亲爱的左尔格：

你的电报已于今晚收到。衷心感谢！

当时要把马克思的健康状况定期告诉你是不可能的，因为病情一直变化不定。现在简单地谈谈主要情况。

在他夫人逝世前不久，1881 年 10 月，他得了胸膜炎。痊愈后，在 1882 年 2 月被送到阿尔及尔，由于路上碰到寒冷潮湿的天气，到那里又得了胸膜炎。那里天气一直很坏；他的病刚一治好，由于夏天的酷暑即将到来，他被送到蒙特卡罗（摩纳哥）去。到那里他又得了一次胸膜炎，但病势较轻。那里天气也很坏。最后，病治好了，他到了巴黎附近的阿尔让台，住在他的女儿龙格夫人家里。在那里，他用附近的恩吉安的硫矿泉水医治他的慢性支气管炎。那里虽然天气仍旧不好，但治疗还是有效的。然后他又到斐维住了六个星期，九月间，他从那里回来时，看起来健康几乎完全恢复了。医生许可他到英国南部的海滨去过冬。而他自己对无所事事的漫游生活已感到很厌倦，所以，要是再一次把他流放到欧洲南部去，也许对他的身体有好处，而对他的精神却有害处。当伦敦雾季开始的时候，他被送到威特岛去。那里阴雨连绵，他又感冒了。新年时我和肖莱马想去看他，但是得到通知，要杜西马上到他那里去。紧接着燕妮去世了；他回到这里的时候又得了支气管炎。由于过去的种种情况，加上他这么大的年纪，这是很危险的。此外还产生许多并发症，尤其是肺脓肿以及体力异常迅速的衰竭。虽然如此，病情总的是在好转；上星期五，给他治病的主要医生（伦敦最好的青年医生之一，是由雷伊·朗凯斯特专门推荐的）还给了我们莫大的希望。但只要在显微镜下观察过一次肺部组织的人都知道，肺部化脓的地方血管壁穿孔的危险是多么大。所以，六个星期以来，每天早晨当我走到拐角的地方的时候，我总是怀着极度恐惧的心情看看窗帘是不是放下来了。昨天下午两点半钟——这是白天探望他的最合适的时间——我到了他家里，看到全家都在掉泪：似乎快到临终的时刻了。我就询问了情况，想弄清原因，进行安慰。先是少量出血，接着体力就立刻衰竭了。我们那个非常好的老琳蘅看护他要胜过任何母亲照顾自己的孩子，她走上楼去，立刻又下来了，说他处在半睡状态，我可以跟她一起上去。当我们进去的时候，他躺在那里睡着了，但是已经长眠不醒了。脉搏和呼吸都已停止。在两分钟之内，他就安详地、毫无痛苦地与世长辞了。

由于自然的必然性而发生的一切事件，不管多么可怕，它们自身都包含着一种安慰。这一次情况也是一样。医术或许还能保证他勉强拖几年，无能为力地活着，不是很快地死去，而是慢慢地死去，以此来证明医术的胜利。但是，这是我们的马克思绝不能忍受的。眼前摆着许多未完成的工作，受着想要完成它们而又不能做到的唐达鲁士式的痛苦，这样活着，对他来说，比安然地死去还要痛苦一千倍。他常常喜欢引用伊壁鸠鲁的话："死不是死者的不幸，而是生者的不幸。"不能眼看着这个伟大的天才像废人一样勉强活着，去给医学增光，去受他健壮时经常予以痛击的庸人们嘲笑，不能那样，现在的情况要比那样好一千倍，我们后天把他送到他夫人安息的墓地去，这要比那样好一千倍。

根据过去发生的、连医生也不如我了解得清楚的情况来看，我认为只有这一条出路。

尽管这样，人类却失去了一个头脑，而且是它在当代所拥有的最重要的一个头脑。无产阶级运动在沿着自己的道路继续前进，但是，法国人、俄国人、美国人、德国人在紧要关头都自然地去请教的中心点没有了，他们过去每次都从这里得到只有天才和造诣极深的人才能作出的明确而无可反驳的忠告。那些土名人和小天才（如果不说他们是骗子的话），现在可以为所欲为了。最后的胜利依然是确定无疑的，但是迂回曲折的道路，暂时的和局部的迷误——虽然这也是难免的——现在将会比以前多得多了。不过我们一定要克服这些障碍，否则，我们活着干什么呢？我们决不会因此丧失勇气。

你的　弗·恩格斯

恩格斯对马克思的悼词

1883年3月14日，是全世界无产阶级极为悲痛的日子，因为这一天伟大的革命导师马克思逝世了。1883年3月17日，在英国伦敦海格特公墓为马克思举行了简朴而又十分庄严肃穆的葬仪。马克思被安葬在一年多前安葬他爱妻的同一个墓穴里。参加葬仪的有：威廉·李卜克内西、保尔·拉法格、沙尔·龙格、卡尔·肖莱马、弗里德里希·列斯纳和其他一些老战友、老朋友。墓前，摆放着两只花圈，它们是由《社会民主党人报》编辑部和伦敦共产主义工人教育协会敬献的，上面系着醒目的长条红色绸带。

葬仪由恩格斯主持并致悼词。在悼词中，恩格斯高度评价了亡友一生的丰功伟绩。他说道：

　　3月14日下午两点三刻，当代最伟大的思想家停止思想了。让他一个人留在房里还不到两分钟，当我们进去的时候，便发现他在安乐椅上安静地睡着了——但已经永远地睡着了。

　　这个人的逝世，对于欧美战斗着的无产阶级，对于历史科学，都是不可估量的损失。这位巨人逝世以后所形成的空白，不久就会使人感觉到。

正像达尔文发现有机界的发展规律一样,马克思发现了人类历史的发展规律,即历来为繁芜丛杂的意识形态所掩盖着的一个简单事实:人们首先必须吃、喝、住、穿,然后才能从事政治、科学、艺术、宗教等等;所以,直接的物质的生活资料的生产,因而一个民族或一个时代的一定的经济发展阶段,便构成为基础,人们的国家设施、法的观点、艺术以至

威廉·沃尔弗(1809—1864),德国无产阶级革命家和政论家,马克思和恩格斯的战友和朋友。

宗教观念,就是从这个基础上发展起来的,因而,也必须由这个基础来解释,而不是像过去那样做得相反。

不仅如此,马克思还发现了现代资本主义生产方式和它所产生的资产阶级社会的特殊的运动规律。由于剩余价值的发现,这里就豁然开朗了,而先前无论资产阶级经济学家或者社会主义批评家所做的一切研究都只是在黑暗中摸索。

一生中能有这样两个发现,该是很够了。即使只能作出一个这样的发现,也已经是幸福的了。但是马克思在他所研究的每一个领域,甚至在数学领域,都有独到的发现,这样的领域是很多的,而且其中任何一个领域他都不是浅尝辄止。

他作为科学家就是这样。但是这在他身上远不是主要的。在马克思看来,科学是一种在历史上起推动作用的、革命的力量。任何一门理论科学中的每一个新发现——它的实际应用也许还根本无法预见——都使马克思感到衷心喜悦,而当他看到那种对工

业、对一般历史发展立即产生革命性影响的发现的时候，他的喜悦就非同寻常了。例如，他曾经密切注意电学方面各种发现的进展情况，不久以前，他还密切注视马赛尔·德普勒的发现。

因为马克思首先是一个革命家。他毕生的真正使命，就是以这种或那种方式参加推翻资本主义社会及其所建立的国家设施的事业，参加现代无产阶级的解放事业，正是他第一次使现代无产阶级意识到自身的地位和需要，意识到自身解放的条件。斗争是他的生命要素。很少有人像他那样满腔热情、坚韧不拔和卓有成效地进行斗争。最早的《莱茵报》（1842年），巴黎的《前进报》（1844年），《德意志—布鲁塞尔报》（1847年），《新莱茵报》（1848—1849年），《纽约每日论坛报》（1852—1861年），以及许多富有战斗性的小册子，在巴黎、布鲁塞尔和伦敦各组织中的工作，最后，作为全部活动的顶峰，创立伟大的国际工人协会——老实说，协会的这位创始人即使没有别的什么建树，单凭这一成果也可以自豪。

正因为这样，所以马克思是当代最遭忌恨和最受诬蔑的人。各国政府——无论专制政府或共和政府，都驱逐他；资产者——无论保守派或极端民主派，都竞相诽谤他，诅咒他。他对这一切毫不在意，把它们当作蛛丝一样轻轻拂去，只是在万不得已时才给以回敬。现在他逝世了，在整个欧洲和美洲，从西伯利亚矿井到加利福尼亚，千百万革命战友无不对他表示尊敬、爱戴和悼念，而我敢大胆地说：他可能有过许多敌人，但未必有一个私敌。

他的英名和事业将永垂不朽！

左尔格悼念马克思

马克思的逝世，使工人阶级和社会主义者极大悲痛，极为怀念马克思对人类的卓越贡献。其中，德国社会主义者、国际和美国工人运动活动家弗里德里希·阿道夫·左尔格（1828—1906），这样回顾道：

1883年3月14日，我接到从伦敦拍来的一封电报，电文如下："马克思已于今日逝世。恩格斯。"

无产阶级的先进战士，为解放工人阶级准备武器的人逝世了。他是射向资产阶级世界的一种光芒，它消灭了那与黑暗势力互为因果的愚昧状况，如今这种最伟大的智慧光芒熄灭了。展示出新世界、新时代、新人类的远景的最伟大的思想家与世长辞了。

马克思逝世了，千百万人在听到最可靠最忠诚的良师益友的心脏停止跳动的消息的时候，莫不悲痛万分。马克思是学者，也是工人阶级的卫士，他的一切功绩是不需要立碑行传的。证实他的业绩的不是青铜白石，而是来自全世界各个角落、响应他的不朽的战斗号召——"全世界无产者，联合起来！"——的无数工人队伍。

《社会主义从空想到科学的发展》出版

为了清除蒲鲁东主义等在法国工人运动中的影响，恩格斯应国际工人运动著名活动家拉法格的请求，于1880年春将《反杜林论》中的三章（《引论》的第1章、第三编的第1章和第2章）改写成为一篇独立的通俗著作，以《空想社会主义和科学社会主义》为题发表在法国社会主义杂志《社会主义评论》1880年第3—5期上，同年又以单行本的形式出版。1883年3月，由德国《社会民主党人报》报社在霍廷根—苏黎世出版了德文单行本，改称《社会主义从空想到科学的发展》，恩格斯对正文作了补充修改，写了序言。

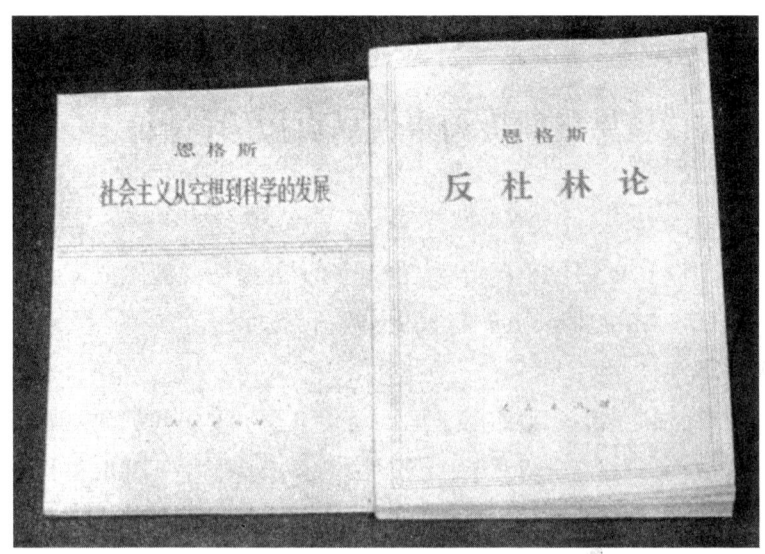

图为《反杜林论》和《社会主义从空想到科学的发展》中文版单行本封面。

19世纪七八十年代,欧洲各国先后建立了社会主义政党和组织。本书对传播科学社会主义,帮助各国年轻的工人政党同无政府主义、改良主义、小资产阶级的社会主义和空想社会主义划清界限,都起了重大的作用。书中对空想社会主义作了全面的评价,阐明了科学社会主义产生的社会条件和理论来源;论述了唯物史观和剩余价值学说的创立是社会主义从空想到科学的理论前提,说明了马克思主义三个组成部分之间的内在联系;揭示了资本主义必然灭亡和社会主义必然胜利的客观规律,以及科学社会主义的基本原理和共产主义社会的基本特征。本书是马克思主义的重要著作之一,被马克思称为科学社会主义的入门书。在恩格斯生前,此书已被翻译成欧洲10种文字出版,发行量之大,在当时是少见的,对传播马克思主义起到了十分重要的作用。

恩格斯极为重视马克思的遗稿

自1883年3月14日马克思逝世后,恩格斯便毅然放下自己手中的工作,用全部精力来整理和出版马克思没有完成的《资本论》手稿。

马克思逝世后,他的屋子里堆满了书籍、卷宗和纸包。恩格斯在这些卷宗和纸包中找到了《资本论》第二卷和第三卷的手稿。手稿有几千页,有的章节还有好几个稿本。这是马克思花了近四十年的心血留下来的一份非常宝贵的遗产。

但是,手稿到底是什么样子,能不能立即出版,恩格斯对此也不清楚。当时,各国的社会主义者都很关心:马克思未完成的《资本论》到底怎么样?资产阶级思想家们诽谤马克思说:马克思生前经常说要出版《资本论》第二卷,看来他不能实现自己的诺言,他的思想枯竭了。面对这种境况,恩格斯坚定不移地回答:《资本论》第二卷、第三卷一定要出版,

《资本论》第二卷德文第一版扉页

而且要完全根据马克思的精神来出版，马克思的每一句话、每一个思想都决不随随便便地丢失。

就这样，恩格斯经过多年的顽强工作，于 1885 年和 1894 年完成了《资本论》第二卷和第三卷的编辑出版工作，为人类共产主义事业留下了光辉的一页。一次，恩格斯在给朋友的信中说：要整理像马克思这样每一个字都贵如黄金的人所留下的手稿，是需要花不少劳动的。但是，我喜欢这种劳动，因为我重新又和我的老朋友在一起了。

《资本论》第三卷德文第一版扉页

为《共产党宣言》作序

1883 年 6 月 28 日，恩格斯在英国伦敦为出版德文版《共产党宣言》作序。下面就是在马克思逝世后经恩格斯校阅过的第一个版本的序言：

> 本版序言不幸只能由我一个人署名了。马克思这位比其他任何人都更应受到欧美整个工人阶级感谢的人物，已经长眠于

海格特公墓，他的墓上已经初次长出了青草。在他逝世以后，就更谈不上对《宣言》作什么修改或补充了。因此，我认为更有必要在这里再一次明确地申述下面一点。

贯穿《宣言》的基本思想：每一历史时代的经济生产以及必然由此产生的社会结构，是该时代政治的和精神的历史的基础；因此（从原始土地公有制解体以来）全部历史都是阶级斗争的历史，即社会发展各个阶段上被剥削阶级和剥削阶级之间、被统治阶级和统治阶级之间斗争的历史；而这个斗争现在已经达到这样一个阶段，即被剥削被压迫的阶级（无产阶级），如果不同时使整个社会永远摆脱剥削、压迫和阶级斗争，就不再能使自己从剥削它压迫它的那个阶级（资产阶级）下解放出来——这个基本思想完全是属于马克思一个人的。

这一点我已经屡次说过，但正是现在必须在《宣言》本身的前面写明这一点。

弗·恩格斯
1883年6月28日于伦敦

恩格斯口述手稿

自马克思逝世后，恩格斯毫不犹豫地放下自己的工作，用全部精力来整理和出版马克思没有完成的《资本论》手稿。

面对这浩瀚的工作量，年已63岁的恩格斯担心万一发生意外，完不成这么艰巨的任务怎么办呢。因此他经常通宵伏案工作，但很快就累得病倒了。病刚好一些，他又夜以继日地抄写手稿，想以此来弥补因病失去的时间，可是很快又发病了。对此，给恩格斯看病的医生不允许他再这样拼命工作。于是，恩格斯便采取了一个断然措施，请了一位抄写员，自己口述手稿，让抄写员记下来。每天上午十时到下午五时，病中的恩格斯躺在沙发上口述手稿，晚上就把口述记下来的稿子重新再校对一遍。这一措施自然使工作快了好多。

为纪念马克思逝世一周年的文章

1884年2月中至3月初，恩格斯为纪念马克思逝世一周年，撰写了《马克思和〈新莱茵报〉》一文，于3月13日发表在德国社会主义工人党机关报《社会民主党人报》上。该文节录如下：

当我们在德国创办一种大型报纸的时候，我们就有了现成的旗帜。这个旗帜只能是民主派的旗帜，但这个民主派到处，在各个具体场合，都强调了自己的特殊的无产阶级性质，这种性质是它还不能一下子就写在自己旗帜上的。如果我们当时不愿意这样做，不愿意站在已经存在的、最先进的、实际上是无产阶级的那一端去参加运动并推动运动前进，那我们就只好在某一偏僻地方的小报上宣传共产主义，只好创立一个小小的宗派而不是创立一个大型的行动党了。但我们已经不适于做沙漠中的布道者：我们对空想主义者研究得太清楚了，而我们制定自己的纲领目的也不在这里。

……

我们于1848年6月1日开始出版报纸时，只拥有很少的股份资本，其中只有一小部分付了款；并且股东本身也极不可靠。第一号出版后就有一半股东退出了，而到月底竟一个也没有剩下。

编辑部的制度是由马克思一人独裁。一家必须定时出版的大型日报，如果采用别的制度，就不能保持一种贯彻始终的立场。况且在这方面马克思的独裁对我们来说是理所当然和毋庸置疑的，所以我们大家都乐于接受它。首先是马克思的洞察力和坚定立场，才使这家日报成了革命年代德国最著名的报纸。

……

《新莱茵报》在它创办即将一周年时就这样停刊了。开始时它几乎没有任何资金——我已经说过，人们答应给它的一笔不大的款子是没有照付——而在9月已经差不多发行到5000份了。在科隆宣布戒严时，报纸曾经一度被封；在10月中报纸又不得不重新从头开始。但是，1849年5月，在它被禁止时，它又有了6000订户，而当时《科隆日报》，据该报自己承认也不过只有9000订户。没有一家德国报纸——无论在以前或以后——像《新莱茵报》这样有威力和有影响，这样善于鼓舞无产阶级群众。

而这一点首先归功于马克思。

"拉第二小提琴"

约翰·菲力蒲·贝克尔（1809—1886）出生于德国，是制刷工人。他曾参加过第一国际历次代表大会和重大活动，是国际工人运动活动家。1884年10月15日，恩格斯在给他的信中这样谈道：

你不必为我的健康担心。我的病是局部的，虽然有时令人厌烦，但是对整个健康毫无影响，而且决不是什么不治之症；它最坏不过使我不适于服兵役，但是也许过几年我还能够骑马。四个月以来，我不能动笔，但是我口述并几乎完成了《资本论》第二册，还校订了第一册的英译文（已译完的那部分，占全书的3/8)。另外,我现在找到了一种药。它使我的病好了一些,但愿不久会有进一步的好转。不幸的倒是,自从我们失掉了马克思之后,我应该代替他。我一生所做的是我被指定做的事,就是拉第二小提琴,而且我想我做得还不错。我高兴我有像马克思这样出色的第一小提琴手。当现在突然要我在理论问题上代替马克思的地位并且去拉第一小提琴时,就不免要出漏洞,这一点没有人比我自己更强烈地感觉到。而且只有在时局变得更动荡一些的时候,我们才会真正感受到失去马克思是失去了什么。我们之中没有一个人像马克思那样高瞻远瞩,在应当迅速行动的时刻,他总是作出正确的决定,并立即打中要害。诚然,在风平浪静的时期,有时事件证实正确的是我,而不是马克思,但是在革命的时期,他的判断几乎是没有错误的。

恩格斯阐述妇女解放问题

1885年7月,恩格斯写给德国社会主义妇女运动活动家盖·吉约姆-沙克一封信,深刻地阐述了马克思主义关于妇女解放问题上的基本观点。该信节录如下:

法国人在要求限制妇女劳动方面不像德国人那么迫切,这是由于在法国,尤其是在巴黎,妇女的工厂劳动只起比较次要的作用。就我所知,在工资还没有根本废除以前,争取男女同工同酬始终是所有社会主义者的要求。劳动妇女,由于她们的特殊生理机能,需要特别的保护,来对抗资本主义的剥削,我认为这是很明显的。英国妇女界争取妇女的形式上的权利的先驱们,即主张让妇女和男子受资本家同样厉害的剥削的那些人，自己也多半同资本主义对男女劳动者的剥削有直接或间接的利害关系。我承认，在资本主义生产方式存在的最后年代里，我关心下一代人的健康更甚于关心两性在形式上的绝对平等。我深信，只有在废除了资本对男女双方的剥削并把私人的家务劳动变成一种公共的行业以后，男女的真正平等才能实现。

关怀培养年轻革命家

培养一批具有坚定共产主义信仰、深厚的马克思主义理论素养和丰富斗争经验的年轻一代革命家，一直是马克思和恩格斯十分关注的大事。恩格斯在晚年，则是以更大的精力、热情和耐心投入到关怀培养年轻一代革命家的大事上。其中，马克思的小女儿爱琳娜就是其中之一。

爱琳娜自幼就与恩格斯关系十分亲密，她的活泼聪明深得恩格斯的喜爱。长大后，爱琳娜秉承了父亲深刻的思想和犀利的文笔，成为一名出色的政治活动家。在参加国际工人运动的过程中，她得到恩格斯直接的指导和具体的帮助。例如，爱琳娜在领导伦敦煤气工人罢工和码头工人罢工的活动中，经常向恩格斯汇报情况，并从恩格斯那里得到许多很好的建议，从而成功地取得了这两次罢工的胜利。爱琳娜还有掌握多种语言的才能，在整理和出版马克思的遗著方面是恩格斯的得力助手。在恩格斯的鼓励和指导下，她翻译了许多马克思主义著作和世界文学名著，成为一名十分出色的女翻译家。对此，爱琳娜曾就恩格斯对青年一代的关怀和指导深有感触地说，我们每一个希望为人间造福的人，遇到困难时就向恩格斯请教，而且每次都能得到圆满的答复。

恩格斯阐明两个重要的文艺理论问题

1885年底,恩格斯在致敏娜·考茨基的一封信中,结合评论她的小说《旧人与新人》,深刻地阐明了两个十分重要的文艺理论问题:一是文艺的政治性与艺术性、倾向性与真实性的统一问题,另一个是人物的共性与个性统一问题。该信节录如下:

> 对于这两种环境里的人物,我认为您都用您平素的鲜明的个性描写手法刻画出来了;每个人都是典型,但同时又是一定的单个人,正如老黑格尔所说的,是一个"这个",而且应当是如此。但是,为了表示没有偏颇,我还要找点毛病出来,在这里我来谈谈阿尔诺德。这个人确实太完美无缺了,如果他最终在一次山崩中死掉了,那么,除非人们推说他不见容于这个世界,才能把这种情形同文学上的崇尚正义结合起来。可是,如果作者过分欣赏自己的主人公,那总是不好的,而据我看来,您在这方面也多少犯了这种毛病。爱莎即使已经被理想化了,但还保有一定的个性描写,而在阿尔诺德身上,个性就更多地消融到原则里去了。
>
> 可是,产生这个缺点的原因从小说本身就能感觉到。显而易见,您认为需要在这本书里公开表明您的立场,在全世界面前证明您的信念。这您已经做了,已经是过去的事了,用不着再以这种形式重复。我决不反对倾向诗本身。悲剧之父埃斯库罗斯和喜剧之父阿里斯托芬都是有强烈倾向的诗人,但丁和塞万提斯也不逊色;而席勒的《阴谋与爱情》的主要价值就在于它是德国第一部有政治倾向的戏剧。现代的那些写出优秀小说的俄国人和挪威人全是有倾向的作家。可是我认为,倾向应当从场面和情节中自

然而然地流露出来，而无需特别把它指点出来；同时我认为，作家不必把他所描写的社会冲突的历史的未来的解决办法硬塞给读者。此外，在当前条件下，小说主要是面向资产阶级圈子里的读者，即不直接属于我们的人的那个圈子里的读者，因此，如果一部具有社会主义倾向的小说，通过对现实关系的真实描写，来打破关于这些关系的流行的传统幻想，动摇资产阶级世界的乐观主义，不可避免地引起对于现存事物的永恒性的怀疑，那么，即使作者没有直接提出任何解决办法，甚至有时并没有明确地表明自己的立场，但我认为这部小说也完全完成了自己的使命。您对奥地利农民和维也纳"社交界"的透彻了解以及您对他们的出色的生动描写，表明在这方面的素材是很多的，而在《斯蒂凡》中您已证明您还善于用巧妙的讽刺处理您的主人公，这种讽刺显示出作家能驾驭自己的作品……

《资本论》第二卷出版

1885年7月，恩格斯在德国汉堡出版了马克思的遗著《资本论》第二卷。

自1883年马克思逝世后，恩格斯放下自己的工作，全力承担起整理和出版马克思写的《资本论》第二卷和第三卷手稿的繁重工作。

在整理和编辑《资本论》第二卷手稿的过程中，恩格斯为了忠实原著，首先将手稿认真抄录下来，然后加以细致的润色修饰，文体上仅仅改动了马克思也会改动的地方，在十分必要的地方，才加进一些解释性的语言和承上启下的句子。所以，经恩格斯改动或加进的文句，总共还不到十个印刷页。

该书科学地论述了资本的流通过程，把资本主义生产过程作为生产过程和流通过程的统一的总流通过程来进行研究,中心内容是剩余价值的实现问题,从而更加清楚地揭示了资本主义经济中所固有的矛盾。

《资本论》第二卷序言(节录)

1885年7月,马克思的《资本论》第二卷在德国汉堡出版。出版前夕,恩格斯特意选择在5月5日马克思的生日这天为该书写了序言。这是恩格斯为纪念亡友诞辰献上的最珍贵的礼物,表达了对亡友深深的怀念之情。下面是序言的节录:

要完成《资本论》第二册的付印工作,使本书既成为一部连贯的、尽可能完整的著作,又成为一部只是作者的而不是编者的著作,这不是一件容易的事情。留下的文稿很多,多半带有片断性质,所以要完成这个任务就更为困难。至多只有一稿(第Ⅳ稿)已经过彻底校订,可以照原样付印。但是,由于有了以后的文稿,这一稿的大部分也变得陈旧了。材料的主要部分,虽然在实质上已经大体完成,但是在文字上没有经过推敲,使用的是马克思写摘要时惯用的语句:不讲究文体,有随便的、往往是粗鲁而诙谐的措辞和用语,夹杂英法两种文字的术语,常常出现整句甚至整页的英文。这是按照作者当时头脑中发挥的思想的原样写下来的。有些部分作了详细的论述,而另一些同样重要的部分只是作了一些提示。用作例解的事实材料搜集了,可是几乎没有分类,更谈不上加工整理了。在有些章的结尾,由于急于要转入下一章,往往只写下几个不连贯的句子,表示这里的阐述还不完全。最后,还有大家知道的、连作者自己有时也辨认不出的字体。

我只是把这些手稿尽可能逐字地抄录下来;在文体上,仅仅改动了马克思自己也会改动的地方,只是在绝对必要而且意思不会引起怀疑的地方,才加进几句解释性的话和承上启下的字句。意思上只要略有疑难的句子,我就宁愿原封不动地编入。我所改写和插入的文句,总共还不到十个印刷页,而且只是形式上的改动。

……

马克思多次对我说过,《资本论》第二册和第三册是献给他的夫人的。

"这个理论用他的名字命名是理所当然的"

1886年初,恩格斯在他写作的《路德维希·费尔巴哈和德国古典哲学的终结》一书中指出:

> 我不能否认,我和马克思共同工作40年,在这以前和这个期间,我在一定程度上独立地参加了这一理论的创立,特别是对这一理论的阐发。但是,绝大部分基本指导思想(特别是在经济和历史领域内),尤其是对这些指导思想的最后的明确的表述,都是属于马克思的。我所提供的,马克思没有我也能够做到,至多有几个专门的领域除外。至于马克思所做到的,我却做不到。马克思比我们大家都站得高

1888年出版的《路德维希·费尔巴哈和德国古典哲学的终结》一书的封面。

些,看得远些,观察得多些和快些。马克思是天才,我们至多是能手。没有马克思,我们的理论远不会是现在这个样子。所以,这个理论用他的名字命名是理所当然的。

给《纽约人民报》编辑部的声明

圣路易斯市《密苏里共和党人报》上出现关于该报记者访问我的报道,因此我必须作如下声明:

的确,麦肯尼斯先生曾经作为该报代表访问过我,并且向我提出了各种各样的问题,当时他以名誉担保,答应我在未经我过目以前决不发表一个字。但是后来他就再也没有到我这里来了。因此我特声明:本人对于他所发表的材料不负任何责任,尤其是我曾有机会亲自证实,麦肯尼斯先生没有足够的知识,即使他有最好的愿望,恐怕也未必能正确理解我的谈话。

弗里德里希·恩格斯
于伦敦

上述声明恩格斯用德文写于1886年4月29日,载于1886年7月8日《纽约人民报》第162号。

"我们的理论是发展着的理论"

1887年1月27日,恩格斯在英国伦敦致弗·凯利-威士涅威茨基夫人的信中,多方面论证了世界上一些国家的工人运动的特点,强调马克思主义理论是发展着的理论,在实践中应防止和反对机械

地加以重复的教条。该信节录如下:

> 美国的运动,我认为正是目前从大洋的这一边看得最清楚。在当地,个人之间的纠纷和地方上的争论必然要使运动大为失色。真正能够阻碍运动向前发展的唯一东西,就是由于这些分歧的加剧从而导致宗派的形成。在某种程度上说,这种情形是不可避免的,但是越少越好。而德国人尤其应当提防这一点。我们的理论是发展着的理论,而不是必须背得烂熟并机械地加以重复的教条。越少从外面把这种理论硬灌输给美国人,而越多由他们通过自己亲身的经验(在德国人的帮助下)去检验它,它就越会深入他们的心坎。当我们在1848年春天回到德国的时候,我们参加了民主政党,因为这是唯一能引起工人阶级注意的一种手段;我们是该政党的最先进的一翼,但毕竟是它的一翼。当马克思创立国际的时候,他草拟的总章程使当时一切无产阶级社会主义者——蒲鲁东分子、比埃尔·勒鲁分子、甚至英国工联中比较先进的部分都可以参加国际;就是由于这种广泛性,国际才成为它当时的那个样子,即成为逐步融解和吸收除无政府主义者外的各个比较小的宗派的一种工具,无政府主义者在各个国家里的突然出现不过是公社失败以后资产阶级的极端反动的结果,因此我们可以泰然地让他们寿终正寝,事实上也已经是这样了。

《路德维希·费尔巴哈和德国古典哲学的终结》1888年单行本序言

恩格斯的著作《路德维希·费尔巴哈和德国古典哲学的终结》,于1886年首次刊登在《新时代》杂志第4期和第5期上。1888年

1886年《新时代》杂志第4期和第5期上刊登的恩格斯的《路德维希·费尔巴哈和德国古典哲学的终结》

恩格斯将此书略加修订,以单行本出版,同时加了一篇序言。序言如下:

> 马克思在《政治经济学批判》(1859年在柏林出版)的序言中说,1845年我们两人在布鲁塞尔着手"共同阐明我们的见解"——主要由马克思制定的唯物主义历史观——"与德国哲学的意识形态的见解之间的对立,实际上是把我们从前的哲学信仰清算一下。这个心愿是以批判黑格尔以后的哲学的形式来实现的。两厚册八开本的原稿早已送到威斯特伐里亚的出版所,后来我们才接到通知说,由于情况改变,不能付印。既然我们已经达到了我们的主要目的——自己弄清问题,我们就情愿让原稿留给老鼠的牙齿去批判了"。
>
> 从那时起已经过了40多年,马克思也已逝世。而我们两人谁也没有过机会回到这个题目上来。关于我们和黑格尔的关

系，我们曾经在某些地方作了说明，但是无论哪个地方都不是全面系统的。至于费尔巴哈，虽然他在好些方面是黑格尔哲学和我们的观点之间的中间环节，我们却从来没有回顾过他。

这期间，马克思的世界观远在德国和欧洲境界以外，在文明世界的一切文明语言中都找到了拥护者。另一方面，德国的古典哲学在国外，特别是在英国和斯堪的那维亚各国，有某种复活。甚至在德国，各大学里借哲学名义来施舍的折中主义残羹剩汁，看来已叫人吃厌了。

因此，在这种情况下，我感到越来越有必要把我们同黑格尔哲学的关系，我们怎样从这一哲学出发又怎样同它脱离，作一个简要而又系统的阐述。同样，我也感到我们还要还一笔信誉债，就是要完全承认，在我们的狂飙时期，费尔巴哈给我们的影响比黑格尔以后任何其他哲学家都大。所以，当《新时代》杂志编辑部要我写一篇批评文章来评述施达克那本论费尔巴哈的书时，我也就欣然同意了。我的这篇文章发表在该杂志1886年第4期和第5期上，现在经过修订以单行本出版。

在这篇稿子送去付印以前，我又把1845—1846年的旧稿找出来看了一遍。其中关于费尔巴哈的一章没有写完。已写好的部分是阐述唯物主义历史观的；这个阐述只是表明当时我们在经济史方面的知识还多么不够。旧稿中缺少对费尔巴哈学说本身的批判；所以，旧稿对现在这一目的是不适用的。可是我在马克思的一本旧笔记中找到了十一条关于费尔巴哈的提纲，现在作为本书附录刊印出来。这是匆匆写成的供以后研究用的笔记，根本没有打算付印。但是它作为包含着新世界观的天才萌芽的第一个文件，是非常宝贵的。

弗里德里希·恩格斯
1888年2月21日于伦敦

《国际歌》的谱曲者

1888年6月为鲍狄埃作词的《国际歌》谱曲的狄盖特(比尔·狄盖特,1848—1932),出生于侨居比利时的一个法国工人家庭。

狄盖特7岁时回法国定居,当过童工,自幼爱好音乐。青年时代起他就积极投身工人运动,组织和领导工人开展革命歌咏活动。1871年巴黎公社革命爆发后,他曾从里尔赶赴巴黎参加革命,因途中受阻而未能如愿。后在里尔参加法国社会主义工人党。为颂扬巴黎公社的光辉业绩,于1888年6月为鲍狄埃作词的《国际歌》谱曲。不久,他率领工人合唱团首次演出,受到工人群众的热烈欢迎。从此,《国际歌》就迅速成为响彻全世界的无产阶级革命战歌。1894年,《国际歌》在里尔正式出版。1920年,72岁的狄盖特退出法国统一社会党,参加法国共产党。1928年7月应邀出席在莫斯科举行的共产国际第六次代表大会。他还为鲍狄埃的诗歌《前进,工人阶级》作过曲谱。晚年他为歌颂十月革命的胜利,曾创作《俄国革命的胜利》、《镰刀和锄头》等歌曲。

巴黎国际社会主义工人代表大会(第二国际成立大会)

1889年7月14日至21日,国际社会主义工人代表大会在法国巴黎罗舍舒阿尔街的佩特勒大厅召开。会场上悬挂着马克思像和"全世界无产者，联合起来！"的巨大横幅，来自欧美 22 个国家的 393 名代表参加了大会。德国的李卜克内西、倍倍尔、伯恩施坦、蔡特金，法国的盖得、瓦杨、拉法格，俄国的普列汉诺夫、拉甫罗夫等著名的社会主义活动家出席了大会，恩格斯因忙于整理《资本论》第三卷未能出席大会。但恩格斯在会议之前，曾督促李卜克内西、倍倍尔、盖得、拉法格、克拉拉·蔡特金等人积极进行成立第二国际的筹备工作。

巴黎国际社会主义工人代表大会共有五项议程。大会讨论了国际劳工立法问题，并作出决议认为各国工人必须运用一切手段，回击资本主义的奴役，为实现劳动立法而斗争。还讨论了经济斗争和政治斗争的问题，并作出决议，认为工人阶级的解放必须依靠开展有组织的政治斗争。关于"五一"国际劳动节的决议是大会最重要的决议之一，它对提高无产阶级的政治觉悟，锻炼和检阅无产阶级的战斗力，意义十分深远。

恩格斯与"五一"国际劳动节

"五一"国际劳动节，是全世界劳动人民团结战斗的伟大节日。这个光辉的节日，是与伟大的无产阶级革命导师恩格斯紧密相连的。

1889 年 7 月，在恩格斯的指导关怀下，国际社会主义工人代表在法国巴黎召开了大会（即第二国际成立大会），会上决定：美国芝加哥等城工人于 1886 年 5 月 1 日举行了大罢工和游行示威，反对资本家的残酷剥削，要求实行八小时工作制，以此罢工日为工人阶级的国际纪念日。这就是"五一"国际劳动节的缘起。

1890 年 5 月的最初几天，奥地利、荷兰、丹麦、英国、法国、美国、比利时、波兰和意大利等国家的工人第一次分别举行了示威集会和游行。70 岁的恩格斯不顾年迈，参加了伦敦游行示威的准备工作，并参加了5月4日在海德公园举行、有20多万工人参加的游行集会。恩格斯认为这次各国工人阶级的游行示威，是"有划时代意义的……因为它具有普遍性质，以致这次活动已成为战斗工人阶级的第一次国际行动"。

随后的数年中，恩格斯都亲自参加了英国工人阶级举行的"五一"示威游行活动。

相互倾慕的挚友

在马克思和恩格斯长期合作、奋斗的年代，两个人是相互倾慕的挚友。马克思非常重视恩格斯的博学，称赞他思想灵敏，能毫不费力地从一个题目转到另一个题目，而恩格斯则赞扬马克思的分析和综合能力。

一次，恩格斯对一位战友说："当然，资本主义生产方式机构迟早会被人了解和解释，它的发展规律也会被人发现和阐明。但是，这需要极长的时间，而且这项工作不能一下子完成，而是要一点一滴地来完成。只有马克思一人能够探究一切经济范畴的辩证的发展，把它们的发展动因和制约着这些动因的因素联系起来，并建立起一座完整的经济科学的理论大厦。这座大厦的各个部分都是相互支撑、相辅相成的。"

使马克思和恩格斯那样亲密的原因，不仅是他们共同的脑力劳动，而且还有相互间深切的关怀：他们时时刻刻都想方设法使朋友快乐，谁都以自己的朋友而骄傲。有一次，马克思的汉堡出版商写信告诉马克思说，恩格斯拜访了他，他因此结识了一个生平从未见过的最有魔力的人物。

马克思在读信时喊道:"要是有人不认为弗里德是和蔼可亲而有教养的人,我倒很想见一见他!"

学习!学习!

经常地、刻苦地学习知识,增长才干,是人生的一项重要使命,也是研究创造科学成果的重要前提和基本素养。在这个极为重要的问题上,马克思给人类作出了身体力行的光辉榜样。对此,马克思的战友威廉·李卜克内西在《忆马克思》的文章中这样讲道:"学习!学习!这就是他(指马克思——编者注)经常向我们大声疾呼的无上命令。这句话之所以成为无上命令,就在于他以身作则。这位不停地顽强工作的智者哪怕只是看你一眼,你都会觉得他在命令你学习。"

高尚的人格

威廉·李卜克内西在《忆马克思》的文章中,对马克思的人格给予了很高的评价。他说:"他是一个彻底正直的人;除了崇拜真理之外他不知道还要崇拜别的,他可以毫不犹豫地抛弃他辛苦得到的他所珍爱的理论,只要他确认这些理论是错误的。他的这种特色应该在他的作品中如实地显示出来。马克思不会虚伪,不会造作和装腔作势,他无论在著作中和生活中都始终是本来面目。不错,这样一个多方面的、广博的、多才多艺的人,他的风格也不可能像那些简单的人那么单一,无变化甚至单调。创作《资本论》的马克思、写作《路易·波拿巴的雾月十八日》的马克思与写作《福格特先生》的马克思,是三个不同的马克思。尽管有这些不同,但还是同一个马克思,在三位一体中仍然有一种统一——伟大人格的统一,这种人格在不同的领域里有不同的表现,然而又始终是同一的。"

"马克思提到说空话的人就生气,这些人用几句刻板的词句去解释一切现象,把他们的或多或少空洞的欲望与想法当作事实,在饭馆的桌旁,在报纸编辑部或公众集会和国会里决定世界的命运。幸而没有人理睬他们。"

"在估计别人的功绩时马克思是最有胸襟最正直公道的人。他十分伟大,决不会有妒嫉,正如像不会有虚荣心一样。而假装的伟大和低能卑鄙的人借以自炫的虚饰的荣誉,马克思最为痛恨,正像他痛恨一切虚假与伪造一样。"

恩格斯对琳蘅的沉痛哀悼

1890年,临近恩格斯70岁生日还有几星期时,他遭到了一个沉重的打击——琳蘅·德穆特突然于10月中旬得病。恩格斯惊恐地看着她日益衰竭。到11月5日,他不得不将噩耗通知弗·阿·左尔格,说他的"善良的、亲爱的、忠实的琳蘅,在得了短期的不太痛苦的病之后,昨天下午安详地逝世了。我同她在这所房子里一起度过了幸福的七年。在这儿,我们是最后的两个1848年前的老战士。

现在只剩下我一个人了。如果说马克思能够长年地,而我能够在这七年里安静地工作,这在很大程度上要归功于她。现在我还不知道怎么办才好。我将听不到她对党的事务的忠告了,这也是使我感到沉痛的。"

几天以后,琳蘅被安葬在海格特公墓马克思夫妇的旁边。恩格斯在墓地很痛苦地喊道:"我的房子里一向是阳光灿烂的,现在是阴沉沉的了!"

琳蘅·德穆特,在马克思逝世后为恩格斯管家。

怀念琳蘅

威廉·李卜克内西在《忆马克思》的文章中,十分怀念琳蘅。他这样写道:"我第一次看到琳蘅的时候,她27岁。虽然不是美人,但她修长匀称的身材和惹人喜欢的面孔显得十分动人。倾慕她的男子并不是没有,而且她不止一次有缔结美满姻缘的机会。虽然她不曾立过任何誓约,但她那忠诚的心却很明白:她应该同摩尔、马克思夫人和孩子们留在一起。

于是她留下来了,而青春的岁月逝去了。她留下来,和他们同甘苦、共患难。当她将自己的命运与之连在一起的人们都死去时,她才得到休息。她在恩格斯那里得到休息,并且死在他那里——直到最后她都是忘我的。"

爱琳娜忆恩格斯

马克思的小女儿爱琳娜十分熟悉恩格斯,她在1890年11月30日《社会民主党人月刊》第10—11期上,发表了《弗里德里希·恩格斯》的文章。其中写道:

> 到了1870年,恩格斯就迁居伦敦并立即担负起"国际"所进行的艰巨工作中他承担的工作。他是总委员会委员,并先后担任比利时、西班牙和意大利的通讯书记。此外,当时恩格斯在写作方面的工作非常多而且面也很广。
>
> ……
>
> 最后十年中,恩格斯每天都要来找我的父亲。他们常常一道出去散步。但他们也常常留在家中,在我父亲的屋里走来走去——两人各沿屋子的一边,走到屋角就转过身来,他们的鞋跟在地板上磨出了一些坑洼。他们在这里讨论了许多大多数人解决不了的问题。他们时常两人一前一后地走来走去,半晌不发一言。有的时候又各自说自己所想的一套,直到半小时后大家都停了下来,相互承认双方所想的问题毫无共同之处,于是两人就放声大笑起来。

小女儿的幸福回忆

在马克思与夫人燕妮的一生中,尽管经历了无数的艰难险阻,但相互之间有着一致的理想信念和共同的奋斗目标,形成了真挚愉悦的感情关系，建立了轻松、幽默、和谐的家庭气氛，给身边的人留下了难以忘怀的美好印象。他们的小女儿爱琳娜在回忆中写道：

> 我经常看到这样的情形，在同辈要求保持一定的礼节和严肃气氛的时候，他们两人却笑出了眼泪，使得那些原来想对这种不拘礼节皱眉的人，也不得不和他们一同笑起来。我也常常看到，有时候他们彼此不敢面对面地看一下，因为他们知道，只要目光一接触，就会忍不住大笑起来。有时候他们像小学生似的，竭力忍住笑，尽量避开对方的目光，故意看别的东西，可是结果还是忍不住大笑起来。这些回忆是多么珍贵啊！无论在苦难、斗争或是失望的时候，他们总是快乐的一对。

马克思的墓

在英国伦敦城北一座俯瞰这巨城的小山上的海格特公墓，就是马克思和家里一些人安息的地方。

马克思和他家的一些成员就葬在这里。在这里，一块普通大理石碑放在用大理石砌成的坟墓头上。碑上刻着：

燕妮·冯·威斯特华伦

卡尔·马克思的爱妻

生于1814年2月12日，死于1881年12月2日

卡尔·马克思

生于1818年5月5日，死于1883年3月14日

哈利·龙格

他们的外孙

生于1878年7月4日，死于1883年3月20日

海伦·德穆特

生于1823年1月1日，死于1890年11月4日

当然，此墓没有包括那时家里已去世的其他人。如死在伦敦的三个孩子葬在伦敦其他公墓里，女儿燕妮葬在法国巴黎附近的阿尔让台。

恩格斯致信《柏林人民报》编辑部

1890年11月28日是恩格斯七十岁生日，许多国家的革命团体和著名人士以各种方式向他表示祝贺。为表示感谢，他写了如下一封公开信（此信载于1890年12月5日《柏林人民报》第284号上）：

当我七十岁生日的时候，有这样多真挚的关怀，这样多意想不到的荣誉落到我的身上，我很遗憾不可能对这些祝贺一一亲自作答。电报、信件、礼物、党的报刊上专门为我写的文章真是如雪片飞来——所有这些祝贺来自各个国家，尤其是来自德国各地。为此请允许我在这里对11月28日如此关怀地想念到我的老朋友们和新朋友们表示我最真诚的感谢。

没有谁比我更清楚地知道，这些荣誉大部分我不应该归于自己，归于我的功劳。我只是有幸来收获一位比我伟大的人——卡尔·马克思播种的光荣和荣誉。因此，我只有庄严地许约，要以自己的余生积极地为无产阶级服务，但愿今后尽可能不辜负给予我的荣誉。

弗里德里希·恩格斯
1890年12月2日于伦敦

恩格斯"三项措施"的威力

在19世纪90年代初期,右倾机会主义思潮开始泛滥,搞阶级调和,走议会道路的思想在第二国际领导人当中也颇有市场。如果听任这种情况发展下去,就会给当时各国的工人运动带来很大危害。面对这种情况,70岁的恩格斯远见卓识,以惊人的毅力在一年之内接连采取三项措施,有力地回击了德国党内以福尔马尔为代表的右倾机会主义的进攻,战果极为显著。

第一项措施是公开发表马克思的《哥达纲领批判》。《哥达纲领批判》这个光辉文献是马克思生前于1875年为了批判拉萨尔主义写成的,是反对机会主义的锐利武器。当时由于一些历史原因和德国党内一些领导人的阻挠,没有能够发表。马克思和恩格斯分析了那时的具体情况,从整个国际工人运动的大局出发,认为暂时不发表这篇文献,还不至于造成很大的危害,因此没有再提出这个问题。而这一次,恩格斯根据斗争形势的需要,不管有多大阻力,也要让这个被埋没16年之久的光辉文献同革命群众见面。他对德国党的某些领导人

1890年10月,德国社会民主党哈雷代表大会。

说：《哥达纲领批判》无论如何总是会刊印出来的……你们反正不能阻止手稿的发表。经过恩格斯的不懈努力，《哥达纲领批判》终于于1891年1月在《新时代》杂志上发表了。

《哥达纲领批判》的发表，在国际工人运动中引起了强烈的反响，受到了德国党内广大党员及工人群众的热烈欢迎，同时也引起了右倾机会主义分子的极大惊慌和愤恨，他们公开跳出来叫嚣说：社会民主党并不同意马克思关于无产阶级专政的观点。针对这种情况，为了进一步打击右倾机会主义分子，指明工人运动的正确方向，恩格斯又采取了第二项措施，利用纪念巴黎公社二十周年的机会，再版马克思的重要著作《法兰西内战》，并为这本书写了《导言》。恩格斯在《导言》中，全面地、概括地阐发了马克思深刻总

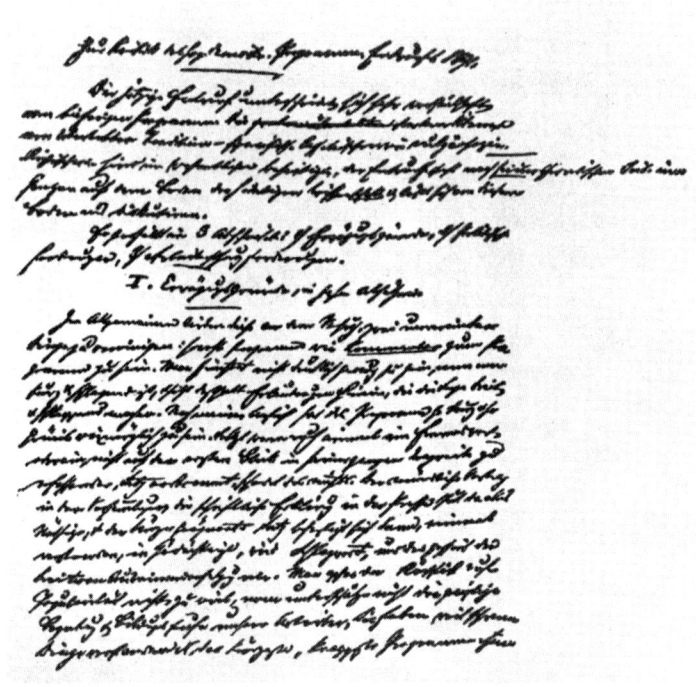

恩格斯《1891年社会民主党纲领草案批判》手稿的开头部分

结过的巴黎公社的基本经验教训，特别强调无产阶级通过武装斗争，打碎资产阶级国家机器，建立无产阶级专政思想的重要性，向那些迷信资产阶级议会被无产阶级专政吓得大喊救命的机会主义分子指出："近来，社会民主党的庸人又是一听到无产阶级专政这个词就吓出一身冷汗。好吧，先生们，你们想知道无产阶级专政是什么样子吗？请看看巴黎公社吧。这就是无产阶级专政。"

恩格斯采取的第三项措施是发表《1891年社会民主党纲领草案批判》。为使党的纲领完全建立在马克思主义的基础上，彻底批判右倾机会主义思潮，恩格斯于6月底写了著名的《1891年社会民主党纲领草案批判》一文。文中，恩格斯尖锐地批判了右倾机会主义的幻想。给"那种和事老的'机会主义'，以及爽快——温良——愉快——自由地'长入'社会主义社会那种腐臭的谬论，予以迎头痛击。"

总之，恩格斯为反对右倾机会主义所采取的几项措施具有极其重大的意义。这些措施沉重打击了第二国际各国党内的机会主义，保证了当时的国际工人运动基本上没有脱离正确的轨道。

难忘的周日聚会

恩格斯的晚年，尽管学习工作十分繁忙，要对无产阶级革命道路和策略进行新的探索，为各国工人政党和组织当顾问，但整个生活却是丰富多彩的。

当时，恩格斯定居在英国伦敦西北区紧靠浦利姆洛斯山的瑞琴特公园路122号，这是掩映在绿树丛中的单元式三层楼宅院。就是这里，成了各国革命者之家。每天到这里来的人总是络绎不绝，人们从世界各国来到这里，探望恩格斯，征求他对当前问题的意见，与他交流思想，并请求指示。

到了星期日和节日，恩格斯家中会举行盛大的聚会。被邀请的对象都是恩格斯的至亲好友和各国工人运动的领袖，宾朋满座，热闹非凡，俨然是世界社会主义精英的大汇聚。

每逢聚会，恩格斯总是提前好几天就预备下充足的美酒佳肴和干鲜水果，届时盛情款待各国的新朋老友。主食和酒菜十分丰盛，有柏林小甜面包、维也纳烤饼、土豆饼、葡萄干布丁、威尔士烤羊肉、爱尔兰焖肉、龙虾沙拉、牡蛎等等，各国的风味佳肴都汇集在这里。当然，最重要的是各色美酒。恩格斯酷爱美酒佳酿，他的地下室里窖藏着世界各国的名酒。雪梨酒、波尔多酒、香槟酒、比尔森啤酒以及威士忌等多种烈性酒，朋友们尽可以开怀畅饮。每逢这时，恩格斯总是尽兴豪饮。他认为这是生活中一项不可缺少的乐趣。作为东道主，恩格斯慷慨大方，每次聚会散后，他还会把预留的美味食品打包馈赠给挚友亲朋。

星期日聚会，更重要的是相互交流思想、切磋问题、讨论时事和交换信息。大家用各种欧洲语言进行无拘无束的交谈。谈论的话题海阔天空，丰富多彩。有时会就严肃的理论问题和政治问题展开热烈的争论，在争论中对一些问题的看法就会逐渐成熟并达成共识，有的问题在聚会上就可以作出决定。每当这时，恩格斯总能以睿智的思想和丰富的革命阅历，提出许多深刻、独到的见解和意见，使与会者受益匪浅。总之，凡是参加过星期日聚会的每一个人，都会对聚会的欢乐气氛和恩格斯的亲切大方留下十分深刻的印象，多年以后还沉浸在幸福的回忆中。

恩格斯为《哥达纲领批判》写的序言

1891年1月6日，恩格斯在英国伦敦为发表《哥达纲领批判》写了序言。序言如下：

这里刊印的手稿——对纲领草案的批判以及给白拉克的附信——曾于1875年哥达合并代表大会召开以前不久寄给白拉克，请他转给盖布、奥尔、倍倍尔和李卜克内西过目，然后退还马克思。既然哈雷党代表大会已把关于哥达纲领的讨论提到了党的议事日程，所以我认为，如果我还不发表这个与这次讨论有关的重要的——也许是最重要的——文件，那我就要犯隐匿罪了。

但是，这个手稿还有另外的和更广泛的意义。其中第一次明确而有力地表明了马克思对拉萨尔开始从事鼓动工作以来所采取的方针的态度，而且既涉及拉萨尔的经济学原则，也涉及他的策略。

这里用以剖析纲领草案的那种无情的尖锐性，用来表述得出的结论和揭露草案缺点的那种严厉性——这一切在15年以后的今天再也不会伤害任何人了。地道的拉萨尔分子只是还有个别的残余存在国外，而哥达纲领甚至也被它的那些制定者在哈雷当作完全不能令人满意的东西放弃了。

虽然如此，我还是在内容不受影响的地方，把一些涉及个人的尖锐的词句和评语删掉了，而用省略号来代替。如果马克思今天发表这个手稿，他自己也会这样做的。手稿中有些地方语气很激烈，这是由下述两种情况引起的：第一，马克思和我对德国运动的关系，比对其他任何一国运动的关系都更为亲切；因此这个纲领草案中所表现的明显的退步，不能不使我们感到特别愤慨。第二,那时离国际海牙代表大会闭幕才两年,我们正在同巴枯宁和他的无政府主义派进行最激烈的斗争,他们要我们对德国工人运动中发生的一切负责;因而我们不得不预先想到,他们也会把我们说成是这个纲领的秘密制定者。这些顾虑现在已经消失,保留有关的词句的必要性也就随之消失。

还由于新闻出版法的缘故,有些语句也只用省略号暗示出来。在我不得不选用比较缓和的说法的地方,加上了方括弧。其他地方都按手稿付印。

弗·恩格斯
1891 年 1 月 6 日于伦敦

恩格斯给法国工人的贺信

1891 年 3 月 17 日,在英国伦敦的恩格斯用法文给法国工人写了一封贺信,庆祝巴黎公社诞生二十周年。这封信刊载于 1891 年 3 月 25 日《社会主义者报》第 27 号。贺信全文如下:

男女公民们:

正好 20 年以前,巴黎工人像一个人一样起来反击受梯也尔领导的资产者和地主们的罪恶侵犯。无产阶级的这些敌人看到巴黎工人为了保卫自己的权利而武装和组织起来,就吓得浑身发抖。梯也尔企图夺取巴黎工人曾经如此光荣地用来抵御了外敌侵犯,后来还要更加光荣地用来迎击凡尔赛雇佣军进攻的武器。为了摧毁起义的巴黎,地主和资产者们向普鲁士人乞求援助,并且得到了这种援助。巴黎经过英勇的斗争之后,被敌人的优势压垮和解除了武装。

巴黎工人已经二十年没有掌握武器了,到处的情况都是如此；在一切文明的大国中，无产阶级都丧失了物质的保卫手段。工人阶级的敌人和剥削者到处都握有全部武装力量。

但是，结果如何呢？

结果是：在每一个健康的男子都在经历军队生活的今天，这种军队开始愈来愈多地反映人民的情绪和思想；作为主要的压迫工具的这种军队，日益变得不可靠了。各强国的首脑已经胆战心惊地预见到，终有一天掌握武器的士兵会拒绝杀害自己的父老兄弟。当东京佬敢于觊觎法兰西共和国总统职位的时候，我们在巴黎看到了这种情况；现在我们在柏林看到这种情况：在那里，俾斯麦的继承人要求帝国国会拨发经费，以便借助用金钱收买了的军士来巩固军队中的服从精神，而且为此提出的理由是，在军士中出现的社会主义者太多了！

既然发生了这类情况，既然军队中也出现了曙光，那就意味着旧世界的末日已经不远了。

让必不可免的事情发生吧！让走向没落的资产阶级离开政权或者死亡吧！无产阶级万岁！国际社会革命万岁！

弗·恩格斯

爱琳娜描述恩格斯的作用

在马克思逝世后，对于推动无产阶级革命事业的发展，恩格斯起到了极其重大的作用。马克思的小女儿爱琳娜这样描述道：

1881年我母亲逝世了。父亲的健康也远不如前，他离开英国好几个月。1883年，他也逝世了。

从那时起，恩格斯的所作所为是众所周知的。他的大部分

恩格斯（1891年2月摄于伦敦）

时间都用来出版我父亲的著作，校对新版和审查《资本论》的译本。无论是这项工作或是他本人的创作，都无须我来评价。

只有了解恩格斯的人才能设想他每天所进行的工作是多么艰巨。意大利人、西班牙人、荷兰人、丹麦人、罗马尼亚人（恩格斯精通这几个国家的语言）都来向他请教，要求他帮助；至于英国人、德国人和法国人就更不用说了。

我们每一个为人民谋福利的人，只要碰到困难，就向恩格斯请教，而且每次都能得到圆满的答复。

他一个人在晚年所做的工作，由12个平常人来做也未必能够胜任。恩格斯之所以能做这许多工作正是由于他知道（正如我们也知道一样）：他，而且也只有他，才能够把马克思的遗著贡献给全世界。

劳拉·拉法格致信恩格斯

1891年10月24日晚上，劳拉·拉法格给恩格斯写了一封信。该信如下：

亲爱的将军：

昨天晚上我读了您的文章。今天上午我又在珀拉蓓监狱里把文章念给保尔听。"行啊！行啊！写得可真漂亮！"保尔和我一样地赞赏。他此时此刻大概也像我一样，正在给您写信，谈论俄国借款及其他一些事情。

盖得回来后，我们就要把您的文章给他看，并征求他的意见。您的手稿暂时先保存在我这儿。照我看，如此文笔，清晰明澈而又毫不妥协，这恰恰是此间朋友们所欠缺的。关于这个问题，法国根本没发表过像这样明确的文章，我不是讲那些愚蠢的资产阶级分子；他们闭目塞听，什么逻辑、修辞都打不开他们的眼界，给他们去讲事实比对牛弹琴还浪费时间。

劳拉·拉法格（1845—1911）

我建议的几点形式上的更动，待盖得一看过文章，我就告诉您。

利尔来的消息精彩极了。不过，我今天晚上来预卜休咎，简直毫无用处，因为此信到达之前，您就会得悉选举的结果了。

承保尔好心，将书信的编辑和翻译工作交给了我。我今晚就得动手。明天，有几个朋友要来；星期一上午，我还得给一个年轻女人上课，她临时抱佛脚学英语（只要她懂一点英语，人家就答应给她工作）。星期一下午，我还要到珀拉惹去巡礼，去祝贺保尔，或者去安慰他一番。

再见吧，亲爱的将军。吻您。

向路易莎问好。

您的小劳拉

恩格斯接受法国《闪电报》记者采访

1892年4月1日,恩格斯接受了法国《闪电报》记者艾·马萨尔的采访。下面是采访的部分内容:

记者问:"您对无政府主义者不久前在巴黎的暴行有何看法?"

恩格斯答:"我看这只是一些被收买的奸细干的事,这些奸细企图败坏他们在其中占有某种地位的那些政党的信誉。政府无疑愿意这些爆炸事件发生,因为这些事件既为整个资产阶级利益服务,同时又特别为某些政治集团的阴谋效劳。的确,他们的目的是要使居民惶恐不安,制造恐怖,从而建立反动统治。

"不久前在德国'柏林风潮'期间,也使用过同样的手法。在那时我们也可以把它看作是警察局一手干的。的确,在这些所谓的社会主义示威游行的头一天,我们有些被引入迷途的朋友参加了运动,但是他们很快就明白了示威游行的真正性质,并且马上退了出来。

"几家属于知名的社会主义者的小铺被抢劫,就可以证明这一点。对被捕的暴徒的审讯表明,主谋是反犹太主义者,他们竭力利用某些贫民的饥饿来迫使他们大叫:'打倒犹太人!'

"在意大利,对契普里昂尼和其他无政府主义者的审讯,也是使用同样的手法。在那里,奸细们的行为也在陪审法庭面前被揭露出来。

"但是,这并不是总能做到的。在巴黎有两三个坏蛋愿意为警察局效劳,可是,除了警察局本身,谁也不敢肯定说,他们是社会党里的人。"

1893 年至 1956 年

对未来世界战争的科学分析和预见

在恩格斯的晚年，随着欧洲列强的扩张和瓜分世界领土的斗争的加剧，各主要资本主义国家的统治集团加紧扩充军备，准备用军事战争来配合工业的战争。对此，恩格斯十分关注战争威胁的发展，科学地分析和预见了未来世界战争的后果。

恩格斯指出，未来世界战争的根源在于资本主义制度所固有的对抗性矛盾。各资本主义国家为了争夺殖民地，重新瓜分市场，扩大势力范围，将使战争不可避免。恩格斯认为，在未来的战争中，无论是大国还是小国都将这样那样地被卷进去。他在1893年2月9日致倍倍尔的信中说道："而下一次战争，只要一爆发，就绝不会限于局部地区，它在头几个月里就会把大国——至少是大陆上的大国——都卷进去。"

恩格斯还对未来世界战争的巨大破坏性和后果作了预测。他认为："这会是一场具有空前规模和空前剧烈的世界战争。那时会有800万到1000万的士兵彼此残杀，同时把整个欧洲都吃得干干净净，比任何时候的蝗虫群还要吃得厉害。三十年战争所造成的大破坏集中在三四年里重演出来并遍及整个大陆；到处是饥荒、瘟疫，军队和人民群众因极端困苦而普遍野蛮化；我们在商业、工业和信贷方面的人造机构陷于无法收拾的混乱状态，其结局是普遍的破产；旧的国家及其世代相因的治国才略一齐崩溃，以致王冠成打地滚在街上而无人拾取。"恩格斯指出：这场世界战争的结果必将引起工人阶级革命的爆发，并最终导致资本主义制度的灭亡。为此，恩格斯为各国无产阶级制定了加强国际团结、反对军国主义、通过革命摆脱战争的正确策略。

《欧洲能否裁军?》序言

《欧洲能否裁军?》一文,是恩格斯于1893年2月就德意志帝国国会讨论政府提出的军事法草案问题而写的,发表在《前进报》上,并在3月底出版单行本时写了序言。序言如下:

这里重印的几篇文章曾于1893年3月、即帝国国会就军事法草案进行辩论期间,在柏林的《前进报》上发表过。

我的这些文章是以下面这个日益获得普遍承认的前提为出发点的:常备军制度在整个欧洲已发展到极端,只要常备军不及时改组为以普遍武装人民为基础的民兵,那么,不是这种制度使各国人民担负不起军费重担而在经济上破产,就是它必然导致一场毁灭性的大战。

我打算证明,这种改组,在现在,甚至在目前的各国政府和目前的政治形势下,就已经是可能的。因此,我从这种情况出发,暂且只提出那种每一个现政府都能接受而无损于其国家安全的措施。我只打算说明,从纯军事观点来看,逐步废除常备军是绝对没有任何障碍的,而如果这些军队保存下来,那么这并不是出于军事上的考虑,而是出于政治上的考虑——一句话,军队的使命与其说是防御国外的敌人,不如说是防御国内的敌人。

针对这一点,我认为通过国际协议来逐步缩短服现役的期限(这是我的论断的基本点),一般说来是普遍由常备军过渡到组织成民兵的人民武装的最简捷的办法。这种协议的形式自然有可能随签订协定的政府的性质和当时的政治环境而改变。不过,现在的情况是再好也没有了;所以,如果现在就能把最多两年的服现役期限作为起点，那么再过几年也许就可以规定短得多的期限了。

我提出对男性青年一代实施体育和军事的训练作为向新制度过渡的重要条件，从而清楚地说明了：绝对不应当把这里所建议的民兵制度和现存的任何民兵形式，例如和瑞士的民兵形式混为一谈。

弗·恩格斯
1893 年 3 月 28 日于伦敦

恩格斯的清醒认识

1893 年 7 月 14 日，恩格斯给德国社会民主党领导人之一，政论家、历史学家弗兰茨·梅林（1846—1919）的信中，十分清醒地谈到了自己对马克思主义创立所作的贡献。恩格斯指出：

如果说我还有什么异议，那就是您加在我身上的功绩大于应该属于我的，即使我把我经过一定时间也许会独立发现的一切都计算在内也是如此，但是这一切都已经由眼光更锐利、眼界更开阔的马克思早得多地发现了。如果一个人能有幸能和马克思这样的人一起工作 40 年之久，那么他在后者在世时通常是得不到他以为应当得到的承认的；后来，伟大的人物逝世了，那个平凡的人就很容易得到过高的评价——在我看来，现

弗兰茨·梅林（1846—1919），德国工人运动活动家，19 世纪 80 年代成为马克思主义者。

在我的处境正好是这样。历史最终会把一切都纳入正轨,到那时那个人已经幸运地长眠于地下,什么也不知道了。

我不要求任何奖赏

1890年在恩格斯70岁生日来临之际,有许多同志和朋友祝寿,贺电和信件频至。对此恩格斯感到不安,说:"我主要是靠了马克思才获得信誉!"并对来人讲:"我远没有祝寿的情绪,而且这完全是不必要的热闹,我无论如何不能忍受。"第二年,他71岁生日前夕,听说伦敦德意志工人共产主义教育协会歌咏团将在他生日的晚上为他举行音乐会,就立即发出了信件,恳词劝阻。信中说:"我们尤其反对在我们生前为我们个人举行公开的庆祝活动。"1893年,73岁的恩格斯到维也纳、柏林访问时,当地群众的欢迎气氛均十分热烈,对此他在维也纳的欢送大会上讲道:"如果说我在参加运动的五十年中确为运动做了一些事情,那么,我并不因此要求任何奖赏。我的最好的奖赏就是你们!"

第二国际第三次代表大会举行

1893年8月6日至12日,第二国际第三次代表大会在瑞士苏黎世举行。出席大会的有18个国家的411名代表。

大会共有九项议程,中心议题是社会民主党的政治策略问题。大会重申布鲁塞尔大会反对军国主义的决议,要求各国社会民主党反对本国统治阶级进行军国主义和沙文主义的宣传,指出只有铲除资本主义,战争才会在世界上消灭。大会就争取普选权、八小时工作制、保护女工、组织工会、总罢工、土地等问题进行了讨论并作出相应的决议。

恩格斯出席了12日的最后一次会议,发表了简短的演说,号召各国无产阶级团结战斗,反对宗派主义,维护和遵守共同的原则;指出自从第一国际解散以来,每一个国家的无产阶级得到机会以独立自主的形式组织起来,因而现在的国际要比以前强大得多了。

最后,恩格斯以大会名誉主席的身份宣布代表大会闭幕。

恩格斯在苏黎世国际社会主义工人代表大会上的闭幕词

恩格斯的闭幕词以报道或记录的形式载于1893年8月至9月的一些社会主义报纸和工人报纸上。以下是全文:

男女公民们!

请允许我把我说过的话(演讲人刚才是用英语和法语讲的)译成我祖国的语言——德语。你们对我的这种意料之外的盛大接待使我深受感动,我认为这不是对我个人的接待,我只是作为那个肖像就挂在那上面的伟人(指马克思)的战友来接受它的。自从马克思和我加入运动,在《德法年鉴》上发表头几篇社会主义的文章以来,已经整整五十年过去了。从那时起,社会主义从一些小的宗派发展成了一个使整个官方世界发抖的强大政党。马克思已经去世了,但是如果他现在还活着,那么在欧美两洲就不会有第二个人能怀着这样理所当然的自豪

恩格斯同代表大会的部分代表合影。自左至右：斐·西蒙、弗·西蒙、克·蔡特金、弗·恩格斯、尤·倍倍尔、奥·倍倍尔、恩·沙特奈尔、雷·伯恩施坦、爱·伯恩施坦。

心情来回顾自己毕生的事业。还有一个值得纪念的日子，1872年举行了国际的最后一次代表大会。在这次大会上发生了两件事情。第一，同无政府主义者彻底划清了界限。这个决定是否多余呢？巴黎代表大会、布鲁塞尔代表大会和这次代表大会都不得不做同样的事情。第二，国际停止以旧形式进行活动。当时是喝饱了光荣的公社鲜血的反动势力猖獗到了极点的时候。旧的国际如果继续进行活动，就只会造成得不偿失的牺牲；国际把自己的会址迁到了美国，也就是退出了舞台。每一个国家的无产阶级得到机会以独立自主的形式组织起来。这一点实现了，因而现在国际要比从前强大得多了。我们也应当按照这一方向在共同的基础上继续我们的工作。为了不致蜕化成为宗派，我们应当容许讨论，但是共同的原则应当始终不渝地遵守。自由联合和历次代表大会所支持的自愿联系——这就足以保证我们取得胜利，这种胜利已是世界上任何力量都不能从我们手中夺去的了。

这里有这样多的英国代表出席，这一点使我特别感到高兴，要知道英国人在组织工人方面是我们的老师；但是，尽管我们从他们那里学到了许多东西，他们也毕竟在这里看到了一些新的、他们可以学习的东西。

我路过德国时，不止一次地听到有人对反社会党人法的垮台表示惋惜。据说，同警察作斗争要更有意思得多。像这样的战士，全世界任何警察、任何政府都是制服不了的。

我受主席团的委托宣布代表大会闭幕。国际无产阶级万岁！（全场暴风雨般的祝贺声、经久不息的欢呼声。与会者全体起立齐唱《马赛曲》。）

难忘的欧洲旅游

1893年8月1日至9月29日，恩格斯在欧洲大陆作了为期近两个月意义深远的游历。由于恩格斯是马克思的亲密战友，为工人运动做出过杰出的贡献，因此无论走到哪里，都受到了极为热烈的欢迎，留下了许许多多难忘的美好回忆。

9月4日，在倍倍尔等人的陪同下，恩格斯途径慕尼黑和萨尔斯堡来到维也纳。由于恩格斯公开参加了第二国际代表大会，原先预定的私人旅行计划就完全被打乱了，这次欧洲之旅就成为对整个欧洲大陆无产阶级的大阅兵和对工人运动的大检阅。在维也纳，成千上万的人们渴望见到伟大的导师。9月11日，奥地利社会民主党举行了有600人参加的隆重的欢迎晚会。但由于场地的限制，无法满足更多人的愿望，不得不在9月14日又安排了一次有几千人参加的盛大欢迎会。人们从四面八方涌向会场，大厅、通道和走廊都挤满了人，由于场地限制，更多的人只得站在大街上，引颈聆听导师的声音。当恩格斯一出现在会场,暴风雨般的掌声和欢呼声席卷了整个大厅,传向辽远的天空。尽管在场的警察禁止选举恩格斯为名誉主席,但正如大会主席所说,恩格斯的名誉席位不用选举,在人们的心中事实上已经是如此。面对激动的人群,恩格斯看到他和马克思毕生从事的共同事业取得如此辉煌的成就,内心充满了喜悦和自豪。

9月16日,恩格斯乘火车途经布拉格到达阔别

恩格斯在大会上发表的演说词(中译文)

40余年的柏林。德国社会民主党在康科迪亚会馆举行了盛大的宴会,以最隆重的仪式欢迎自己的导师。《前进报》刊登了宴会消息后,24小时内三千张请帖就散发一空,而实际到会的人更多。威廉·李卜克内西致祝酒词,颂扬了恩格斯为工人运动做出的杰出贡献,驳斥了资产阶级关于社会民主党内"个人迷信"的无耻谰言,指出:"谁为无产阶级事业这么全心全意地尽了责任,做出了这么大的贡献,我们就应该钦佩谁,感谢谁。如果我们对忠实地卓有成效地履行自己义务的行为不表示感谢,那么我们就是忘恩负义的、胸怀狭窄的人。我们感谢我们的恩格斯。"恩格斯尽管没有做演讲的准备,但会场热烈的气氛使他情不自禁地发表了简短的演说。在回顾了德国的巨大变化以及资本主义的发展和社会民主党的成长之间的密切关系后,恩格斯在结束演说时,令人振奋地说道:"德国

社会民主党是全世界最统一、最团结、最强有力的党,由于它在斗争中有冷静的头脑、严格的纪律和蓬勃的朝气,它从胜利走向胜利。"集会的人群望着精神抖擞、目光矍铄的恩格斯,满怀崇敬、爱戴之情聆听着他声音洪亮、热情洋溢的演说。

恩格斯对甲午中日战争后果的分析

1894年9月下半月,恩格斯在英国伦敦给劳拉·拉法格写了一封信,对1894年发生的甲午中日战争的后果进行了分析。信中谈道:

我认为,中日战争是把日本作为工具的俄国政府挑拨起来的。但是,不管这次战争的直接后果如何,有一点是必不可免的:古老中国整个传统的经济体系将完全崩溃。在那里,同家庭工业结合在一起的过时的农业体系,是通过严格排斥一切对抗成分而人为地维持下来的。这种全盘排外的状况,已由同英国人和法国人的战争而部分地打破了;这种状况将由目前这场同亚洲人、即中国人最邻近的敌手的战争来结束。

在陆地和海上打了败仗的中国人将被迫欧化,全部开放它的港口通商,建筑铁路和工厂,从而把那种可以养活这亿万人口的旧体系完全摧毁。过剩人口将迅速、不断地增长——从土地上被赶走的农民奔向沿海到别的国家谋生。现在是成千成千地外流,到那时就会成百万地出走。那时,中国苦力将比比皆是——欧洲、美洲和澳大利亚都有。他们将试图把我们工人的工资和生活水平降到中国的水平。那时我们欧洲工人的时刻也就会到来。英国人将首先起来,他们身受这种渗入之害,就会起来斗争。我很希望这次中日战争能使我们在欧洲的胜利至少加速五年并使它空前顺利，因为这次战争将把一切非资本主义阶级都吸引到我们方面来。对中国人感兴趣的只有大土地所有者和工厂主。

恩格斯为《资本论》第三卷写的序言（节录）

1894年10月4日，恩格斯经过数年精心整理编辑，完成了亲密战友马克思的《资本论》第三卷的出版工作，并在英国伦敦写作了具有极其重大历史意义的序言。序言指出：

> 我终于把马克思的主要著作的第三册，理论部分的终结，交给读者了。当1885年第二册出版的时候，我曾以为，第三册的困难大概只是技术性的，当然，某些极为重要的章节是例外。实际上情况也是这样；但我当时没有想到，正是全书这些最重要的章节会给我造成这么多的困难，同样也没有想到，还有其他一些障碍会如此严重地拖延本书的付排。
>
> 首先而且主要妨碍我的，是长期视力衰退，因此，我多年来不得不把写作时间限制到最低限度，直到现在，我在灯光下写东西也只是很偶尔的事情。此外，还有一些别的无法推卸的工作，如马克思和我本人以前各种著作的重新出版和翻译，就是说要订正、作序、增补（而这些工作没有新的研究是往往不可能进行的），等等。首先要提到的是第一册英文版，我对这个版本的文字负最后责任，所以它占了我许多时间。谁要是稍微注意一下最近十年国际社会主义文献的巨大增长，特别是马克思和我以前的著作的译本的数量，他就会同意我下面的看法：我很庆幸自己只能在有限的几种文字上对译者有所帮助，因而对译者的文字负有进行校订的不容推卸的责任。但是文献

的增加不过是国际工人运动本身相应发展的一个象征。而这种发展又赋予我新的责任。从我们开始公开活动的那些日子起,各国的社会主义者和工人在本国进行的运动之间的联络工作,大部分落到马克思和我身上;这项工作随着整个运动的壮大而相应地增加了。但在马克思去世以前,这方面的工作主要由马克思担负,在他去世以后,这项不断增加的工作就落到我一个人身上了。不过在此期间,各国工人政党互相间的直接交往已经成为常规,而且值得庆幸的是,情况越来越是这样;虽然如此,从我的理论工作考虑,人们要求我给予的帮助还是太多了。但是谁要是像我这样50多年来一直在这个运动中从事活动,对他来说由此产生的各项工作就是一种义不容辞的、必须立即履行的义务。

提出建立工农联盟的理论

到了晚年的恩格斯,仍非常关注世界形势的发展,对于任何否定工农联盟的论调,都给予了有力的批判。他在1894年11月写出的《法德农民问题》这一著名论文(发表在1894—1895年《新时代》第一卷第十期上),则是马克思主义关于农民问题、土地问题的重要文献。

文中,恩格斯批判和驳斥了法国工人党和德国社会民主党内存在的否定工农联盟的机会主义观点;充分肯定了农民的作用,阐明了无产阶级在革命斗争中同农民结成联盟的重要性和无产阶级夺取政权后应引导农民走向合作化道路的原则,认为这是"拯救"农民的唯一正确途径;并指出,这个转变不是采用暴力,而是通过示范和提供社会帮助的方法。

总之,恩格斯在《法德农民问题》一文中,为无产阶级夺取政

1894年11月,恩格斯写了《法德农民问题》。它是马克思主义关于农民问题的重要文献。

权后的农业社会主义改造拟定了一个在当时来说是相当完备的大纲。这是他对科学社会主义理论的一个重大贡献。

《资本论》第三卷出版

1894年11月,由恩格斯按照马克思生前写的《资本论》第三卷手稿整理的这部光辉著作正式出版了。这是恩格斯经过长期的精心整理做的一项具有伟大深远意义的重要工作。列宁指出,《资本论》第三卷确实是马克思和恩格斯两人的著作。该卷科学研究了资本主义生产的总过程,即将资本运动过程作为整体考察时所产生的各种具体形式，以及剩余价值转化和分割的具体形式。

在《资本论》第二卷出版后，恩格斯便投入《资本论》第三卷手稿的誊写工作。在几个月时间的誊写工作完毕后，恩格斯立即转入对手稿进行精心的编辑整理：一是以手稿的七章为基础，全卷分为七篇、五十二章，章下又分若干节。二是在材料内容上，对于近些年来资本主义经济状况发生的重大变化，出现的新情况和新问题，加以补充和说明，写了60多处附注及插入语。三是为该书写了序言、后记等，统一了引用著作的书目，使用新的术语代替过时的术语，补写或重写了个别章节。恩格斯对马克思遗著《资本论》第二、三卷的问世如此精心操作，正如列宁所赞叹的那样："他对在世时的马克思无限热爱，对死后的马克思无限敬仰。这位严峻的战士和严正的思想家，具有一颗深情挚爱的心。"

恩格斯晚年阅读的报纸

晚年时的恩格斯，工作依然非常繁忙，时时关注着各国工人政党的政治活动，成为各国工人运动的良好顾问。在平时的工作中，仅阅读的报纸就十分可观。1894年12月17日，恩格斯在给劳拉·拉法格的信中谈道："我必须注意着欧洲五个大国和许多小国的以及美国的运动。因此，我手头有下列日报：德国的3份，英国的2份，意大利的1份，从1月1日起又多了1份维也纳日报，共计7份。供我阅读的周报有：德国的2份，奥地利的7份，法国的1份，美国的3份（英文的2份，德文的1份），意大利的2份，以及波兰文的、保加利亚文的、西班牙文的和捷克文的各1份。其中有3种语言，我刚刚在学。此外，还有各种各样的人来看我……通讯员的人数愈来愈多——比国际存在期间还要多！他们当中有许多人指望着详细的讲解，而这都是得花费时间的。"

恩格斯生命最后半年的工作计划

晚年，恩格斯身体状况日益衰弱，但他总是认为自己能够战胜疾病和衰老。就在生命的最后半年，他还为自己制定了雄心勃勃的工作计划：

首先，要为自己亲密的战友马克思写一部政治传记，即使没有时间全部完成，起码应当完成1842—1852年和国际等主要几章，因为这几章所涵盖的马克思的思想和活动，只有恩格斯最了解，其他任何人都无法做到。

其次，恩格斯把整理、出版《资本论》第四卷排上了日程表，并在1894年底选定爱琳娜·马克思作为这一工作的助手，指导她辨认马克思的笔记。

晚年的恩格斯

第三，是把马克思和自己的所有文章以全集的形式出版。另外，为再版马克思和自己的一些文章作一些历史补充和注释。为此还需要对一些问题进行深入的钻研。

面对如此庞大的计划，已经74岁的恩格斯感到精力确实是不够用了。在1894年12月17日致劳拉的信中，恩格斯感叹道："我的状况如下：74 岁，我才开始感觉到它，而工作之多需要两个 40 岁的人来做。真的，如果我能够把自己分成一个 40 岁的弗·恩格斯和一个 34 岁的弗·恩格斯，两人合在一起恰好 74 岁，那么一切都会很快就绪。"

恩格斯的最后一封亲笔信

1895 年 7 月 23 日，恩格斯致信马克思的女儿劳拉·拉法格，这是恩格斯亲笔写的最后一封信。该信如下：

亲爱的小劳拉：

明天我们要回伦敦。看来我脖子上的这块土豆地终于到了紧要关头，脓肿处可以切开，那样就舒服了！终于等到了！漫长的道路有希望走到转弯处了。早就是时候了，因为我已经被食欲不振等等弄得十分虚弱。

这里的选举结果正像我说的那样，托利党赢得了很大的多数，自由党人无可挽回地被击败了，我希望他们彻底瓦解。独立工党和社会民主联盟的吹嘘所面临的事实是：到目前为止约有八万二千票（不大可能再增加了）投给工人候选人，另外，凯尔·哈第失去了席位。然而这比他们所能希望的还要好些。

维克多·阿德勒正在这里。关于保尔与《工人报》之间的协议，你或保尔是否有什么事要问他，或者要我代你们同他打什么交道？

我无力写长信，就此再见。让我斟满一杯加了陈白兰地酒的冲鸡蛋祝你健康。

向保尔问好。

永远是你的　弗·恩格斯

恩格斯遗嘱的主要内容

作为一名伟大的哲学家，恩格斯一方面充满了对生命的热爱，另一方面也深知人类历史的演进是以生命的新陈代谢为条件的。因此，对于死神他并不惧怕，早就为这一天做好了准备。他在1893年8月去欧洲大陆旅游之前，就为可能发生的意外立下了遗嘱，1895年7月26日又对遗嘱进行了补充。

在恩格斯的遗嘱中，最重要的是对他和马克思的著作、信件等珍贵资料的处理意见：把马克思的全部手稿和信件（除去与恩格斯往来的信件）移交给卡尔·马克思的法定继承人爱琳娜·马克思·艾威林；把自己的手稿和全部信件（包括与马克思的往来信件）遗赠给倍倍尔和伯恩施坦；把自己和拉法格夫妇、艾威林夫妇、弗赖贝格尔夫妇以及亲属的通信，交还给写信人；把自己浩繁的全部藏书及著作权遗赠给德国社会民主党。遗嘱的另一部分重要内容是关于财产的处理：指定赛·穆尔、爱·伯恩施坦和路易莎·弗赖贝格尔为自己的遗嘱执行人，为此赠给他们每人250英镑作为酬劳；从遗产中拨出1000英镑作为倍倍尔和辛格尔的议会活动经费；把除现金、有价证券和另作规定的东西之外的所有动产和家具都馈赠给路易莎；把其余的价值约三万英镑的财产分成四份，劳拉·拉法格、爱琳娜·艾威林、燕妮·龙格的孩子以及路易莎·弗赖贝格尔四人各得一份。这样，恩格斯给自己忠实的亲密战友马克思的后代留下了一笔十分可观的生活费用。遗嘱的最后要求是将自己的遗体火化，骨灰沉入海底。

一盏智慧的明灯熄灭了

1895年7月24日,恩格斯从海滨疗养地返回伦敦。这时他还可以打起精神同前来探望他的好友和同志交谈,也还能自己料理一些身边的琐事,但很快病情就恶化了。这期间,维克多·阿德勒一直陪伴在恩格斯身边。8月3日,阿德勒离开伦敦,在赴维也纳的途中遇见了倍倍尔,将恩格斯的病情和近况详细告知了他。8月5日,倍倍尔在致李卜克内西的信中转述了阿德勒介绍的情况:"当阿德勒到达伦敦的时候,恩格斯还能够说话,可是讲了半个钟头就讲不出来了。他只能利用一块小型记事板来表达自己的意思。虽然如此,他的情绪很好,怀着痊愈的希望。他不知道自己害的什么病,因为像他这样年纪的人,是不大可能患癌症的。他还在那记事板上写一些开玩笑的话,但是别人看了是很难受的。能够做到这样,这是他的幸福。他只能吃流质,体力已非常衰竭了。在阿德勒

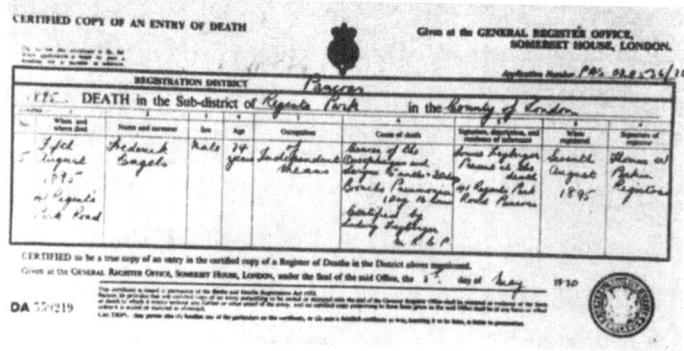

恩格斯的死亡证

临行前不久，他还能自己料理身边的琐事，后来这也不行了，连穿衣脱衣都得别人帮忙。……这种状况还能维持一个星期，不过哪一天都可能出事。我们应该为此做好准备。"

实际上，当阿德勒离开伦敦后，恩格斯已经开始不省人事。两天之后，也就是1895年8月5日晚22时30分，他的心脏停止了跳动。至此，一代伟人与世长辞了，一盏智慧的明灯熄灭了。

李卜克内西对恩格斯的怀念

马克思和恩格斯的学生与战友威廉·李卜克内西在《忆恩格斯》的文章中，对恩格斯做了有重大历史意义的回忆，其中谈道：

1895年8月6日，我参加不来梅工会盛大节日回来时，在《前进报》编辑部我的办公桌上发现了一份霭电："将军已于昨晚十时三十分寂然逝去。当日午后已失去知觉。请通知士兵及辛格尔。"

"士兵"就是指我。

我们在德国的三个人，春天就已经知道"将军"患了不治之症——喉头癌。虽然这打击并不出乎意外，但终究还是可怕而无情的。

我们失去了一位思想界的伟人，失去了和马克思一起奠定科学社会主义基础并以社会主义策略教导无产阶级的人，失去了在24岁时就为我们写出《英国工人阶级状况》这一经典著作的人，失去了《共产党宣言》的合著者、帮助马克思组织国际工人协会的马克思的第二个"我"，失去了《反杜林论》这部深刻透彻的每个有思想的人都能理解的科学百科全书的作者，失去了《家庭的起源》及许多其他著作、文集、论文的作者，我们永远失去了我们的朋友、忠告者、领袖和战士。

但是在觉悟的工人阶级生活着和斗争着的地方，他的精神就永垂不朽。

世界人民对恩格斯逝世的沉痛悼念

1895年8月5日，革命导师恩格斯逝世了。这一噩耗使整个世界震惊。据不完全统计，在欧洲就有近150份大大小小的各类报纸刊登了恩格斯逝世的讣告或消息；欧美的几十种社会主义报刊相继

各国社会主义报刊对恩格斯逝世的讣告或消息。

发表了悼念恩格斯的文章。人们沉痛哀悼这位现代无产阶级的伟大导师，用各种语言表达着对他的无限景仰和崇敬。下面是当时报刊发表悼念文章的部分题目：

《献给工人阶级解放事业的一生》（奥地利《工人报》，1895年8月7日）

《无产阶级领袖、科学泰斗、一个有魅力的人》（奥地利《人民论坛报》，1895年8月9日）

《不可弥补的损失》（比利时《前进报》，1895年8月7日）

《不知疲倦的革命旗手》（英国《号角报》，1895年8月17日）

《科学社会主义的奠基人之一》（匈牙利《人民意志报》，1895年8月8日）

《思想的巨人，勇敢的斗士》（德国《新时代》，1895年8月24日）

《欧洲工人运动最伟大的活动家》（芬兰《工人报》，1895年8月24日）

《现代社会主义最杰出的代表，全世界工人的顾问》（美国《费城日报》，1895年8月8日）

革命导师恩格斯的追悼会

1895年8月10日下午2时，在英国伦敦威斯敏斯特桥的滑铁卢火车站大厅，举行了伟大革命导师恩格斯的追悼会，现场气氛十分沉痛。盛殓恩格斯遗体的红色灵柩上铺满了鲜花，四周摆满了德国、奥地利、法国、英国、意大利、比利时、俄国、波兰、保加利亚、亚美尼亚等国工人政党和社会主义者送来的花圈。马克思的亲属、恩格斯的亲属，以及恩格斯的老战友列斯纳等也敬献了花圈。

遵照恩格斯生前的嘱咐,追悼会以私人的性质举行,因此只有80多人参加,其中有恩格斯生前最亲密的战友和朋友、学生及亲属,但他们中的许多人是受各国工人政党和群众团体的委托前来吊唁的。李卜克内西是这样描述会场气氛的:"所有文明民族的代表都沉痛地肃立在灵柩周围,其中有德国人、奥地利人、英国人、法国人、比利时人、荷兰人、意大利人、俄国人、波兰人、亚美尼亚人。民族和种族的差异在一种强烈的感情影响下完全消失了。大家都感觉到,渴望着自由、友爱、光明和幸福的人类失去了一位最英勇、最崇高的先锋战士。这些严肃的著名人物作为被压迫人民和战士的代表,从四面八方赶到这里来向他们的先驱和领袖致深切的谢意……"

追悼会上,恩格斯的许多亲属和朋友作了难以忘怀的发言。其中有李卜克内西代表德国社会民主党致词;奥地利社会民主党委托倍倍尔的发言;法国代表拉法格的发言;比利时代表安塞尔的发言;英国代表艾威林的发言;荷兰代表范德胡斯的发言等。其中,拉法格在泪流满面的发言中说道:"永别了,亲爱的朋友!我再也找不到一位这样温柔、亲切和耐心的朋友了。你和马克思给了我们《共产党宣言》;你还给了法国无产阶级一个纲领,这个纲领唤起了我们的阶级觉悟,经常是我们在夺取政权斗争中的指南。永别了,弗里德里希·恩格斯!法国工人将永远忘不了你在1847年教给我们的口号:'全世界无产者,联合起来!'你给我们指出了战斗的场所,你给了我们武器和口号。我们将斗争下去,我们一定会胜利!"

"将骨灰沉入海底"

1895年8月5日午夜,马克思的忠实朋友和共产主义理论的创

伊斯特勃恩海滨。恩格斯的骨灰就在离这块绝壁两英里远的地方沉入海中。

立者之一恩格斯去世了。

为完成恩格斯留下的"将骨灰沉入海底"这一最后的遗嘱,8月27日,弗里德里希·列斯纳、爱琳娜·马克思、爱·艾威林博士、爱·伯恩施坦几个人一起,来到恩格斯心爱的夏季休养地伊斯特勃恩,雇了一只两个桡夫的小船,将恩格斯的骨灰瓮送到离岸两英里的海中。

列宁的遗憾和悼念

在恩格斯逝世前两周,俄国青年弗拉基米尔·伊里奇·列宁由伯尔尼来到巴黎,请求拉法格夫妇介绍他前去拜会恩格斯。当时正值恩格斯病情恶化,列宁未实现自己的心愿,从而使历史失去了一个有纪念意义的日子。

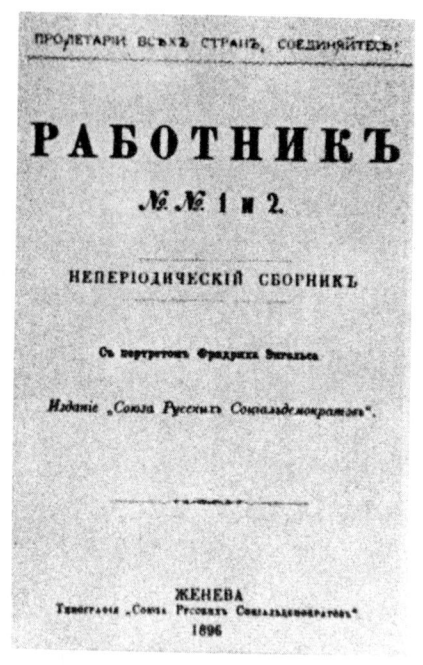

俄国《工作者》文集 1896 年第 1—2 期合刊的封面。书中载有列宁写的悼念文章《弗里德里希·恩格斯》。

在恩格斯逝世一个月后,列宁在悼念文章中热情赞颂了恩格斯为无产阶级解放事业所作出的伟大贡献,简明而准确地回顾了恩格斯光辉的思想。他指出:"1895 年新历 8 月 5 日(7 月 24 日),弗里德里希·恩格斯在伦敦与世长辞了。在他的朋友卡尔·马克思(于 1883 年逝世)之后,恩格斯是整个文明世界中最卓越的学者和现代无产阶级的导师。自从命运使卡尔·马克思和弗里德里希·恩格斯相遇之后,这两位朋友的毕生工作,就成了他们的共同事业。……俄国的革命者因恩格斯的逝世而失去了最好的朋友。……无产阶级的伟大战士和导师弗里德里希·恩格斯永垂不朽!"

马克思的学说

1914年7月至11月期间，革命导师列宁写了《卡尔·马克思》一文，即马克思的传略和马克思主义概述。以下是该文的节录：

马克思主义是马克思的观点和学说的体系。马克思是19世纪人类三个最先进国家中的三种主要思潮——德国古典哲学、英国古典政治经济学以及同法国所有革命学说相联系的法国社会主义——的继承者和天才的完成者。马克思的观点极其彻底而严整，这是马克思的对手也承认的，这些观点总起来就构成作为世界各文明国家工人运动的理论和纲领的现代唯物主义和现代科学社会主义。

列宁在马克思恩格斯纪念碑揭幕典礼上的讲话

1918年11月7日，苏联社会主义国家领袖弗拉基米尔·伊里奇·列宁，在马克思恩格斯纪念碑揭幕典礼上作了具有重大意义的讲话。全文如下：

今天，我们为全世界工人革命的领袖马克思恩格斯的纪念碑举行揭幕典礼。

多少世纪以来，人类都是在一小撮踩躏千百万劳动人民的剥削者的压迫下受苦受难。旧时代的剥削者地主压榨和掠夺的是分散、愚昧的农奴，而新时代的剥削者资本家所碰到的是被压迫群众的先进部队，即城市工人，工厂产业工人。工厂把工人联合起来了,城市生活启发开导了他们,共同的罢工斗争和革命行动锻炼了他们。

马克思和恩格斯的具有世界历史意义的伟大功绩,在于他们用科学的分析证明了,资本主义必然崩溃,资本主义必然过渡到不再有人剥削人现象的共产主义。

马克思和恩格斯的具有世界历史意义的伟大功绩,在于他们向各国无产者指出了无产者的作用、任务和使命就是率先起来同资本进行革命斗争,并在这个斗争中把一切被剥削的劳动者团结在自己的周围。

我们处在一个幸福的时代,处在两位伟大的社会主义者的这个预见开始实现的时代。我们大家都看到,在许多国家里已经显露出国际无产阶级社会主义革命的曙光。各民族间的帝国主义大厮杀所造成的不堪言状的惨祸,无论在哪里都激起被压迫群众英勇精神的高涨,大大加强他们争取解放的斗争力量。

愿一个个马克思恩格斯纪念碑都来提醒千百万工人和农民:我们在斗争中不是孤立的。更先进的国家的工人正挺身奋起同我们并肩奋斗。在我们和他们的面前还有艰苦的战斗。通过共同的斗争,我们一定会粉碎资本的压迫,最终赢得社会主义!

列宁的这篇讲话,1918年11月9日苏联《真理报》在第242号作了简要报道,1924年4月3日《真理报》第76号刊登了全文。

列宁的《马克思恩格斯通信集》一文(节选)

从1913年底开始,列宁撰写了《马克思恩格斯通信集》一文,于1920年11月28日,即恩格斯诞生一百周年纪念日在《真理报》

第268号上发表。该文节选如下:

> 早已预告出版的两位著名的科学社会主义创始人的通信集,现在终于问世了。恩格斯曾嘱托倍倍尔和伯恩施坦出版这个通信集,而倍倍尔在辞世前不久才结束他负责的那一部分编辑工作。
>
> 几个星期前由斯图加特狄茨出版社刊印的马克思和恩格斯的通信集共4大卷。全书共收马克思和恩格斯1844年至1883年这段漫长的岁月中所写的书信1386封。
>
> ……
>
> 读者从这些信件中可以看到非常生动的全世界工人运动的历史,看到其中最重要的时期和最重大的事件。特别有价值的是工人阶级的政治史。马克思和恩格斯在各种不同的历史时期,根据旧大陆各个国家和新大陆所发生的各样事件,探讨了有关工人阶级政治任务问题最原则的提法。而这部通信集所包括的时代,正是工人阶级从资产阶级民主派中分离出来的时代,独立工人运动兴起的时代,确定无产阶级策略和政策原则的时代。我们这个时代,由于资产阶级的停滞和腐败,由于工人领袖的注意力都集中到日常琐事上以及其他种种原因,各国工人运动深受机会主义之害,对这些现象观察愈深,这部通信集极其丰富的材料的价值就愈大,因为从这些材料中可以看到,通信人对无产阶级变革的根本目的有非常深刻的理解,并且从这些革命目的出发异常灵活地规定了相当的策略任务,对机会主义或革命空谈则寸步不让。
>
> 如果我们试图用一个词来表明全部通信集的焦点,即其中所抒发所探讨的错综复杂的思想汇合的中心点,那么这个词就是辩证法。运用唯物辩证法从根本上来修改整个政治经济学,把唯物主义辩证法运用于历史、自然科学、哲学以及工人阶级的政治和策略——这就是马克思和恩格斯最为注意的事情,这就是他们作出最重要、最新的贡献的领域,这就是他们在革命

思想史上迈出的天才的一步。

一座高大纪念碑的落成

多人知晓,革命导师马克思及部分亲属的遗体是合葬在英国伦敦西北区的海格特公墓里。多年来,世界各国的革命者一直想在这个地方修建一座纪念碑,以便更好地供全世界人民永久地纪念和瞻仰。

1956年,即马克思逝世73周年的时候,由各国(含中华人民共和国)进步团体和个人捐款筹建的一座高大的纪念碑终于落成。纪念碑的台座是用浅灰色花岗石砌成的,碑脚上矗立着马克思的半身青铜雕像,下面写着"全世界无产者,联合起来"的字样,台座中央镶着一块墓志铭,在墓志铭下刻着革命导师马克思的一句名言:"哲学家们只是用不同的方式解释世界,而问题在于改变世界。"

为纪念马克思逝世73周年(1956年3月14日),在伦敦海格特公墓新修建的纪念碑。

后　记

我们怀着对革命导师马克思和恩格斯的无限崇敬及深切怀念的心情，编著的《马克思恩格斯珍闻录》，现在同广大读者见面了。这是一本内容真实广泛、具有重大现实和深远历史意义的珍闻录。

本书的编著工作是件十分浩瀚的工程，得到了许许多多长期从事这方面工作的同志的大力支持和帮助，使用和参考的书目主要有：由马克思和恩格斯亲属、战友撰写的《回忆马克思恩格斯》，魏小萍、张云飞编著的《马克思传》，张新编著的《恩格斯传》，德国工人运动著名活动家弗兰茨·梅林著的《马克思传》，德国海因里希·格姆科夫等人著的《恩格斯传》，《马克思恩格斯选集》，《马克思恩格斯军事文集》，《资本论》，许征帆主编的《马克思主义辞典》，《马克思恩格斯书简》，周尚文主编的《国际共运史事件人物录》，红松编写的《马克思恩格斯革命故事》，《马克思恩格斯列宁斯大林论历史科学》，《列宁论马克思和恩格斯》，《马克思恩格斯全集》等书籍。书中涉及马克思和恩格斯论述因已标明篇目，恕不注明出处。

书中的几百则珍闻录，全部都是根据大量图书资料编著的，由于涉及的书目资料很多，谨向有关作者及工作人员致以诚挚的谢意。

在编著此书过程中，多人参与了编著或提供书籍资料等，他们是阎书文、胡春凤、申彦林、胡志民、洪亨武、胡志成、韩玉香、李秀英、胡志勇、王春兰、孙友春、胡春荣、甘润生和韩凤荣同志。中央编译出版社的领导和编辑对本书的整体结构及内容设置，在技术上给予了认真细致的指导，中央编译局的翟民刚同志对书稿进行了精心审阅，在此一并致谢。

2005年9月，中华全国新闻工作者协会邵华泽主席欣然为本书题写书名，对此深表诚挚的谢意！

本书收笔之时，回顾世界革命尤其是中国革命和建设的伟大历史进程，对马克思主义的巨大作用更加坚信不疑，不免思绪绵延，想象万千，谨以本书献给那些在革命战争年代和社会主义建设时期无数坚信马克思主义基本理论，为共产主义伟大事业奋斗而英勇献身的革命先烈们！

图书在版编目（CIP）数据

马克思恩格斯珍闻录/胡志刚编著.
—北京：中央编译出版社，2010.2
ISBN 978-7-5117-0181-7

Ⅰ.①马…
Ⅱ.①胡…
Ⅲ.①马克思，K.（1818～1883）-生平事迹
　　②恩格斯，F.（1820～1895）-生平事迹
Ⅳ.①A712 ②A722

中国版本图书馆 CIP 数据核字（2010）第 018470 号

马克思恩格斯珍闻录

出 版 人	葛海彦
出版统筹	贾宇琰
责任编辑	盛菊艳　李媛媛
责任印制	刘　慧
出版发行	中央编译出版社
地　　址	北京西城区车公庄大街乙 5 号鸿儒大厦 B 座（100044）
电　　话	（010）52612345（总编室）　（010）52612335（编辑室） （010）52612316（发行部）　（010）52612346（馆配部）
传　　真	（010）66515838
经　　销	全国新华书店
印　　刷	北京中兴印刷有限公司
开　　本	787 毫米×1092 毫米　1/16
字　　数	280 千字
印　　张	22.5
版　　次	2010 年 3 月第 1 版
印　　次	2018 年 8 月第 2 次印刷
定　　价	68.00 元

网　　址	www.cctphome.com　　邮　　箱：cctp@cctphome.com
新浪微博	@中央编译出版社　　微　　信：中央编译出版社(ID: cctphome)
淘宝店铺	中央编译出版社直销店(http://shop108367160.taobao.com) （010）55626985

本社常年法律顾问：北京市吴栾赵阎律师事务所律师　闫军　梁勤
凡有印装质量问题，本社负责调换，电话：（010）55626985